경제적 사고로
찾는
행복의 길

경제적 사고로 찾는 행복의 길

난 평범하지만 행복하게 살고 싶다

초판1쇄 인쇄 2025년 2월 28일
초판1쇄 발행 2025년 3월 7일

저 자 박영구
발행인 노현철
발행처 도서출판 해남

출판등록 1995. 5. 10 제 1-1885호
주 소 서울특별시 마포구 마포대로8길 9 영명빌딩 405호
전 화 739-4822
팩 스 720-4823
이 메 일 haenamin30@naver.com
홈페이지 www.hpub.co.kr

ISBN 978-89-6238-194-8 03320

난 평범하지만
행복하게
살고 싶다

경제적 사고로 찾는 행복의 길

박영구 지음

경제학의 사고 속에 녹아 있는 삶과 지혜에 대해 생각해 보자.
우리는 가정과 직장에서, 사회에서 평생 같이 갈 중요한
행복의 길을 찾게 될 것이다.

계속 연습하면 행복한 삶을 살 수 있다.

도서출판 해남

머 리 말

이 글을 보는 사랑하고 존경하는 여러분에게

강의 첫 시간에 나누어 주는 강의계획서 제일 첫 줄에는 항상 다음 두 가지를 적어 두고 이야기하였다.

> 교육이란 인간이 학교에서 배운 것을 모두 잊어버린 후에 남아 있는 것이다.
> – 아인슈타인
>
> 이제 우리는 배고프지 않게 살 수 있다. 하지만 계속 연습하면 행복한 삶을 살 수 있다.

어리석고 게으른 탓에 평생을 오직 공부에만 매달리며 지냈지만 긴 시간 동안 변하지 않은 것은 나의 제자들이 주로 속해 있는 20대, 30대, 40대 한국의 젊은이에 대한 나의 사랑과 존경과 믿음이다. 이들이 기성세대들이 한강의 기적을 만들었지만 욕심으로 가득 채운 이 나라를 더 좋은 곳으로 만들어 줄 것이라는 확신 때문이다. 그런 의미에서 나의 제자들은 평생의 은인으로 나에게 남아 있다.

존경하는 그들이 세상을 조금 더 밝게 만들고 있다는 확신을 언제나 갖고 있고, 실제로 그들은 그런 소식을 나에게 계속 전해 주었다. 제자들은 매일매일 마주치는 어려움 속에서도 우리가 함께 공부한 내용을 다시 꺼내 올리며 새로운 용기와 힘을 얻고 있고, 그래서 자신들이 겁 많은 한 인간이지만 작은 일이나마 남을 도우려고 노력하고 있다고 전해 주었다. 그들은 항상 "박 교수님은 저를 기억하지 못하시겠지만"이라는 말로 시작하여 "교수님과 함께 공부한 삶의 이야기는 제 인생의 길이 되었다"든가 "학창시절 함께 공부했던 내용을 오랜 시간이 지난 지금도 어려울 때 꺼내보고 있다"고 전해 왔다. 어느 날 거리에서 저자를 보고 "저는 타과 학생으로 수업만 청강한 것이었고 이미 졸업한 지도 10년이 훨씬 넘었으니 교수님이 저를 기억 못할 거야"라고 생각하며 그냥 말없이 지나갔다가 그날 밤 "박 교수님이 해 주셨던 말들이 계속 생각나며 밀려오는 후회로 결국 울음이 터져 이렇게 편지를 쓴다"는 졸업생도 있었다. 아버님이 돌아가셔서 하늘이 무너지던 밤에 "박 교수님의 말씀을 앞으로 아빠가 곁에서 들려주는 말로 생각하며 살아가겠다"는 학생도 있었고, 너무나 안타까운 죽음 앞에서 "교수님의 말을 또 듣고 싶다"며 어머니를 통해 연락해 온 학생도 있었다. 심지어 외국으로 이민을 떠나는 한 졸업생은 "그동안의 미련을 떨어내고 새로 출발하기 위해 모든 짐을 버렸지만 교수님과 함께 공부하며 적어 놓았던 책 속의 교수님 말씀을 어려울 때면 꺼내보기 위해 교수님 책은 가지고 갑니다"라는 말도 전해 왔다. 아픔이 많은 세상이지만, 그래도 그들이 함께한 배움의 시간과 내용을 기억하고 그 기억이 인생의 길잡이가 된다는 것은 그들이 존경받아야 할 사람임을 보여 주는 것이고, 그리고 세상이 이들로 인해 좋아질 것이라는 믿음을 주는 것이었다.

그렇게 아픔과 사랑과 자랑스러움의 소식을 전해 주던 나의 제자들이 졸업 후 어느 정도 시간이 지나면 요청하는 것이 있었다. 저자와 함께했던 그 삶과 지혜의 이야기를 모든 사람들이 들을 수 있도록 책으로 내 달라는 것이었다. "찾아오지 말라고 말리는 박 교수님을 다시 글로라도 만나기 위해, 다시 힘을 얻기 위해서 그 책이 필요하다"는 이야기도 전해 왔다. 그러던 차에 어느 날 갑자기 찾아온 대학 친구들이, 어쩌면 제자들의 요청을 알고 있다는 듯이 내가 평소 하는 이야기들을 책으로 내보는 것이 좋겠다는 충고를 불쑥 던졌다. 그러고 보니 "박 교수를 보면 얼굴에 나는 대학교수다"라고 쓰여져 있다고 웃던 고인이 된 선배도 저자의 평소 지론을 책으로 내보라고 권고하였었다.

하고 싶은 이야기를 다 쓸 수 없기에 최대한 절제하며 썼음에도 이렇게 길어졌지만, 이미 넘치는 세상의 책 속에 부끄럽게도 오늘 이 책을 발간하여 더 보태는 이유는 바로 사랑하고 존경하는 이러한 제자들과 친구, 선배의 권유 때문이다.

이 책에는 저자가 한국의 중화학공업화 과정을 31년에 걸쳐 초고 원고지 10만 장으로 기록하면서 만났던 많은 사람들의 이야기도 녹아 있다. 외국 대학에서 만나는 외국의 연구자들은 언제나 한국의 산업발전에 대한 구체적인 연구를 찾고 있었고, 실제로 국내외에서 한국의 중화학공업화를 연구정리한 책이 없었기에 저자는 어리석은 사명감에 일생을 걸고 31년에 걸쳐 이를 총정리하여 『한국의 중화학공업화』 총 9권의 책으로 출간하였다. 그 과정에서 한국의 기적을 만든 사람들은 이름이 알려진 유명인이 아닌 겁 많은 보통 사람들이었음을 확인하였기에 보통 사람들의 이야기, 보통 사람들을 위한 이야기를 쓰고 싶었다.

사랑하고 존경하는 한국의 보통 사람들, 제자들, 그리고 세상에서 아들의 공부하는 모습을 가장 좋아하셨던 아버님(朴泰錫)과 오늘도 병상에서 놀라운 기적을 보이며 말없이 싸우고 있는 어머님(姜玉南), 그리고 항상 곁에서 게으르게 공부에만 빠져 있는 남편을 챙기느라 평생을 보낸 아내(盧知秀)에게 이 책을 바친다. 해남과 노 대표님에게도 감사드린다.

2025년 2월

박영구 드림

프롤로그

우리 한 명 한 명은 물방울같이 약한 존재이다. 물방울은 힘이 없다. 어떤 것도 바꿀 수도 없고 너무 작아 손조차 씻을 수 없을 정도로 도움도 안 된다. 그런데 이 물방울이 계속 떨어지면 단단한 바위를 뚫고, 지구에 큰 동굴을 만들어내며, 결국 지형이 완전히 바뀐다. 도저히 인간이 만들 수 없는 거대한 불가사의한 형상을 만들어 낸다.

그렇다. 우리는 이 사실을 확실히 알고 있으니 나의 부족함, 약함을 걱정 말고 우리 인생에 물방울을 한 방울 한 방울 떨어뜨려 나가면 된다.

그런데 문제가 있다. 물방울이 바위를, 지구를 뚫으려면 오랜 시간이 필요하다. 안타깝게도 우리에게는 그렇게 많은 시간이 없다. 우리의 날은 하루하루 지나가고 있고, 그러다 보면 우리는 100년 정도의 인생을 살다 죽는다.

그래서 우리는 무작정 나아갈 것이 아니라 좀 더 효율적인, 좀 더 시간을 줄여 쓸 수 있는 방법을 찾아내며 나아가야 한다. 막연히 언젠가는 잘될 거야 하는 미래가 아니라 가능한 현재, 늦지 않은 날에 행복을 가질 방법을 찾아내야 한다. 그것이 바로 경제적 사고이다. 그래서 경제학을 사회과학의 꽃이라고 하고 어떻게 할 것인가를 보여 주는 방법론의 학문이라고 한다.

호주의 멜버른대학교 연구진은 논문("Does a culture of happiness increase rumination over failure?," *Emotion*, 2018)을 통해 행복해지려고 너무 많이 노력하면 오히려 불행해지기 쉽다고 밝혔다. 그렇다. 맹목적으로 행복해지려고 매달린다고 행복해질 수 없다. 그럴 필요도 없다.

그러면? 행복해지고 싶지 않은가? 당연히 그렇지 않다.

세상의 기본법칙이 있다. 세상에는 공짜가 없다(There ain't such things as a free lunch)라는 것이다. 결국 가만히 있어서는 당연히 행복해질 수 없다. 그래서 우리는 행복해지는 기본적인 방법을 사회과학의 꽃이라고 불리는 경제학의 기본사고를 통해 간단하면서도 명료하게 깨달아야 한다.

자 이제 출발하자. 우리 함께 손을 꼭 잡고 꼭 껴안고 이 책의 마지막까지 진심으로 자신을 믿고 사랑하고 존경하며 나아가자.

다음은 인터넷상에서 볼 수 있는 평범하지만 유명한 그림이다. 이미 본 사람도 있을 것이다. 이 그림에서 정육면체는 몇 개인가?

그냥 평범하게 보면 가장 많이 보는 것이 6개이다. 제일 위층에 1개, 두 번째 층에 2개, 세 번째 층에 3개로 본다. 그래서 다수의 우리는 6개라고 말한다. 우리는 그렇게 보고 있고 그리고 본 대로 믿고 있다. 이렇게 우리가 믿고 있는 무수히 많은 상식이 있다.

그런데 정말 그럴까?

그림을 180도 회전시켜 다시 보자. 물론 똑같은 그림이다. 다만 돌려서 본 것이다.

7개이다. 제일 위층에 2개, 두 번째 층에 3개, 세 번째 층에 2개가 보인다. 그렇다면 이 그림에서 정육면체는 6개가 맞는 것인가, 아니면 7개가 맞는 것인가? 둘 다 맞는 것인가? 아니면 정답이 없는 것일까?

남들이 말하는 것, 눈에 보이는 것, 이제까지 배워 온 것, 자신이 생각해 왔던 것, 지금 생각하고 있는 것, 상식을 꼭 그대로 믿어야 할 필요도 이유도 없다. 특히 나에게 불리한, 기분 나쁜 상식은 더욱 그렇다. 그것은 한쪽에서 보고 말하는 것일 뿐이다.

이제부터 현대 인간의 삶을 이루는 데 가장 크게 공헌한 것 중 하나로 평가받는 경제학의 사고 속에 녹아 있는 삶과 지혜에 대해 같이 생각해 보자. 우리는 가정과 직장에서, 사회에서 평생 같이 갈 중요한 행복의 길을 찾게 될 것이다.

차 례

머리말 4
프롤로그 8
차례 12

제 1 장 풍요와 행복의 관계

1. 나는 행복해질까? 21
2. 이기적 인간이 만든 역사와 논점 25
3. 이론과 현실-경제적인 삶과 지혜가 내 생에 도움이 될까 28

제 2 장 우리 세상의 매트릭스와 내 존재의 가치

1. 한쪽이 희생하는 것은 사랑이 될 수 없다-우리는 모두 연결되어 있다 35
2. 비싼 것이 더 잘 팔린다니요? 52
3. 세상은 시장이므로 항상 수요, 공급을 우선 생각해야 한다 56
4. 작은 것이 아름답다 - 내 존재의 가치 59

제 3 장 생활과 탄력성

1. 탄력성으로 세상의 모든 것을 설명할 수 있다 67
2. 기업과 나의 전략적 실패 74
3. 소주와 삼겹살의 추억 그리고 식당의 밥값 인상 76

제 4 장 우리는 도덕적인가 – 경쟁력과 혁신

1. 벼락부자와 경쟁력-비싸도 '토요타'(Toyota)를 사는 미국인 83
2. 추격하는 것과 추격당하는 것 92
3. 문제는 탄력성 94

제5장 사회 속의 최적점과 선택 -가지 않은 길과 아무도 손해 보지 않는 게임

1. 나 자신을 어떻게 하지?
   - 내가 선택하는 길도 선택해야 하는 길도 하나다 107
2. 우리는 사랑받기 위해 태어난 것이 아니라, 나 자신을 그 누구보다 진정으로 많이 사랑해 주기 위해 태어난 것이다 129
3. 아무도 손실을 보아서는 안되고 강요해서도 안된다 136

제6장 생산활동과 운명-사회와 균형

1. 슬럼프는 누구에게나 온다 147
2. 좋은 이야기는 누구나 할 수 있다 151
3. 한 가지만 잘하면 최고가 되는 것이 아니고, 이것저것 하고 있는 산만한 지금의 내가 최고다 154
4. 따로 움직여도 결국 만나도록 되어 있는 운명 161

제7장 세상에는 공짜점심이 없다-공평성과 선택

1. 공짜점심과 외부효과 167
2. 하면 할수록 힘들어지지만 결국 장기적으로 쉬워진다 200

제 8 장 힘과 조화 – 시장과 조직

1. 아이에게 돈을 주며 '메이커 제품 과자를 사 먹어라' 213
2. 인생에서 성공하고 싶다면 먼저 해야 한다 214
3. 일등만 기억하는 나쁜 세상 독점 218
4. 지배자들의 계략 225
5. 항상 정해 놓고 가는 나의 중국집 225
6. '재벌'은 영어로도 재벌이다 227

제 9 장 발전 속의 빈곤 – 한국은 발전하는데 왜 내 취업은 더 어려워지지?

1. 나를 필요로 하는 곳과 사람 237
2. 모두가 잘 사는 꿈은 어디 가고 우리는 여기 서 있을까? 240
3. 경제는 발전하는데 왜 더 살기 어렵다고 느껴질까 243

제 10 장 매일 만나는 용어 속의 경제적 삶과 지혜

1. 우리가 사는 구조와 체계 257
2. 소득만 높아지면 잘 살게 되나 260
3. 돈으로 평가된 환상 264

4. 실질이 아닌 명목의 마술에 걸려 있는 보통 사람들 270
5. 외국산 농산물이 범람하는 이유 272
6. 한국은 후진국인가 선진국인가 276

제 11 장 삶의 목표와 좌절, 행복

1. 평생 하는 공부는 투자가 아니라 즐거운 소비다 283
2. 현실과 소비의 만남 286
3. 인생과 세상 모든 것은 오르막과 내리막이 있다 296
4. 어려운 인생의 연착륙 - 굴곡이 적은 인생을 설계하라 304

제 12 장 직장과 불안

1. 나의 안정을 위협하는 것은 물가와 포기이다 309
2. 나의 성장 - 현대의 보이지 않는 전쟁, 직장 구하기 313
3. 영원한 싸움 326

제 13 장 열심히 사는 나에게-경쟁력과 시간, 변화

1. 강자가 만드는 세계시장 341
2. 경쟁력은 변한다 342
3. 잘못은 편가르기와 차별에서 시작된다 351

제 14 장 두 마리의 토끼 -다시 강조하지만 세상에는 공짜가 없다

01

풍요와 행복의 관계

1. 나는 행복해질까?
2. 이기적 인간이 만든 역사와 논점
3. 이론과 현실–경제적인 삶과 지혜가 내 생에 도움이 될까

1. 나는 행복해질까?

우리는 우리가 처한 현실을 알고 앞으로 어떻게 해야 할 것인지 대책을 세우며 미래의 삶에 대한 방향을 잡아야 한다. 그리고 그러한 과정이 지금 이루어질 수 있음을 스스로 확실하게 믿고 열심히 그것을 몸에 배게 해야 한다.

경주 남산 문화유적 찾아가기 행사에 간 적이 있는데, 모임 장소에 예상외로 어린이와 노인들이 많이 와 있었다. 분명히 평지가 아닌 산길이어서, 과연 이 어린이와 노인들이 잘 갈 수 있을까라는 걱정이 앞섰다. 그런데 9시에 출발하자 앞에서 선도하는 안내자는 뒤도 돌아보지 않고 걷기 시작하였다. 시간이 지나면서 많은 사람들이 숨을 가쁘게 몰아쉬며 힘들어 하였지만 안내자는 격려해 주거나 이끌어 주지 않고 그냥 앞에서 나아가기만 하였다. 물론 참가신청을 할 때 이런 안내문이 있었다. "중간에 힘드시면 다른 사람에게 물어보지 말고 그냥 도중에서 내려가시기 바랍니다. 자유입니다." 나는 은근히 걱정되었다. 아니 걱정보다 '몸이 약하거나 어린이, 노인들은 중간에서 그냥 포기하고 말겠구나'라는 생각을 하였다. 그런데 정상에 오르자 시간차를 두고 한 명 한 명 도착하였지만 놀랍게도 최종적으로 한 명도 낙오자가 없이 도착하였다.

신기함을 느꼈지만 곧 알 수 있었다. 오히려 중간에 "힘드시죠?" "쉬어야 할까요?" "멈출까요?" "내려가실래요?" 등으로 계속 서서 확인하였다면 분명히 가지 못한다는 사람이 나섰을 것이다. 그런데 그렇지 않고, 각자 탈락을 걱정하지 않으며 그냥 믿고 나아간 것이 오히려 탈락자를 없앤 것이다. 단 한 명의 낙오 없이 모두가 정상에 도달할 수 있었던 이유는, 바로 모든 사람들이 그것을 당연히 여기며 믿고 걸었기 때문이었다. 안내인도 그것을 알고 있었고, 암묵적으로 모두가 그렇게 믿도록 유도하고 있었다. 모두 헉헉거리며 올라가고 있는데, 유독 나만 낙오할 이유나 필요도 없었고 그럴 상황도 아니었던 것이다. 물론 이것은 안내자가 이 정도 구간이면 사고 없이 누구나 올라갈 수 있다는 오랜 경험을 바탕으로 결정하였을 것이다.

우리가 가는 길이 그렇다. 우리가 지금부터 같이 볼 내용은, 경제학 등 어떤 전문적인 기초가 없어도 갈 수 있는 여정을 미리 선택하여 앞으로의 인생을 준비하기 위해 누구나 지금 알아야 할 것을 짧은 코스로 만든 것이다. 그러므로 이제부터 우리는 이것을 이 여정이 끝날 때까지 믿고 같이 가는 것이 중요하다.

우리는 성인이다. 한자로 이룰 성(成)을 써서 成人이라고 한다. 완성된 사람. 그렇다. 그러므로 누가 틀렸다라고 하더라도 신경 쓰지 말고 완성된 인간인 우리가 스스로 찾아가면 된다. 저자는 우리가 성인이라는 점을 확실히 알고 있고 더 나아가 成人만이 아니라 성스러운(聖) 인간, 聖人(saint)이어서 성인이라고 부르고 있다고 믿고 있다. 그렇다. 저자는 우리가 바로 문제가 가득한 우리 사회, 대한민국, 우리 인류를 고쳐 주기 위해 온 saint, 성인이고 우리 스스로가 우리 모두가 바라는 미래의 소원을 이루어 줄 saint, 성인이라고 믿고 있다. 그렇기 때문에 우리 모두를 진심으로 존경하고 사랑한다.

혹시 “내가 얼마나 이기적인데 무슨 남을, 사회를, 인류를 위한다고 그래?”라고 생각하는가? 혹시 “저자가 나를 존경하고 사랑한다고 말하지만 사실 나는 이기적이고 비겁하고 겁 많은 인간인데 이런 나를 안다면 진짜 친구로 정말 좋아하겠나?"라고 생각하는가? 혹은 "내가 얼마나 겁이 많고 이기적인데. 거리에서 깡패가 사람을 괴롭히는 것을 보아도 그냥 못 본 척 지나가는 사람이야. 그런 나를 누가 좋아하겠어. 나는 그렇게 이기적이고 겁이 많으니 성공할 리도 없지." 이런 생각을 하고 있지는 않은가? 그러나 놀랍게도 당신이 몰래 혼자 하고 있는 그 생각은 당신만이 아니라 대부분의 사람들, 보통 사람들이 다 그렇게 생각한다.

내가 어떤 선택을 하든 그것 자체로 잘못된 것은 없다

우리는 주변에서 이타적인 행동을 한 사람들의 이야기를 자주 듣는다. 용기 있고 이타적인 영웅들의 이야기는 어릴 때부터 학교에서 들으며 자랐다. 이런 이야기를 들으면서 우리는 감동하면서도 동시에 무의식적으로 자신이 용기도 없고 이기적인 인간이라는 생각을 하게 되고, 나아가 나이가 들면서 "나 같은 소심하고 이기적인 인간은 이 정도로만 살아도 다행이지"라며 현실의 불만과 자신의 처지를 그냥 받아들이는 일종의 자기 체념에 빠지게 된다.

그렇게 생각할 필요가 없다. 이런 이타적 행동에 대한 뉴스를 들으면 일단 "아 이렇게 훌륭한 사람이 있구나. 이 세상은 살 만한 세상이구나. 나도 어려움을 당하면 누군가 나서서 도와주겠지"라고 생각하라. 그렇게 똑똑하게 마음속으로 되뇌며 생각하라. 세상의 모든 일을 좋은 쪽으로, 그것도 나에게 좋은 쪽으로 생각하는 것은 좋은 습관이고 꼭 노력해서 얻어야 할 나의 재산이다.

사실 우리 모두 학교에서, 직장에서, 어떤 조직에서 귀찮고 하기 싫어도 남을 위해 하는 행동, 즉 이타적 행동을 많이 하고 있다. 그런데도 이타적 행동을 용기 있고 멋진 사람만 하는 것처럼 생각하는 것은 자신을 과소평가하고 있기 때문이다.

인간은 주체적이고 합리적인 존재이기에 모든 인간이 차이가 있고 개인적으로 이기적일 수 있다. 이를 경제주체라고 하는데, 인간은 모든 개인 한 명 한 명이 주체적으로 자신의 행위를 결정한다. 우리는 이기적이든 이타적이든 스스로 결정하는 것이다. 그리고 그 결정은 그 자체로 잘하고 잘못하고를 판단할 수 없다. 같은 결정이라도 상황에 따라 결과가 다른 경우가 많기 때문이다. 예를 들어, 분명히 좋은 의도로 한 이타적 행동이 오히려 다수의 희생이라는 나쁜 결과를 가져오는 경우도 있다. 실제로 후쿠시마 해일 사고 당시, 남을 구하려다 오히려 너무 많은 사람이 희생되자, 일본 정부가 이후 국민들에게 위기 시 남을 구하려는 이타적 행동에 나서지 말고 먼저 자신들의 안전을 확보하기 위해 노력해 달라는 이기적 행동을 권고하기까지 하였다.

Z세대를 생각해 보자. 기성세대는 Z세대를 이기적이라고 말한다. 하지만 그들이 이기적이기에 기성세대와 달리 나중에 자신에게 족쇄가 될 나쁜 짓을 안하고 또 성공을 위한 선행 실적을 만들기 위해 차근차근 착한 일을 한다. 그래서 우리는 이기적이지만 아름다운 사람, 선한 착한 사람, 이타적인 사람이 동시에 될 수 있는 것이다.

이기심이 나쁜 것이 아니다. 이기심이 좋은 세상을 만든다

이기심이 나쁜 것이 아니다. 애덤 스미스(Adam Smith) 이래 경제학자들이 보고 있듯이, 인간의 이기심은 더 좋은 사회, 조화로운 사회를 만들어 주므로 나쁜 것이 아니다. 돈을 벌겠다는 이기심으로 농부가 벼를 심고 유통업자들이 쌀을 운송하기에, 우리는 농사를 짓지 않아도 하고 싶은 일을 하면서 쌀을 싸게 사서 밥을 먹을 수 있는 것이다.

나아가 이기심이 인간의 나쁜 본능을 억제시키고 좋은 세상을 만들 수 있기 때문에 그 자체로 나쁜 것이 아니다. 한 가지 예를 들어 보자. 이미 도스토예프스키의 『카라마조프의 형제들』에서부터 제기된 문제이지만, 죽어서 우리를 심판할 신이 없다면 많은 인간들이 현실에서 남이 보지 않고 붙잡히지 않는 한 서슴지 않고 나쁜 짓을 많이 할 것이다. 노년으로 갈수록 인생에 대한 허무감이 커지고 자기가 곧 죽는다고 생각하여, 자기의 쾌락을 위해서 돈과 명예와 권력과 육체적 힘을 이용하여 남을 해롭게 하는 일에도 주저하지 않는 유혹에 빠질 것이다.

그러나 상당수의 인간들은, 특히 종교를 믿고 있는 사람들은 신이 있고 죽어서 심판을 받을 것이라고 생각하고 있다. 사후세계를 거의 믿지 않는 인간이라도 사후심판과 사후세계가 만에 하나라도 있다면 죽어서 받게 될 심판의 결과가 너무 엄청날 수 있기 때문에 나이가 들어 갈수록 절제하고 도덕적으로 행동한다. 또 죽고 난 후의 평판도 두려워하고 가능한 좋은 이야기를 듣고 싶어 한다.

이러한 인간들의 선한 행동, 죽어서 좋은 심판을 받기 위해, 사후 좋은 평판을 듣기 위해 선한 행동을 하고 잘못을 하지 않으려는 것이야말로 굉장한 이기심이라고 할 수 있다. 하지만 이 이기심 때문에 인간과 세상은 분명히 선해지고 좋아지고 있는 것이다.

2. 이기적 인간이 만든 역사와 논점

영국의 산업혁명 후 이루어진 자본주의에서 세계시장 이론을 만들어낸 18세기 고전학파 경제학자들은 우리가 가진 불행과 갈등은 부족함에서 일어나는 것이라고 보았다. 그래서 우리가 행복해지기 위해서는 부족함 없는 풍족함이 필요하고, 따라서 더 많은 물건을 만들어야 한다는 공급 중심 경제학(supply-side economics)과 국내총생산(GDP) 성장률 높이기를 최고의 목표로 보았다. 다행히 인간은 이기적이기에 돈을 벌기 위해 스스로 인간이 필요로 하는 무엇인가를 만들어 팔 것이고, 따라서 정부 등 누구도 이를 강제하거나 간섭할 필요가 없다는 무간섭주의(Laissez-faire)와 작은 정부를 주장하였다. 이때 버는 돈, 즉 받으려는 물건값은 사람들이 그 물건이 더 필요할수록 더 비싸질 것이고 그래서 사람들이 필요한 물건이 더 많이 만들어질 것이라는 보이지 않는 손(invisible hand)이 작용하여, 세상은 이 보이지 않는 손, 돈값에 의해 움직여 간다는 것이다. 사실 고전학파 경제학자들은 이것을 신이라고 보았다. 신의 섭리는 이기적인 것과 이타적인 것이 차이가 없는 것이다.

이렇게 시작된 근대경제학 이론은 인류 경제발전에 매우 중요한 역할을 하였다. 그리고 현재의 풍요로운 사회를 건설하는데 중요한 기초가 된 것이 역시 이 경제이론이었다는 점은 의심의 여지가 없다. 그럼에도 이 경제학 이론은 그동안 현실의 중요한 문제에서 한계를 보여 왔다.

그 첫 번째는 경제학의 제1위기로 불리는 1920년대 말의 대공황이었다. 모자라서 많이 생산해야 우리가 행복해질 것이라는 공급 중심 경제학의 주장과 달리, 쌓이는 재고로 인한 가격폭락과 불황, 대규모 실업을 가져온 대공황은 지속적이고 안정적인 발전을 위해 공급보다 수요가 더욱 중요하다는, 따라서 정부의 적극적 개입을 통해 수요를 늘려야 한다는 케인스 혁명을 가져왔다. 이후 전쟁이라는 수요의 급증으로 대공황은 극복되었고, 수요 중심의 경제학은 1970년대 초까지 풍요로운 사회를 건설하는 데 절대적인 공헌을 하여 왔다. 그동안 세상은 공급에서 수요로, 그리고 작은 정부에서 큰 정부로 바뀌었다.

그러나 1970년대에 들어오면서 현실의 제반 문제에 대한 이론적 회의가 다시 대두되었다. 경제학 이론은 1970년대 이후 나타난 현실을 설명하는 데 역부족이었다. 대표적인 것이 경제학의 제2위기라고 불리는 스태그플레이션이었다. 스태그플레이션이란 높은 실업과 물가 상승이 동시에 진행되는 현상인데 당시 이것이 충격적이었던 것은, 통상적으로 실업은 불황기에 나타나고 인플레이션은 호황기에 물가가 오르는 현상이므로 만날 수 없는데 함께 나타났기 때문이었다. 이후 실업 문제는 못 사는 나라만의 문제가 아니라 선진국에서도 지속적으로 나타나는 사회적 병폐가 되었다.

현실의 문제가 커지면서 논쟁이 시작되었다. 수요가 우선인가, 공급이 우선인가? 정부는 개입해야 하는가, 하지 말아야 하는가? 지금도 앞으로도 이 논점은 가장 핵심적 문제로 남을 것이다.

21세기가 시작된 지도 이제 30년을 향하고 있지만 세계시장의 불안정과 일자리 문제는 여전히 심각하다. 이런 가운데 일부에서는 장기침체와 디플레이션이 문제로 등장하기도 하였다. 세계는 발전하고 있지만 끊임없이 그리고 더욱 심각한 새로운 문제에 봉착하고 있다. 실업 문제, 노인 문제, 개인 간·지역 간 불균형 문제와 도시 문제, 교통 문제, 공해 문제, 주택 문제, 범죄 문제, 개인의 소외 문제 등이 여전히 제도적으로 해결되지 못한 채 존재하고 있다.

이런 상황에서 우리 스스로 해결책을 찾고 제시하는 것이 중요한 과제로 남게 되었다. 나의 길을 스스로 생각하고 찾아야 할 필요성이 분명하게 대두된 것이다.

3. 이론과 현실-경제적인 삶과 지혜가 내 생에 도움이 될까

경제학계에서는 경제이론과 방법론의 재검토가 진행되었고 지금도 진행되고 있다. 특히 경제학에서 방법론의 발전은 매우 빠르고 또한 성과가 많았다. 이는 경제학이 인간을 대상으로 하는 사회과학이기 때문에 자연과학과 달리 실험실을 갖지 못하고 있다는 점에서 더욱 촉진되었다.

우선 이론을 보다 치밀하게 하기 위해 분석기술 측면에서 경제이론은 많은 발전을 하였다. 그러나 이러한 발전은 이론 자체의 분석을 위해 현실과 동떨어진 가정을 세우고, 따라서 결론 역시 현실과 동떨어져 있다는 비판을 받고 있다. 가장 간단한 예로 이 세상을 완전경쟁이라고 가정하고 현실을 분석하는 것이다. 그러나 그런 경우는 존재할 수 없다. 또한 최근 경제를 분석하는 논문집이나 책을 보면 일반인들은 수학 논문집이나 책으로 오해할 정도이다. 결국 이론적 발전과 성과, 수학적 분석은 아이디어, 방법 등에서 기존 이론의 문제점을 보완해 주고 있지만, 이는 경제이론이 원래 추구하고자 하였던 우리의 현실 문제를 너무 단순화, 평균화시켜 보고 있다는 한계를 보이고 있다.

이에 현실의 사례, 즉 귀납법적인 방법에 보다 치중하여 현실분석을 적극 시도하는 방법이 각광을 받고 있다. 여기에는 컴퓨터 등 최신 기기와 각종 정보, 통신망, 그리고 통계학의 발전이 주요한 역할을 하였다. 빅데이터(big data) 분석은 그 한 예를 보여 준다. 이 밖에도 경제현상과 직접 연결되어 상호 영향을 미치고 있는 법과 제도 등을 경제학의 연구 영역에 직접 포함시켜 보다 현실성을 높이고자 하는 연구들도 활발히 진행되고 있다. IT

는 이제 필수가 되었고 우리도 항상 관심을 가져야 한다.

이런 가운데 기업과 사회, 즉 우리가 생활에서 만나야 할 대상들은 우리에게 분명히 요구하고 있는 것이 있다. 그것은 현실의 문제를 분석하고 해결책을 찾아내는 데 꼭 필요한 경제적 사고를 배우고, 여기에 더하여 우리의 현실을 있는 그대로 안고 해결해 줄 도덕과 삶의 태도, 지혜를 함께 알아야 한다는 것이다. 당연히 이는 취업 면접 등에서 가장 중심이 되어 가고 있다. 그래서 우리는 경제적 사고를 공부하면서 경제적인 삶과 지혜에 대해 이해하고 우리 것으로 만들어 준비해야 한다. 그리고 이것을 항상 잘 준비한다면 실제로 우리는 인생을 더 행복하게 만들 수 있다. 그 준비는 바로 내가 할 수 있는, 내가 해야 할 나의 몫이다.

항상 준비해야 한다. 항상 자신을 소중하게 여기어 자신을 위한 시간을 내고 자신이 잘 보이도록 최선을 다해야 한다

어느 시골에 두 딸이 있었다. 첫째 딸은 착하고 부모님을 도와 농사일을 열심히 하며 지냈고, 둘째 딸은 제 몸 꾸미기에만 열심이어서 농사일은 물론이고 집일도 전혀 도와주지 않았다. 당연히 첫째 딸은 항상 흙과 먼지를 덮어쓰고 있었고 머리는 헝클어져 있었으며 얼굴과 피부는 햇볕에 타서 검게 그을어져 있었고 심지어 고된 일로 입술도 터지고 갈라져 있었던 반면, 둘째 딸은 하얀 피부에 잘 단장된 머리, 예쁜 화장에 얼굴도 빛났다. 그런데 어느 날 멋지고 건강하며 심지어 마음이 착한 부자가 이 집을 지나가게 되었다. 그리고 부자는 두 딸을 보았고 보는 순간 빛나는 둘째 딸에 마음을 빼앗겨 청혼하였다. 이후 둘째 딸은 착한 남편의 사랑을 받으며 행복하게 살았다.

흔히 우리가 배웠던 것은, 동화에서 보았던 것은 당연히 착한 첫째 딸을 착한 부자가 알아보고 결국 첫째 딸이 행복해진다는 것이다. 우리는 너무나 당연히 그렇게 믿고 있다. 그러나 현실은 이렇게 다른 것이다.

이 이야기의 교훈은 무엇일까? 그렇다. 우리는 항상 대외적으로 평가받을 준비된 상태를 유지해야 하며, 세상에는 공짜가 없으므로 나와 관련된 어떤 것도 소홀하게 해서는 안된다는 것이다. 비록 열심히 일해야 하고 고되더라도 항상 자신을 소중하게 여기어 자신을 위한 시간을 내고 자신이 잘 보이도록 최선을 다해야 한다는 것이다. 행운은 언제나 찾아오지만, 그 행운은 내가 잡을 준비가 되어 있지 않으면 그냥 지나가는 것이다.

"간절히 바라라. 그러면 이루어진다."

이 말을 믿는가? 실제로 안 그럴 수도 있다. 그러나 우리들이 관심을 가지고 있어야 그것이 보이고 들려서 기회를 잡을 수 있는 것은 틀림없다. 안 그러면 우리는 어느 순간 시간이 금방 지나가 버리고 만 것을 느낄 것이다.

아무리 시끄러워도 내가 듣고 싶은 이야기는 들린다 - 칵테일파티 효과

영국에서 있을 때의 일이다. 학교 부근이어서 그런지 학생들이 윗집에서 파티를 하고 있다. 새벽 3시인데도 시끌벅적하다. 아래층에서도 이렇게 시끄러운데, 파티에 참석한 사람들은 서로 무슨 이야기를 하는 것일까? 들리기는 할까?

놀랍게도 자기가 듣고 싶은 이야기는 아무리 시끄러워도 들린다는 것이다. 이것을 칵테일파티 효과(cocktail party effect)라고 한다. 1953년 영국 콜린 체리(Colin Cherry)가 명명한 용어인데, 시끄러운 칵테일파티에서 자기가 말하고 싶은 사람과 말하고 싶은 이야기가 가능하다는 것이다. 생각해 보라. 다른 사람은 다 못 보고 있는데 내가 좋아하는 사람이 지나가는 것을 나는 금방 본다. 수학여행에서 모두 똑같이 머리를 깎고 똑같은 교복을 입은 500여 명이 사진을 찍었는데 내가 좋아하는 사람은 찾을 수 있다. 물론 다른 사람은 못 찾는다. 그렇다. 내가 관심을 가지고 있는 사람, 내가 좋아하는 사람은 분명히 보이는 것이다.

우리들이 관심을 가져야 비로소 보이고 들리고 나아가 우리가 더 잘 보일 수 있다. 그래야 우리 스스로 더 멋진 사람으로 보이도록 계속 연습할 수 있고, 그래서 우리는 더 행복한 삶을 살 수 있고 그런 미래를 만들 수 있다.

지금부터 한 걸음 한 걸음, 믿음과 흥미와 자신에 대한 사랑을 가지고 나아가자. 고대 문명에서 정말 믿을 수 없는 건축물을 창조해 낸 이집트의 아부심벨신전 건축을 보라. 피라미드도 그렇지만 이미 약 3,300년

자료: 저자 촬영.

전(기원전 1264~1244년)에 만들어진 높이 33m의 이 신전은 정말 놀랍지 않은가?

도대체 3,300년 전에 어떻게 만들 수 있었을까?

이들은 모두 '하나하나 더하기'로 만들어졌다. 이 거대한 조각은 처음 첫 망치질로부터 시작하여 오랜 시간을 두고 하나하나 만들어졌고 오늘날 우리가 보는 경이로운 구조물이 완성된 것이다. 우리도 동일하다. 바라는 것이 당장 결과물로 보이지 않더라도 한 걸음 한 걸음 나아가면 된다.

02 우리 세상의 매트릭스와 내 존재의 가치

1. 한쪽이 희생하는 것은 사랑이 될 수 없다
−우리는 모두 연결되어 있다
2. 비싼 것이 더 잘 팔린다니요?
3. 세상은 시장이므로 항상
수요, 공급을 우선 생각해야 한다
4. 작은 것이 아름답다−내 존재의 가치

1. 한쪽이 희생하는 것은 사랑이 될 수 없다 -우리는 모두 연결되어 있다

1) 우리가 사는 세상의 설계도, 매트릭스

우리가 사는 세상은 시장으로 이루어져 있다. 시장은 공급과 수요가 있는 곳을 말한다. 모든 세상의 움직임은 수요(구하는 것, 사는 것)와 공급(제공해 주는 것, 파는 것)으로 이루어진다. 이때 수요와 공급이 있는 장소를 모두 시장이라고 부른다. 예컨대 교육에 대한 수요가 있고 이에 따른 학교 설립 등 교육 공급이 있으면 교육시장이 생기는 것이다.

그렇다면 우리가 사는 세상, 시장의 모습은 어떻게 생겼을까? 시장에는 물건을 만들어 파는, 즉 공급하는 기업과 이를 수요하는 가계(household)가 있다. 공급과 수요가 있으니까 시장이 만들어진 것이고 여기에는 만들어진 생산물이 거래되는 생산물시장과, 생산에 투입되는 노동·자본의 생산요소(factor)가 거래되는 요소시장이 있다. 물건을 만들어 팔기 위해서 기업은 노동과 자본이 필요하고, 가계는 물건을 사기 위해 취직해 돈을 벌어야 하기 때문이다. 따라서 전체 현실의 구조는 〈그림 2-1〉과 같이 연결되어 나타난다.

그런데 수요자와 공급자 사이에는 항상 갈등이 발생한다. 예컨대, 생산물시장에서 공급하는 자는 비싸게 팔려고 하고, 수요하는 자는 싸게 사려고 한다. 그래서 둘 사이는 갈등이 생긴다. 생산요소시장에서도 노동을 공급하는, 즉 취직한 노동자들(가계)은 월급을 많이 받으려고 하지만, 노동을 수요하는 기업(고용주)은 이윤을 높이기 위해 임금을 조금 주려고 한다. 그래서 둘 사이도 갈등이 생긴다. 이 양쪽에서 발생하는 갈등을 누군가 조정하지 않으면 세상은 잘 돌아가지 않으므로 갈등을 조정할 정부가 등장하게 된다. 이들 가계, 기업, 정부를 경제의 3주체라고 한다. 이상을 반영하여 현실을 나타내는 지도를 만들면 그 모습은 〈그림 2-1〉과 같다.

세상은 모두 연결되어 있다

세상의 모든 것은 연결되어 있다. 심지어 지구도 살아 있는 존재로 보는 가이아가설도 존재하는데, 이는 지구가 하나의 생명체처럼 유기적으로 연결되어 있다는 것이다.

이러한 연결은 무생물까지도 적용되지만, 특히 지구상의 인간을 포함한 생물은 분명히 그러하다. 이는 종교적 해석을 끌어올 필요도 없이 과학적으로도 분명하다. 예컨대, 세계식량위기가 오래전부터 경고되었고, 그 원인으로 지구

그림 2-1 현실 그 지도, 매트릭스

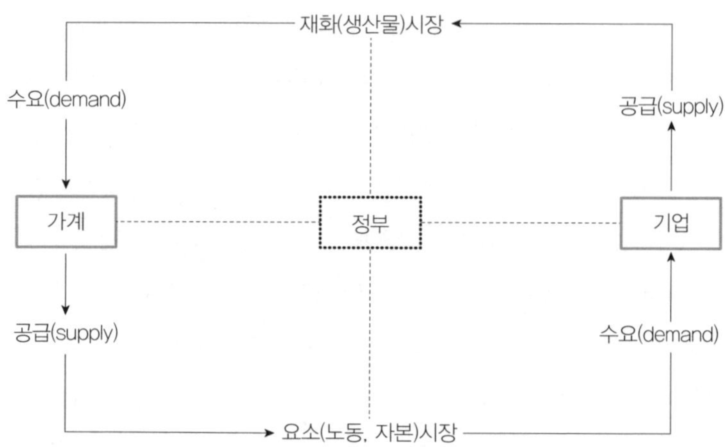

온난화 등 여러 요인이 거론되지만 사실 인류가 소비하는 전 세계 식량 작물의 75%가 식량과 직접적인 관계가 없어 보이는 꿀벌의 수분에 의존하고 있다. 꿀벌은 식량의 공급량만이 아니라 식량의 질, 식량의 다양성을 변화시킨다. 이에 2017년부터 유엔은 매년 5월 20일을 '세계 꿀벌의 날'로 제정하여 줄어드는 꿀벌에 대한 대책을 세계적으로 촉구하고 있다.

세상에 아무 관련 없이 존재하는 것은 없으며, 모든 것이 서로 연결되어 있는 것이다. 인류의 가장 오랜 역사적 유산의 하나인 종교와 철학이 동물과 식물에 대해 폭넓은 관심과 사랑을 품고 있는 것은, 이러한 연결에 대한 경험에서 비롯된 것이다.

우리는 살아가면서 끊임없이 공식적이거나 비공식적인 질문을 받는다. 그리고 그 대답을 어떻게 해야 하는지 항상 고민하고 당황하며, 종종 나중에 후회하기도 한다. 어떻게 답해야 정답이 되고, 지혜로운 답이 될 수 있을까?

우리가 살고 있는 현실의 모습은 〈그림 2-1〉이다. 따라서 어떤 현실의 문제에도 그림 속 요소 중 한 가지를 빼놓고 말한다면, 그것은 장님이 코끼리 다리를 만지고 코끼리 다리로 코끼리를 설명하는 것과 같다. 이는 현실을 제대로 설명한 것이 아니다. 잘못된 것이다. 그러므로 항상 우리는 어떤 문제에든지 가계(나), 기업, 정부를 고려해야 하고, 수요와 공급 양 측면을 고려해야 현실을 설명할 수 있으며 완전한 현실의 답을 얻을 수 있다. 예를 들어, 밥상에서 배춧값 걱정이 나올 때에도 요즘 사람들이 배추를 얼마나 쓰고 있고, 업자들은 얼마나 어떻게 배추를 공급하고 있으며, 정부는 여기에 대해 어떤 대책을 내고 있는지, 그래서 수요와 공급이 어떻게 움직이고 있는지를 설명해야 하는 것이다.

이 말은 우리가 어떤 것을 할 때 반드시 먼저 전체 구조를 생각하고 답을 구해야 한다는 것을 의미하기도 한다.

산에서, 인생에서 길을 잃을 때

산속에서 길을 잃었을 때 전체를 생각하지 않고 보이는 부분, 눈앞만 보고 움직이면 많은 사람들이 경험하였듯이 제자리를 맴돌며 낭패에 빠지고 결국 큰 위험에 처하게 된다. 눈앞을 보지 말고 고개를 들어 멀리 북극성을 찾고 전체 산의 모습을 생각하며 물이 흐르는 계곡을 찾아야 갈 길을 찾을 수 있다.

유능한 탐험가는 반드시 먼저 지도를 구해 자기가 가는 곳의 전체 여정을 파악하고 구간을 나누어 떠나지만, 어리석은 사람은 자기가 가는 길만 쳐다보고 길을 떠난다. 물론 그 결과는 삶과 죽음을 나눌 정도로 차이가 있으며 전자가 올바른 길이다. 인생도 마찬가지이다. 어떤 인간이나 문제를 만나게 될 때에도 세부적인 문제에 집착하면 인생의 큰 방향과 나아가야 할 길을 놓치게 되고 그러면 실패하게 된다.

언제나 전체 모양, 전체 구조를 먼저 생각해야 한다

미시간대 니스벳 박사가 다음 질문을 가지고 실험하였다.

"원숭이, 호랑이, 바나나가 있다. 이 중 서로 연관성이 깊은 두 단어를 골라라."

한국인들은 대부분 원숭이와 바나나를 선택한다. 아주 당당하게 정답을 확신하며 그렇게 답한다.

그러나 정답은 원숭이와 호랑이이다. 왜냐하면 우리 세계는 크게 보아 우선

생물과 무생물로 나누어지고 생물은 다시 동물과 식물로 나누어지니 같은 생물이면서 동물인 원숭이와 호랑이를 선택해야 하는 것이다. 바나나는 식물이니 원숭이, 호랑이보다 관련성이 더 작은 것이다.

우리의 선택이 틀리는 이유는 무엇일까? 우리가 항상 그렇다고 들어왔고, 머릿속에 각인되어 있는 지식이 반드시 옳은 것이 아니다. 우리의 인생을 보다 지혜롭게 살기 위해서는 항상 전체를 먼저 고려해야 한다.

현실의 구조가 〈그림 2-1〉과 같이 전체가 연계되어 있으므로 같이 움직이지 않고 어느 한쪽만 움직이는 것은 당연히 잘못된 것이다. 그러나 한국의 경우 기업의 이익이 가계소득으로 연계되지 못하고 있다. 기업은 돈을 벌고 있고 수출이 잘 되고 있지만, 가계는 상대적으로 가난해지고 있는 것이다. 한국은행에 의하면 기업소득이 연평균 7.7% 늘어나고 있는 동안에도 가계소득은 연평균 5.3% 증가에 그쳤다. 동시에 한국 GDP 대비 세금 비중은 높아지면서 정부의 비중도 높아지고 있다. 국가의 총소득에서 기업, 국가가 가져가는 비중이 늘어나고 있고, 가계가 가져가는 비중이 줄어들고 있는 것이다.

그 결과 한국 GDP 대비 가계부채 비율은 계속 상승하였다. 소득 대비 가계부채 원리금상환부담(DSR) 상승 속도 역시 세계 최고 수준이었다. 국제금융협회 통계에서 한국의 가계빚은 연속 GDP 대비 '세계 1위'이며 그 규모도 한국만이 가계부채가 GDP보다 많았다. 한국의 가계부채는 전세보증금을 포함하면 3,000조에 육박하여 GDP 대비 가계부채 비율은 150%를 넘어섰다. 대략 한 국가의 경제가 감내할 수 있는 가계부채 수준을 국내총생산 대비 85% 안팎으로 보고 있다.

순환은 한쪽이 막히면 결국 전체가 붕괴되게 되어 있다. 한쪽이 커져가고 다른 쪽이 정체되면 유기적으로 흐르던 흐름은 결국 정지하고 만다. 결국에는 모두가 불행해지는 것이다.

인생에서 중요한 것은 균형이다

국민경제가 가계, 기업이 같이 나아가야 잘 돌아가듯이, 세상의 모든 일이 그러하다. 한쪽만 잘 나간다, 잘 한다는 것은 단기적으로 문제가 없지만, 격차가 커지면 장기적으로는 균형이 무너져 모든 것이 붕괴된다. 아무리 댐과 같은 거대한 구조물도 한 구석의 조그만 구멍으로 결국 모든 것이 붕괴된다. 흔히 한 가지만 잘하면 된다고 하지만 사실 그것은 나를 붕괴시키는 요인이 된다. 인간을 파멸시키는 치명적인 질병이나 노화 현상도 사실 한 가지 작은 이상이 방치되어 점점 커짐으로써 전체 건강을 무너트리는 것이다.

이 세상 모든 철학이 시대와 주체가 달라져도 궁극적으로 말하고 있는 절대 진리, 절대 지향점은 놀랍게도 균형 혹은 중용이다. 우주가 그런 원리로 이루어져 있기 때문이다. 현재 존재하는 것, 앞으로 존재해 나갈 것은 어떤 경우라도 균형이 맞추어져 있기 때문이고 그렇지 않은 경우 반드시 붕괴되어 소멸되었거나 소멸될 것이다. 모든 인간에게는 선함과 악함이 있고 잘하는 것과 못하는 것이 있다. 따라서 우리가 좋다 나쁘다라고 평가받는 것도, 어떤 것을 잘한다 못한다라고 평가받는 것도 그렇게 보이는 것뿐이다.

한 가지를 잘하면 상대적으로 다른 한 가지를 못하는 것은 사실 모든 사람에게 동일하다. 저자가 항상 학생들에게 말하는 것이 "경제학 공부는 박 교수가 낫지만 다른 모든 것은 젊은 여러분이 낫다"는 것이다. 그런데 슬프게도 이 세상은 이상한 나쁜 시각과 마음이 있다. 그것은 사회적 신분이 높거나 부자인 경우 혹은 인기가 높은 사람을 말할 때에는 나쁜 것보다 좋은 것을 끄집어내어 말하고 찬양한다. 이것이 잘못된 것이 아니지만, 문제는 반대로 보통 사람들의 경우는 좋은 사람이어도 나쁜 일 하나로 그 사람을 나쁘게 평가하는 것이 일반적이라는 것이다. 예를 들어, 우리가 알고 있는 세계의 위인들은 조금만 공부해 보면 알 수 있듯이, 도저히 인간적으로 허용할 수 없는 나쁜 일을 저지른 사람들이 많지만 그들의 그런 나쁜 일은 거론되지 않고 위대한 업적만 부각되고 있다. 대통령, 국회의원, 장관 등 고위직 사람이거나 연예인, 스포츠맨은 종종 나쁜 일을 하였거나 하고 있음에도 그것이 묻히고 오로지 현재 잘하는 일만으로 모든 사람들이 열광하며 칭송한다. 그러나 보통 사람들은, 대개 착하게 살고 남에게 해를 끼치지 않기 위해 양보하며 지내지만, 한 번 잘못한 것에 대해서 "그럴 줄 몰랐다," "알고 보니 나쁜 인간이네" 등으로 평가받고 심지어 낙인찍혀 버린다. 놀랍게도 보통 사람들은 자신과 같은 보통 사람들을 나쁜 인간, 어리석은 인간으로 아주 쉽게 말하고 평가하면서 소심하게 만족하는 것이 일반적이다. 무서운 일이지만 이것이 현실이다.

그러니 우리는 항상 잘하는 것과 못하는 것 그리고 자주 하는 것과 거의 하지 않는 것 사이에서 균형을 잘 잡는 것이 중요하다. 내가 잘 못한다고 남에게 미루기만 하거나 완전히 방치하는 것은 시간의 문제일 뿐 결국 나를 붕괴시키는 것이다. 나아가 남이 잘 못하는 것을 비난해서는 안된다.

균형은 자연법칙이며 내 생존과 행복의 기본이다

어리석은 사람들을 말할 때 자기 죽을 줄 모르고 불빛에 몰려드는 불나방 같다고 한다. 그럴까? 곤충들은 왜 불빛에 그렇게 모여들까?

불빛에 곤충들이 몰려드는 이유에 대해 오랜 시간 많은 학설이 제시되었다. 자연광인 것으로 착각한다거나, 온기를 받기 위해서라든가 등이 중요한 대표 학설이다. 그러나 2024년 새로운 실험과 관측 결과가 발표되었는데, 곤충들이 불빛에 몰려드는 것은 생존을 위한 가장 기본조건인 몸의 수평, 균형을 맞추기 위해서라는 것이다. 곤충들도 당연히 지면반력, 즉 지구의 지면이 몸에 가하는 힘을 느끼게 되는데, 가만히 있으면 땅에 부딪히는 것은 물론이고 비행 중에도 몸을 원하는 대로 가누기 힘들어 어느 쪽이 하늘 쪽인지 땅 쪽인지를 계속 확인하며 고도를 유지해야 한다. 훈련을 받은 인간 조종사들도 바다 위에서 순간적으로 이를 착각해 하늘이 아닌 바다로 방향을 꺾어 추락하는 사고가 발생하는데, 곤충들에게 이는 심각한 생존 문제와 직결된다. 다행히 곤충들은 이 문제를 낮에는 해, 밤에는 달이나 별빛을 이용해 해결할 수 있다. 따라서 완전한 어둠은 곤충들의 생존에 큰 위험을 주게 되는데 이때 불빛은 몸을 수평으로 맞추기 위한 수단이 될 수 있다. 그래서 곤충들은 위험하지만 불빛을 벗어나지 않고 그 주위를 배회한다는 것이다.

수평을 맞추는 것은 지구에 살고 있는 모든 동물에게 중요하며 인간도 동일하다. 언제나 수평을 맞추어야 추락하지 않는다. 발을 헛디디는 것은 바로 수평을 잃는 것이다. 인생의 추락도 기쁨과 슬픔, 사랑과 미움, 사회와 자신의 어떤 한 면에서 수평, 균형을 잃는 것이다.

한쪽이 아닌 균형을 유지하려고 항상 노력하는 것이 나의 삶에서 자연법칙을 따르는, 나의 생존과 행복을 찾는 기본 방향임을 알아야 한다.

현실은 모든 것이 수요와 공급, 즉 상대적인 쌍으로 이루어져 있다. 여기에서 우리는 나의 기쁨과 효용, 성장도 나만의 것으로 이루어질 수 없다는 것을 금방 유추할 수 있다. 항상 남을 배려하고 같이 성장하는 것이 결국 나의 효용, 성장을 가져다준다. 우리가 상대방의 입장을 배려하고 상대방이 어렵지 않게 즐거운 마음으로 나에게 행동하도록 해 주는 것이 결국 나의 효용을 높여 주는 것이라는 전체의 구조를 이해하고 행동하는 것이 나에게 도움이 됨을 알 수 있다. 남을 배려하고 도와주면 먼저 나도 모르는 사이에 내 만족도가 올라가고, 더불어 내가 배려한 남이 자신을 배려한다는 것을 어떻게든 결국 알게 되어 나에게 또 도움을 주게 된다. 상호성의 원리(reciprocity principle)가 작동되는 것이다. 우리가 부모님을 생각하고 사랑하는 사람을 먼저 생각하고 동료를 먼저 생각하는 것은 결국 우리의 효용, 그리고 행복을 높이는 것임을 기억하자.

같이 있는 사람이 무너지면 나도 같이 무너진다 - 효용은 상호 작용한다

다른 사람과 함께 여행을 가서 어떤 한 사람이 도둑을 맞거나 다치면 나 역시 자유롭게 움직이거나 구경할 수 없다. 그런데 이는 내 인생의 모든 경우에 동일하다. 여행은 바로 우리의 인생이고 우리는 항상 누군가와 같이 있기 때문이다.

이런 예는 주위에서 쉽게 발견할 수 있다. 가족 중 누가 한 명 아프면 가족 모두가 같이 고생할 수밖에 없다. 부부나 친한 사람 중 한 사람이 정신적으로 괴로우면 나도 괴로울 수밖에 없고 결국 문제가 생긴다. 그래서 나의 효용함수는 확실하게 나와 같이 지내는 사람과 상호 작용하는 함수가 된다.

오래전부터 사람들은 내 인생, 내 행복의 가장 중요한 것의 하나로 주위 사람을 들었다. 주위 사람이 항상 우울하거나 혹은 비관적 사고를 가지고 있을 때 이상하게 그것이 주위에 나쁜 영향을 미치는 것을 모두가 확인하였기 때문이다. 우리는 주위 사람들을 배려해야 하고, 그래야 하는 것은 그 사람의 마음이 나에게 다시 영향을 미치기 때문이다. 따라서 아무리 그럴듯하게 포장하여 말하여도 같이 나아가지 못하는 한쪽의 일방적인 희생은 사랑이 될 수 없다. 남편을 위한 아내의 희생, 자식을 위한 부모의 희생, 사랑하는 사람을 위한 희생 등 그 아름다운 미사여구나 칭송에도 불구하고 그런 한쪽의 희생은 결국 상대방, 나 그래서 모두를 불행하게 만든다.

21세기 권력의 중심은 정부에서 시장으로 이동한다

오늘날 모든 곳에서 수요와 공급이 이루어지고 있고, 이는 시장이 형성됨을 의미한다. 여기에 정부가 강제로 개입할 것인가, 아니면 내버려둘 것인가라는 문제가 생기게 된다.

분명히 큰 흐름은 신자유주의라는 이름으로 후자로 넘어가고 있다. 그전에 정부가 하던 공항, 항만, 우편, 고속도로, 전력 공급 등도 이제 일반기업이 맡아 (시장에서) 이루어지고, 심지어 교도소, 경찰 역할까지도 이제는 정부가 하지 않고 일반인들이 맡아서 (시장에서) 하고 있다. 미국, 영국, 호주 등 서구 국가에서 정부가 하던 이런 일들이 민영화된 데 이어 한국에서도 전력, 철도, 철강 등의 분야에서 민영화가 진행되었고, 경호, 야간경비 등도 정부경찰이 아닌 일반경비, 경호회사가 맡아서 하고 있으며, 심지어 민영 교도소까지 존재하는 시대에 살고 있는 것이다. 실제로 정부가 민영 교도소 유치를 말하자 교도소 사업을 하겠다는 종교단체, 복지법인, 사설경비업체 등 사기업이 나서고 있다. 국영 교도소의 문제점이 지적되면서 민영 교도소를 선호하는 수요도 있고 이미 민간인 공급자 존재도 충분히 존재하고 있는 것이다.

2) 서로 상대방을 파악하는 게임의 내쉬균형

세상은 항상 둘로 나눌 수 있다. 예를 들면, '나'와 '나 이외'로 나누면 세상의 모든 사람을 말할 수 있다. '이 책을 보는 사람'과 '안 보는 사람'으로 나누어도 세상의 모든 사람을 포함시킬 수 있다. 그러므로 'A기업(혹은 A사람)'과 'B기업(혹은 B사람)' 둘로 나누어 보자.

시장에는 A, B 두 기업(사람)만 존재하므로 A기업(사람)은 상대방 B기업(사람)의 행동을 잘 연구하여 선택을 한다. 이때 A는 'B가 자기에게 최대이윤을 얻기 위해 이렇게 행동할 것이다'라고 예측한 뒤, 이를 토대로 상대방 기업의 움직임을 결정되어져 있다고 간주하고 자기에게 최선의 선택, 즉 이윤을 극대화할 수 있는 결정을 내린다.

이렇게 A기업(사람)이 이윤극대화가 되는 결정을 하고 난 후 상대방 B기업(사람)이 A기업(사람)의 움직임에 반응하여 다시 움직이지 않는다면, A기업(사람)도 구태여 다시 새로운 선택을 할 필요가 없다. 그러면 B기업(사람)은 어떨까? 마찬가지이다. B기업(사람)도 상대방 A기업(사람)과 똑같은 생각을 갖고 똑같은 방식으로 결정을 한다. 그리고 B기업(사람)도 마찬가지로 A기업(사람)이 자신의 움직임에 반응하여 다시 움직이지 않는다면 새로운 선택을 할 필요가 없다. 이 순간이 바로 두 기업(사람)이 모두 만족하는 균형이 된다. 이를 내쉬균형(Nash Equilibrium)이라고 한다.

내쉬(John Forbes Nash Jr.)와 남자친구들이 술을 마시러 갔는데 술집에서 내쉬의 한 친구가 여러 명이 같이 온 여자 그룹 중 한 여자를 보고 자유경쟁의 원칙에 따라 잘생긴 여자를 차지하기 위해 경쟁하자고 말한다. 이때 내쉬는 그렇게 하면 그 여자는 친구들 때문에, 또 그 여자의 친구들은 기분이 나빠져 우리들 누구와도 데이트하려고 하지 않을 것이라고 주장한다. 그러므로 미리 상대방의 행동을 고려하여 자유경쟁이 아니라 함께 데이트를 하는 것이 모두가 만족하는 상태가 된다는 것이다. 내쉬는 이렇게 상대방이 어떻게 행동할 것인가를 생각한 후 이에 대해 가장 좋은 대응을 선택하면 양쪽 모두에 최선의 결과를 얻을 수 있는 경우가 만들어진다고 주장하였고 이것이 내쉬균형이다.

정리하면 두 사람 모두 '상대방이 자신의 이익을 위해 어떻게 할 것이다'라는 점을 생각하여 그것을 전제로 의사결정을 하면, 양쪽 모두 상대방

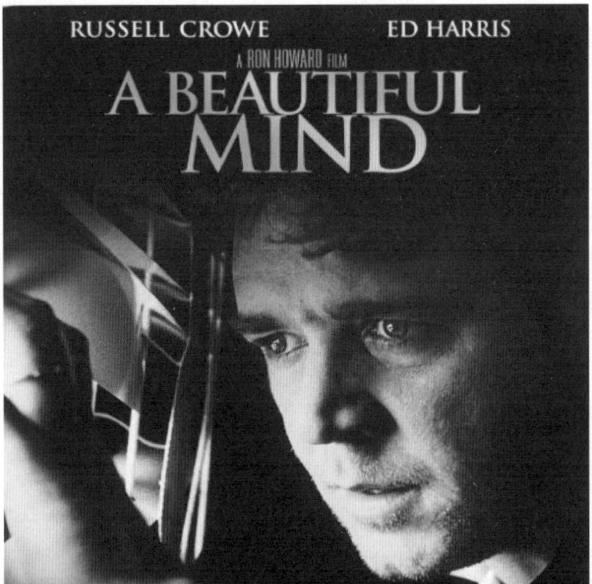

내쉬의 이야기를 다룬 영화, 「뷰티풀 마인드」

자료: 유니버설 픽처스.

이 다시 새로운 전환을 하지 않는 이상 나도 전환을 할 필요가 없는 상태에 도달하게 되는데, 이때 양쪽이 모두 만족하는 균형이 된다는 것이다. 이러한 내쉬의 생각은 노벨경제학상을 받게 될 정도로 이후 모든 방법론에서 혁명을 가져다주었다.

노벨상을 받은 인간도 행복하지만은 않았음을 보여 주는 내쉬의 이야기를 다룬 영화로 아카데미상을 받은 「뷰티풀 마인드」(A Beautiful Mind)가 있다. 시간 있을 때 보도록 하자.

상대방의 입장에 서라

우리는 남의 입장에서 생각하면 작은 일에서도 이익을 얻을 수 있다.

경주에서 삼릉으로 가는 길을 찾고 있었다. 지도를 보고 근처까지 가서 지나가는 노인들에게 삼릉이 어디에 있느냐고 물었지만 아무도 몰랐다. 계속 길을 헤매었고 시간을 많이 소비하였다. 그러다가 문득 머리를 스치는 생각이 있었다. 그래서 다시 지나가는 노인에게 이렇게 물었다. "여기 커다란 왕의 무덤이 3개 함께 있는 곳이 어디입니까?" 그러자 바로 그 노인은 삼릉을 알려 주었다. 내가 헤매던 바로 그 옆이었고 단지 소나무에 가려져 보이지 않았던 것이었다. 노인들은 신라왕의 큰 무덤 3개를 누구나 알고 있지만 대부분 그것을 삼릉이라고 부르지 않고 있었고 그래서 나는 고생을 한 것이다. 이런 경우는 일본과 프랑스에서도 있었다. 언제나 상대방의 입장에서 생각하면 나에게 도움이 되는 것이다.

남을 신경 쓰지 말고 내 일만 열심히 하면 결국 성공할까? -빨간 차 이론(Red Car Theory)

주위에 신경 쓰지 말고 내 일만 열심히 하면 결국 성공할까?

사람들에게 "오늘 하루 빨간 차를 몇 대 보았습니까"라고 물으면 대부분 이를 기억하지 못한다. 심지어 빨간 차가 자기 옆을 지나간 적이 있는지조차 모르는 경우가 많다. 하지만 아침에 집을 나설 때 만약 "빨간 차를 오늘 보는 수만큼 돈을 준다"고 하면 하루 종일 빨간 차 숫자를 셀 것이고, 그 결과로 돈을 벌 수 있을 것이다. 행운은 그런 것이다. 항상 내 곁을 지나가지만 관심을 갖지 않으면 내가 보지 못하고 보내게 되고, 내가 적극적으로 의지를 갖고 찾아야 보이고, 보아야 행운을 얻을 수 있는 것이다.

주위에 신경 쓰지 말고 내 일만 열심히 하면 결국 성공과 행운이 찾아온다는 것은 거짓말이다. 내 주위를 항상 보고 관심을 가져야 하며, 그 가운데에서 내가 바라는 것을 적극적으로 찾아야 한다.

3) 게임이론-죄수의 딜레마

소수 기업이 존재하는 과점의 경우 서로 상대방 움직임을 고려해야 한다.

그러나 혼자 마음대로 생각하는 것보다 상대방의 움직임을 고려하는 순간 당연히 상황은 복잡해진다. 이 상황을 설명하는 것이 게임이론이다. 게임이론의 핵심은 죄수의 딜레마(prisoner's dilemma)로 설명된다.

남을 버리고 나만 사는 방법을 선택한 결과는? - 죄수의 딜레마

'파렴치'와 '흉악아'가 도둑질을 하던 중 갑자기 나타난 주인을 죽이고 도망가다 경찰에 체포되었다. 경찰은 이들이 주인도 죽였을 것이라고 심증적으로 확신하고 있지만 그 증거를 찾지 못하였다. 살인 증거를 찾지 못하면 도둑질만으로 1년 형이 선고된다. 두 사람이 죄를 자백하는 것만이 이들을 과실치사의 살인죄까지 적용해 징역 20년의 중형을 선고받게 할 수 있다. 과연 이들이 자백할까?

결론은 다음과 같이 자백한다는 것이다.

우선 경찰은 두 사람을 격리하여 각각 다른 곳에 두고 다음과 같이 말한다.

"살인죄는 20년형이다. 그런데 네가 사람을 죽였다는 것을 사실대로 불기만 하면 너는 이 사건해결에 도움을 주었으므로 정상참작을 하여 석방한다. 그러나 만약 저쪽 방에 있는 네 친구가 사람을 죽였다고 모든 일을 고백하는데도 네가 끝까지 살인을 하지 않았다고 우기면 친구는 석방되겠지만 너는 살인죄에 끝까지 반성하지 않는 점이 가중처벌되어 무기징역형을 살게 된다."

이 경우 둘 다 끝까지 살인을 하지 않았다고 우기면 살인죄는 증거불충분으로 적용되지 않아 둘 다 도둑질에 대해 1년만 감옥살이를 하면 된다. 그러나 위기에 빠진 두 사람은 자신에게 유리한 것을 선택하기 위해 우선 상대방이 어떻게 할 것인가를 먼저 생각한다. 파렴치가 생각하는 경우의 수는 다음과 같이 네

두 범죄자의 선택과 결과: 죄수의 딜레마 게임

		파렴치의 선택	
		범죄 자백	범죄 부정
흉악아의 선택	범죄 자백	20년형 20년형	무기징역 석방
	범죄 부정	석방 무기징역	1년형 1년형

가지이다. 사선의 오른쪽 윗부분이 파렴치가 받는 벌이고 왼쪽 밑 부분이 흉악아가 받는 벌이 된다.

파렴치는 생각한다.

"흉악아가 무슨 대답을 할 지 따로 격리되어 있어서 알 수 없다. 어쨌든 흉악아는 자백하거나 자백하지 않거나 둘 중의 하나이다. 첫째, 만약 흉악아가 끝까지 자백을 하지 않고 버틴다고 생각해 보자. 그러면 내가 자백할 경우 나는 무죄석방될 것이고 자백하지 않으면 1년형을 살 것이므로 나는 자백하는 것이 유리하다. 둘째, 만약 흉악아가 자백한다면 그 경우 내가 자백하였을 때 나는 20년형을 살지만 내가 자백하지 않으면 난 무기징역을 살게 되고 흉악아는 석방된다. 그러므로 흉악아가 자백한다고 하여도 역시 나는 자백하는 것이 좋다. 결국 흉악아가 어떤 대답을 하든 나는 자백하는 것이 좋다."

결국 파렴치는 상대방의 행동을 고려할 때 자백하는 것이 어떤 경우에도 유리하다고 생각해 살인을 자백하게 된다.

따로 격리되어 심문받던 흉악아 역시 똑같은 생각을 한다. 결국 두 사람 모두 살인을 자백하면서 둘은 살인죄로 징역 20년형을 선고받는다.

두 사람이 끝까지 부정하였다면 살인죄는 면하고 도둑질에 대한 죗값으로 1년만 감옥살이를 하게 될 것이지만, 상대방의 행위를 고려하여 내린 선택으로 결국 둘 다 20년형을 살게 된 것이다. 즉, 두 사람 모두 합리적이라고 생각하고 선택하였지만 결국 두 사람 모두에게 불리한 비합리적 선택을 한 것이다.

이런 결과가 나오는 것은 두 사람 모두 상대방의 행위를 고려할 때 자신이 어떤 행동을 하는 것이 자기로서는 유리하다는 지배적 선택전략(dominant strategy)을 취하기 때문에 일어나는 것이다. 이를 죄수의 딜레마라고 한다.

이기적으로 행동하는 것은 보통의 사람에게서 흔히 일어나는 일이지만, 그렇다고 하여도 남에게 해를 끼치는 선택을 해서는 안된다. 결국 그것은 나의 불행을 가져다주는 불행의 화살로 돌아온다.

내가 한 선택은 맞는 것일까? 나는 왜 바보 같은 선택을 자꾸 하는 것일까? 나는 왜 이리 어리석을까?

이상하게 맛있는 음식, 내가 좋아하는 음식은 건강에 나쁘다. 그래서 건강에 나쁜 맛있는 음식을 먹으면서 느끼는 죄책감을 길티플레져(guilty pleasure)라고 부른다. 가장 대표적인 것으로 우리는 초콜릿, 케이크, 튀긴 통닭, 소시지 등을 들 수 있다. 우리는 분명히 단 음식과 짠 음식을 줄이고 소식하고 운동을 해야 건강하게 오래 산다는 것을 잘 알고 있는데, 나는 항상 달고 짠 음식을 선택하고 많이 먹고 계단을 이용하지 않고 엘리베이터를 탄다. 왜 나는 이럴까?

걱정하지 마라. 우리 모두 그렇다. 이것은 바로 선호역전 현상(preference reversals), 동태적 비일관성 때문이다. 시간이 개입되어 있기 때문에 선호가 달라지는 것이다. 이런 일은 우리의 일상생활 어디에서도 발견된다. 심지어 로또는 당첨금이 20억 원이 된다고 하지만 그 당첨될 확률이 벼락에 맞을 확률보다 작고, 반면 당첨금 5,000만 원의 일반 복권은 당첨될 확률이 높아 사실 일반 복권을 사는 것이 분명히 합리적임에도 사람들은 대부분 로또복권을 산다. 분명히 기댓값으로 계산해도 일반 복권을 사는 것이 합리적임은 누구나 계산할 수 있지만 그렇게 선택하지 않는 것이다.

그러니 첫째, 항상 원칙을 정해 움직여라. 우리의 판단은 부정확하다.

둘째, 자신의 판단이 틀리다고 자신을 미워하지 마라. 나만 그런 것이 아니고 우리 모든 인간이 동일하다.

2. 비싼 것이 더 잘 팔린다니요?

우리가 해야 한다는 경제적인 사고방식은 어떤 것일까?

우리의 행복을 얻기 위한 경제적인 사고방식은 다음과 같이 간단하다.

우리는 인생에서 항상 문제에 부딪힌다. 세상의 모든 일, 모든 문제에는 반드시 이유, 원인이 있다. 우리는 어렵더라도 노력하면 그 원인을 찾아낼 수 있고, 그 원인을 찾아내면 그 문제를 해결할 수 있다. 세상의 모든 일, 문제에는 이유가 있고 우리는 그 이유를 찾아낼 수 있으며, 그 이유를 찾아내 그 문제를 해결함으로써 우리는 보다 행복해질 수 있다.

그런데 이유, 원인은 한 가지가 아니라 여러 가지일 수 있다. 그래서 우리는 그 이유로 여러 가지를 생각할 수 있는데, 이때 우리가 가능한 모든 경우, 원인을 해결하려는 것은 맞지 않다. 우리의 시간은 제한되어 있고 그 시간은 소중하며 세상의 모든 일에는 비용이 들기 때문이다. 그래서 항상 보다 중요한 원인을 먼저 생각해 내도록 노력해야 하는데, 이는 공부와 경험을 통해 얻을 수 있으므로 공부와 경험은 우리의 인생에서 행복을 빨리 찾아내는 데 중요하다. 그래서 언제, 어디서나 배우는 자세가 중요한 것이다. 어느 인간에게서도, 어느 곳에서도 우리는 배울 것이 있다. 공자(孔子) 역시 "세 사람이 길을 가면 반드시 나의 스승이 있다"(子曰 三人行 必有我師焉)라고 말하였다.

결국 주위에서 일어나는 일의 많은 원인 중에서 조금이라도 더 정확하고 핵심적인 원인을 찾아내는 것이 시간을 절약하며 인생에서 효율적으로 행복에 다가갈 수 있는 길이다. 이 책을 읽는 이유도 우리가 생각할 수 있는 다양한 요인 중에서 보다 핵심적인 원인을 찾아내기 위함이다.

수요와 공급으로 이루어진 현실, 시장에서 어떤 재화에 대한 수요는 그 재화의 가격, 그 물건을 사는 사람이 가진 돈(소득), 그 사람이 그 물건을 좋아하는 정도 등 여러 가지 요인으로 결정된다. 이 중에서 가장 중요한 요인은 가격이다. 가격은 수요에 직접적인 영향을 주고, 나아가 공급까지 변화시키므로 가격이 세상을 움직이는 것이다. 그래서 가격을 '보이지 않는 손'이라고 부르는 것이다. 당연히 수요는 가격과 반대로 움직인다. 즉, 가격이 비싸지면 수요가 줄고, 가격이 내리면 수요가 는다. 이것이 보통 사람들의 사는 방식이며 지혜이며 법칙이다. 그래서 이를 수요의 법칙이라고 한다.

그러나 우리는 비싼 것이 더 잘 팔리는 경우를 많이 본다. 예컨대, 고가의 청바지나 신발은 잘 팔리는 데 비해 중소기업의 저렴한 제품은 질이 좋아도 잘 안 팔린다. 왜 그럴까? 비싸면 수요가 준다는 수요의 법칙은 맞지 않는 것일까?

그렇지 않다. 가격이 높아서 수요가 많은 것이 아니고 그 제품에 대한 심리적 경쟁, 유행, 과시욕 등 가격 이외의 요인 때문에 수요가 늘어났기 때문이다. 즉, 가장 중요한 요인인 가격이 아닌 사실상 중요하지 않은 다른 요인 때문에 이런 일이 발생한 것이다. 당연히 우리의 인생에서 행복을 빨리 효율적으로 찾는 방법은 앞서 지적하였듯이 문제의 보다 중요한 요인을 찾아 해결하는 것이므로, 이러한 덜 중요한 요인 때문에 한 나의 선택은 옳은 인생의 방법이라고 볼 수 없다.

집 뒷산에 갈 때 입는 옷을 비싼 일류제품으로 사는 것도 같은 이유로

그림 2-2 사회계층 지표로 평가되었던 두 차량

부유층이 경쟁적으로 사던 렉서스

애호가의 사랑을 받던 단종 경차 마티즈

설명 가능하다. 서울에서 비싼 토요타의 렉서스와 싼 국민 경차가 신분 판단의 지표로 되어 렉서스 사기 열풍이 불고 경차는 퇴출된 것도 그렇다. 루이비통 회장은 한국을 세계 4대 명품시장의 하나라고 말하였고, 외국의 2배가인 7,000만 원에 판매되는 가구가 한국에서 잘 팔리는 이유도 이제 알 수 있다. 이렇게 원인을 파악하고 설명은 가능하지만 이는 정상적인 경제 현상은 아니다. 그래서 소스타인 베블런(Thorstein Bunde Veblen)은 이를 속물효과(snob effect)라고 비판하였다.

심지어 이러한 속물효과를 이용하는 기업도 있는데, 토요타는 한국에서 값을 고가로 책정하였고 스웨덴 이케아(IKEA)는 한국 내 가격을 경제협력개발기구(OECD) 21개국 가운데 두 번째로 높게 매겼다. 조사에 따르면, 1,000만 원이 넘는 샤넬의 인기 핸드백 '클래식' 라인 가격은 전 세계에서 한국이 가장 높다. 샤넬은 한국에서 1년에 가방과 신발 가격을 네 번 올리기도 하였지만 사람들의 수요는 줄지 않고 있다. 샤넬만이 아니라 디올, 티파니, 까르띠에 등 명품 브랜드는 코로나 사태 때에도 값을 계속 올렸지만 매출이 줄지 않았다. 글로벌 명품 브랜드인 에르메스와 루이비통은 한국

시장에서 글로벌 본사보다 최대 10%포인트 높은 영업이익률(매출 대비 영업 이익 비중)을 거둔 것으로 나타났다. 애플은 주변국인 중국과 일본에서는 한국보다 저렴하게 아이폰 시리즈를 판매하였고, 특히 중국에서는 가격을 동결하였지만 한국은 비싼 가격에 판매하기도 하였다.

인생이 왜 힘들까?

살다 보면 우리는 피곤을 느낀다. 왜 이렇게 인생이 힘들까라는 회의와 불안이 올 때가 있다. 누구나 그렇다. 그렇다면 왜 이렇게 인생이 힘들까?

간단하다. 삶에서 중요하지 않은 것에 너무 많은 가중치를 두고 있기 때문이다. 경제학은 항상 보다 중요한 것을 찾아내고 이에 집중하라고 말한다.

우리는 나에게 가장 중요한 것이 무엇인지 안다. 나 자신, 나 자신의 건강, 나 자신이 떳떳한 것, 나 자신을 사랑하는 것이 중요한 것이다. 사실 나 자신에게 가장 중요한 것은 우리가 6살 때 다 배웠다. "착하게 살자," "교통신호를 지키자," "부모님에게 효도하자," "친구와 사이좋게 지내자," "모든 사람에게 공평하게 하자," "최선을 다하자," "이빨 잘 닦고 잘 씻고 건강하자." 어떤가? 우리는 이런 가장 중요한 것을, 이미 6살 때 배우고 알았던 것을 나이가 들수록 자꾸 경시하게 된다. "착하게 살면 바보야," "일단 출세가 우선이야" 등으로 자신을 합리화하면서 가장 중요한 것을 버리고 점점 중요하지 않은 것에 더 집착한다. 그래서 결국 이들이 우리의 삶을 힘들게 만드는 것이다. 본질이 아닌 것에 너무 신경 쓰지 말자. 복잡하게 생각할 필요도 없다. 마음 편하게 잘 먹고 잘 자는 것이 가장 기본이다. 행복한 고양이와 불쌍한 고양이의 차이는 그대로 인간에게 적용된다.

애플이 세계 최고 수준의 막대한 이익을 올리는 이유는 기술과 뛰어난 품질 때문이기도 하겠지만, 한편으로는 애플이 원가에 비해 터무니없이 높은 판매가를 책정하기 때문이다. 애플 이어폰 에어팟 프로2의 원가는 약 7만 원 정도에 불과하지만, 에어팟 프로2의 한국 판매가는 35만 9,000원이었고 더구나 이전보다 더 인상된 것이다. 우리가 과시하려는 수요를 보이는 순간 사실 우리는 호구가 된다.

3. 세상은 시장이므로 항상 수요, 공급을 우선 생각해야 한다

인간이 수요하는 모든 상품은 돈을 주어야 얻을 수 있다. 이때 돈을 벌고자 하는 공급자가 나타나게 되어 수요와 공급이라는 시장이 형성된다. 원래 시장에서는 자동으로 상품이 모자라거나 남는 것도 없는 균형이 이루어진다. 왜냐하면 현실에서 수요가 공급보다 많아 무엇인가 부족하면 가격이 오르고, 그러면 수요가 줄어들고 공급이 늘어나 균형이 맞추어지기 때문이다. 만약 수요가 너무 많이 줄거나 공급이 너무 많이 늘어나 재고가 쌓이게 되면 가격은 다시 내려가 이번에는 수요가 늘고 공급이 줄어 결국 수요과 공급이 일치하게 되는 것이다.

이렇게 누가 간섭하지 않아도 보이지 않는 손인 가격의 변동에 의해 모든 것이 조절되는 형태를 '가격기구'(price mechanism), 혹은 이 과정이 시장에서 이루어진다고 해서 '시장기구'라고 한다. 우리는 시장기구하의 자본주의 경제체제에서 살고 있다. 이러한 가격기구에 의해 움직이지 않는 경제체제를 계획경제에 의한 사회주의 경제체제라고 한다. 세계의 대부분이 적어도 경제시스템에서는 시장경제체제를 채택하고 있다.

시장을 구성하는 수요, 공급은 우리의 모든 부분을 지배하고 있다.

농민들이 땀 흘려 얻은 양배추의 10%를 없애기로 결의한 적이 있다. 수요는 변화가 없는데 공급이 너무 많아 가격이 폭락하기 때문이다. 현실에서 수요, 공급에 의한 가격 변화는 자식같이 키운 농작물에 대한 애정보다 더 무서운 것이다.

미국 독립전쟁의 원인은 잘못 알려져 있다 -세상의 모든 일에는 수요, 공급 그리고 가격이 있다

미국 독립전쟁의 원인이 되었다고 알려진 보스턴 티(tea) 사건은 잘못 알려져 있다. 영국이 식민지 미국의 홍차에 세금을 많이 매기자 업자들이 보스턴에서 홍차를 바다에 버렸고, 이것이 독립전쟁으로 연결되었다고 알려져 있다. 보스턴 사람들은 지금도 보스턴 항구의 바다는 홍차색을 띠고 있다는 농담까지 한다.

그러나 1773년 영국 의회가 통과시킨 이른바 홍차법(Tea Act)은 거꾸로 미국인들이 즐겨 마시는 홍차에 과도한 세금을 매긴 것이 아니라 가격을 낮춘 것이었다. 왜 낮추었을까? 그 이유는 가격이 싸지면 이익이 적어져 당시 가장 큰 공급로이던 네덜란드로부터의 홍차 밀수도 사라진다고 생각하였기 때문이다. 밀수가 사라지면 당연히 영국 정부는 세금을 더 거둘 수 있다.

그러자 보스턴 일부 상인들이 영국으로부터의 싼 홍차 수입을 막기 위해, 공급을 줄여서 가격을 올리기 위해 영국 선박을 습격하여 그 비싼 홍차 342박스, 42톤의 홍차를 바다에 버렸다. 식민지에 대한 저항투쟁이 아니라 순전히 홍차 가격을 높게 하여 이익을 얻기 위해서 말이다.

마약을 공짜로 준다 - 전쟁으로도 없앨 수 없는 마약을 없애는 방법

마약은 많은 범죄를 일으키고 가정과 인간을 파괴하고 살인까지 일으킨다. 역사적으로 보듯이 마약은 한 국가를 파멸로 이끌기도 한다. 그래서 세계 각국은 마약과의 전쟁을 선포하고 마약 관련 범죄자는 공개적인 사형을 집행하는 등 오랜 시간 마약을 없애기 위해 강력하게 노력하였지만 마약은 사라지지 않았다.

왜 그럴까? 전쟁도 사형도 마약을 없애지 못하는 것은 마약을 판매해 얻는 이익이 매우 크기 때문이다. 그렇다면 결국 마약을 없앨 수 없는 것일까? 아니다. 세상은 수요와 공급으로 이루어져 있고 우리는 당연히 수요와 공급 측면에서 이 해결책을 찾을 수 있다.

그것은 가격을 낮추면 공급이 준다는 평범한 경제원칙을 적용하는 것이다. 실제로 캐나다와 북유럽 일부에서 마약은 정부가 공짜로 배급한다. 마약 가격을 0으로 만든 것이다. 마약 가격이 비싸니 이를 팔기 위해 살인 등 모든 범죄가 이루어지는데, 이 가격을 0으로 만들면 아무도 그것을 팔려고 범죄를 저지르지 않는다. 이 시도는 성공하고 있다. 그래서 무료로 공급하는 것 외에도 일부 국가에서는 공급을 늘려 가격을 낮추기 위해 상대적으로 덜 해로운 마약을 합법화하고 있다. 마약 가격을 낮추니 목숨을 걸고 범죄를 저지르며 마약을 팔 이유가 사라지는 것이고 그래서 마약이 줄어들고 있는 것이다.

4. 작은 것이 아름답다 - 내 존재의 가치

기업은 끊임없이 새로운 수요의 창출과 그에 따른 공급의 계속이라는 시장 개발이 필요하다. 시대 변화에 따른 시장의 변화를 빨리 파악하고 예측해야 기업이 살아남을 수 있다. 기업가 혁신이란 대부분 수요와 공급의 변화, 즉 시장의 변화와 관련된 것이다. 우리나라 중소기업이 갖고 있었던 한계는 새로운 수요의 창출과 공급상의 혁신적 개선 등 시장 변화에 늦다는 것이다. 중소기업은 계속 대기업의 을로 남아 있었다.

그러나 원래 작은 기업은 시장 변화에 빨리 적응할 수 있는 장점이 있다. 독일, 일본, 대만이 국제환경의 충격에 빨리 적응하고 잘 대처하는 것은 바로 소규모 기업이 많고, 이들 작은 기업들이 시장 변화에 빨리 대처하기 때문이라고 볼 수 있다. 즉, 앞으로 세계경제의 변화가 빠를수록, 시장 변화가 급속히 진행될수록 오히려 소규모 기업의 역할이 커질 수 있다.

한국에서 중소기업 종사자 수는 전체 기업 종사자의 82.9%나 되며 기업수로는 전체 기업의 99%를 차지한다.

비중에서나 역할에서나 세상을 바꾸고 균형을 빨리 찾아나가 좋은 세상을 만들어 주는 것은 작은 존재들이다. 정치인이 아니고 바로 가장 작은 주체인 나다. 작은 것, 작은 경제주체인 가계, 가정과 중소기업이 바로 우리들의 균형, 좋은 삶을 찾아주는 것이고, 이것을 깨달아 실현하는 것이 바로 선진국이며 내가 진정한 행복 선진국에 있도록 만드는 것이다.

가장 작은 것이 세상을 결정한다

원자에서 전자가 차지하는 질량 부분은 0.05%보다 작다.

하지만 멋있는 색이나 좋은 맛, 단단한 정도 등 우리가 느끼는 모든 중요한 성질, 그 물질의 성질을 결정하는 것은 바로 그 0.05%보다 작은 전자이다.

이 세상에서 가장 작은 것이 세상을 결정한다. 내 존재가 작다고 그것으로 다른 나쁜 생각을 할 이유는 전혀 없다.

모든 사람들이 웃으며 잘 지내는데 나만 외톨이로 남겨져 있는 것 같다

가만히 보면 이 세상 모든 사람들이 친구, 연인, 가족, 동료들과 함께 웃으며 잘 지내고 있는데 나만 외톨이로 남겨져 있는 것 같다. 인간은 사회적 동물이라고 하였는데, 이렇게 사회성과 사회생활이 부족한 나는 외롭게 살아야 할 운명인가라는 생각이 나를 휘어잡는다. 그럴까?

인류의 가장 위대한 지혜, 철학자라면 소크라테스, 플라톤, 칸트, 데카르트, 로크, 흄, 라이프니츠, 쇼펜하우어 등이 떠오른다. 그런데 이들의 공통점은 개인의 자유로운 그러면서 고독한 삶을 나쁜 삶이 아닌 오히려 삶의 완벽한 형태로 보았다는 것이다. 심지어 악처 때문에 나쁜 결혼생활로 유명한 소크라테스를 제외하면 이들의 공통점은 결혼까지도 하지 않았다는 것이다. 당연히 이는 우연이 아니며 세계 최고 지성들의 자발적 선택이었다.

대표적으로 쇼펜하우어(Auther Schopenhauer)는 세상의 소란스러움에서 한 발짝 떨어져 지낸다는 의미, 세상에 퍼져 있는 형편없는 편견이나 주장 그리고 그러한 것들을 관철시키려는 몰염치한 인간들의 싸움에서 벗어나 자유롭게 되는 의미의 고독을 권하였다. 즉, 세상에서 배척당하고 왕따 당해서 혼자 있는 것이 아니라 스스로 혼란한 세상을 멀리 하기 위해 혼자 있어야 한다는 것이다. 얼마나 순수하고 아름다운 마음인가?

이렇게 함으로써, 우리는 자신의 뜻과 다른 사람들과 어울려야 하고, 그들의 말도 안되는 논리에 동조해야 하고, 뭉쳐야 산다는 등의 그들의 협박 어린 충고에 얽매이는 것에서 스스로 벗어나는 멋진 자유롭고 해방된 맑은 인간이 될 수 있다는 것이다. 뭉침을 강조하는 인간일수록 그들은 언제나 나에게 대의적인 양보를 강요하므로 이들과 같이 지낸다는 것, 어울린다는 것은 스스로 나의 영혼과 비용을 희생하는 것이다. 그래서 쇼펜하우어는 타인과 같이 있어야만 하는 상황에서 적극적으로 벗어나기를 권한다. 이것이 바로 인간 본연이 추구하는 자유인 것이다. 즉, 자유는 혼자 있을 때 비로소 얻어지는 것이며 그 출발점이 되는 것이다.

자신은 싫으면서도 외톨이가 되기 싫어 사회적 편견이나 강요, 교육에 의해 다른 사람들의 생각에 따르는 날이 이어진다면, 결국 그런 날이 쌓여 내 인생은 파괴되고 나의 삶은 실패로 끝날 것이다. 생각해 보라. 나의 많은 괴로움이 남의 눈을 의식하고 남에게 맞추려고 하는 것에서 나오는 것, 그것을 맞추지 못하는 자신을 원망하는 것에서 나오는 것이 아닌가?

결국 자신이 선택한 고독을 긍정적으로 받아들이고 자유로워지는 순간 외로움은 진정한 의미에서 사라진다. 남들과 거리를 둠으로써, 오히려 남의 어리석은 행동을 보면서, 비로소 조금은 거만해질 수 있는 자신을 느끼면서 멋지고 풍족한 자유의 삶을 살 수 있는 것이다. 남들과 떨어짐으로써, 저렇게 말 많고 잘난 척하는 남에게 부탁할 것도 의지할 것도 없다는 사실을 조금씩 깨달으면서, 나 자신의 모습을 더 보게 되고 나를 더 사랑하게 되는 것이다.

경제학자들이 조사한 바에 따르면, 잘 생기고 사회생활을 잘하는 사람들의 행복도가 더 낮은 경우가 많이 발견된다. 외모를 잘 가꾸려면 끊임없이 노력하고 돈을 들여야 하기 때문이다. 오히려 자신이 생각하기에 자신은 똑똑하지도 않고 외모도 뛰어나지도 않고 사교성도 적다고 생각하는 사람들은 이러한 '잘

생겨 보이기'와 '남에게 잘 보이기'를 포기함으로써 비용을 줄이고 자신만의 시간을 더 확보할 수 있다. 그렇게 함으로써 그 비용과 시간을 자신이 진정으로 좋아하는 것, 자신을 더 빛내는 일에 써 결국 더 행복한 삶을 만들 수 있는 것이다.

사람은 연애를 해야 하고 결혼을 해야 한다고?

인간은 연애를 해야 하고 결혼을 해야 한다? 과거 그렇게 생각한 시대가 있었다. 그래서 결혼을 해야 머리를 올리고 어른으로 대접받고 존댓말을 듣던 시대도 있었다. 그런 시대를 우리는 전근대적 사회라고 부를 수 있으며, 생존본능에 충실한 비이성의 시대라고 부를 수 있다. 그런 의미에서 한국은 여전히 가족, 친지가 모이면 결혼을 권하는 사회이므로 전근대적 사회이다. 그래서 명절에 만나면 가장 듣기 싫은 말이 바로 결혼이야기이기도 하다.

물론 운이 좋아 사랑하는 사람을 만나 결혼도 한다면 거부할 이유는 없다. 다만 그것이 나의 행복의 조건인 것처럼 생각하거나 말하는 것은 잘못된 것이다. 그것을 나의 존재의, 존재할 수 있는 어떤 이유로 생각할 필요가 없는 것이다.

주위에서, 드라마에서, 소설에서 하도 연애, 결혼을 이야기하니까 많은 사람들이 "한국에서 젊은이라면 대부분 애인이 있고 결혼을 하나"라는 생각을 하겠지만 20~30대 미혼 남녀 절반 이상이 연애 경험이 없으며, 한 번도 연애하지 않은 응답자는 25.5%, 이 중 20~30대 비율이 57.3%로 나타났다. 그러면 모두가 결혼하고 싶은데 가난해서 못하였다고 생각하는가? 나도 돈이 없어서 연애와 결혼을 못하는 것이라고 생각하는가? 그것 역시 아니다. 연애하지 않는 이유로 '경제적 원인'이 가장 높았지만 그 이유가 17.2%에 불과하였고, '딱히 이유가 없거나 이유를 모르겠다'도 그것만큼 높은 15.8%, '귀찮아서', '관심이 없어서'도 각각 9.5%, 9%로 나와 특별한 이유가 없어도 연애하지 않는 사람의 비율이 34.3%로 압도적 비율이었다. 실제로 결혼 건수는 2012년부터 줄어들어, 통계청의 인구동향과 국가통계(KOSIS)에 따르면 혼인 건수는 10년 전보다 40%나 감소하였다. 13세 이상 인구 중 '결혼을 반드시 해야 한다'고 응답한 비율은 15.3%로 감소하였고, '결혼을 해도 좋고 하지 않아도 좋다'고 응답한 비율은 43.2%까지 증가하였다.

내가 그렇다면 이 사회도 그렇다고 생각하라. 나만 예외이고 나만 외로운 것은 절대로 성립될 수 없는 말이다.

아무리 작은 것이라도 이 세상 모든 것에는 이유가 있다

이집트에서 1층짜리 건축물 지붕 위에 여러 철근이 높게 나와 있는 것을 보았다. 저런 집 하나 제대로 지을 수 없을 정도로 기술이 뒤떨어져 있는가라는 생각이 들었다. 그런데 그런 집이 여럿 있어서 뭔가 이유가 있을 것 같았다.

물어보니 역시 이유가 있었다. 보통 사람들은 돈을 모아 1층 집을 먼저 짓고 다시 돈을 모아 2층을 증축하는데 문제는 2층을 지을 돈을 모으는 사이에 철근 값이 더 빠르게 올라 돈을 모아도 2층을 지을 수 없게 된다는 것이었다. 그래서 그들은 어떻게 해서라도 일단 철근부터 사서 나중에 지을 부분까지 철근을 박아 놓고 그리고 돈을 모아 2층을 만든다는 것이었다. 안타깝지만 어쨌든 그들은 실리적 계산을 하고 나름대로 물가 상승에 대응하는 합리적 방법을 찾은 것이다.

인간을 포함한 세상에 존재하는 모든 것에는 그들 나름의 존재 이유와 그렇게 생긴 이유가 있는 것이다. 내가 나인 것은 이유가 있다.

03 생활과 탄력성

1. 탄력성으로 세상의 모든 것을 설명할 수 있다
2. 기업과 나의 전략적 실패
3. 소주와 삼겹살의 추억 그리고 식당의 밥값 인상

1. 탄력성으로 세상의 모든 것을 설명할 수 있다

탄력성이란 어떤 상황이 변하면 그것에 반응하여 어느 정도 빨리, 많이 그 대응이 일어나는가를 나타내는 것이다. 스프링에 힘을 주었을 때 많이 튕기면 스프링 탄력성이 크다고 하는 것과 같다. 그래서 수요의 가격탄력성이란 가격이 변화하면 그 변화 정도에 따라 수요가 얼마만큼 변하는가를 나타내는 것이다.

바로 이 탄력성을 이용하여 수요와 공급으로 이루어진 세상의 모든 일을 간단하면서도 효율적으로 설명할 수 있다는 것을 찾아낸 사람이 “빈민촌에 가보지 않은 사람은 이 문을 두드리지 마라”는 글을 연구실 문에 붙여 놓고 “냉철한 이성과 따뜻한 마음”이라는 명언을 남긴 멋진 경제학자 앨프리드 마셜(Alfred Marshall, 1842~1924)이다. 마셜은 탄력성을 찾아내고 너무 좋아서 케임브리지대학 건물 옥상에 올라가 춤을 추었다는 이야기가 전해 오고 있다. 우리도 탄력성에 대한 내용을 알아보고 앞으로 세상의 모든 일을 탄력성을 이용해 설명하고 대응책을 찾아내도록 하자.

탄력성 지수는 주어진 충격률보다 반응이 더 크면 탄력적이라고 하고(탄력성이 1보다 크다고 한다), 반응이 더 작으면 비탄력적(탄력성이 1보다 작다고 한다)이라고 한다. 조금이라도 싸게 사려고 기다리다 할인세일을 하면, 즉 가격을 내리면 몰려가 물건을 사는 시민들은 탄력적인 사람들이고, 할인세일 때면 백화점이나 마트가 붐빈다고 오히려 가지 않는 사람들은 가격이 내려도 움직이지 않으니까 비탄력적인 사람들이다. 탄력적인 사람들이 사랑스럽다고 할 수 있지 않을까?

탄력성이 중요한 이유는 이 탄력성에 따라 현실을 쉽게, 빨리, 정확하게 분석할 수 있고, 필요한 적정 대안도 제시할 수 있기 때문이라고 하였으니, 이제부터 현실을 이루고 있는 경제 3주체 가계, 기업, 정부와 관련하여 하나씩 보도록 하자. 이들 3주체와 관련하여 하나씩 본다는 것은 현실의 모든 것을 하나씩 떼어내서 보되 현실 전체를 본다는 것과 같은 의미이다.

우선 정부와 관련하여 볼 수 있는 것이 세금이다. 사실 정부가 하는 일이 세금을 거두어 국민을 위해 지출하는 것이 전부라고 할 수 있으니 세금이야말로 정부와 관련하여 가장 중요한 것, 거의 전부라고 할 수 있다.

우리가 마트에서 물건을 사고 영수증을 보면 어떤 물건에는 세금이 붙고 어떤 물건에는 세금이 붙지 않는 것을 알 수 있다. 여기에는 이유가 있다. 세금에는 두 가지 원칙이 있는데, 하나는 부자일수록 세금을 많이 매겨야 하는 것이고, 또 하나는 살아가는 데 꼭 필요한 생활필수품에는 세금을 매기지 말고 사치품에는 세금을 많이 매겨야 한다는 것이다. 이 원칙에 대해서는 누구라도 이의가 없다.

문제는 어느 정도가 부자이고, 어느 것이 사치재이고 생활필수품인가이다. 이 판단은 사람에 따라 모두 다르므로 함부로 정하면 당연히 논쟁의 대상이 되고 갈등을 일으킨다. 골프를 예로 들어 보자. 한국에서 골프는 보통 사치재라고 인식되고 있다. 그래서 재난 시 공무원들은 골프를 치지 못하도록 지시도 받고 있다. 그런데 우리 중 한 명이 다음 상황에 있다고 생각해 보자.

"나는 돈이 없어 서울에 집을 사지 못하고 서울에서 멀리 떨어진 경기도의 한 도시에 살고 있다. 서울로 출퇴근하기 위해 매일 새벽에 일어나야 하고, 출퇴근 때 지하철과 버스에서 시달리다 보니 건강도 나빠졌다. 다니는 회사가 작은 회사이다 보니 토요일에도 일을 할 때가 많고, 심지어 법정 공휴일에도 일한다. 운동을 하려고 해도 시간도 없다. 해외여행은 돈도 없고 시간도 없어 할 수 없다. 그런데 서울에서 멀리 떨어진 곳에 집을 찾다 보니 골프장이 바로 집 가까이 있다. 골프를 처음부터 좋아한 것은 아니지만 회사 접대상 조금씩 쳤는데, 왠지 골프를 치고 나면 마음이 뻥 뚫리는 것 같고 건강도 좋아지는 것 같아서 점점 좋아하게 되었다. 결국 현재 그나마 시간도 없는 내가 나를 위해 즐겁게 할 수 있는 유일한 것이 집 옆에 있는 골프장에서 골프를 치는 것이다. 하지만 골프장 비용이 비싸서 나는 한 달에 한 번밖에 갈 수 없고 그 비용을 충당하기 위해 커피도 끊고 택시도 절대 타지 않으면서 돈을 모으고 있다."

이 사람에게 골프가 사치재인가? 골프를 치는 이 사람은 부자인가? 아닐 것이다. 실제로 미국의 경우 골프는 서민도 즐기는 운동이기도 하다. 그런데 이런 사람에게 골프는 부자들이 하는 사치재라고 세금을 왕창 매겨서 돈을 더 거두어야 할까? 그렇다면 이 사람은 도대체 무엇을 할 수 있다는 말인가?

이런 문제는 골프만의 문제가 아닐 것이다. 따라서 사치재냐 생활필수품이냐를 정하는 것은 모두가 납득할 수 있는 기준이 필요하다. 바로 여기에서 객관적으로 누구나 수긍할 수 있는 기준이 탄력성을 이용하는 것이다. 세금을 매겨서 비싸져도 사람들이 꼭 사야 하는 제품, 아무리 가난한 사람이라도 꼭 사야 하는 제품, 즉 가격에 비탄력적인 제품을 생활필수품으로 정하고, 세금을 매겨 비싸면 가난한 사람들이 안 사는 제품, 즉 가격에 탄력적인 제품을 사치품으로 정하면 된다.

표 3-1 사치품인가 생활필수품인가

	탄력적	단위탄력적	비탄력적
가격 변화에 따른 수요변동 내용	가격이 오르면 소비를 대폭 줄인다.	가격이 오른 만큼만 소비를 줄인다.	가격이 올라도 소비를 조금만 줄인다.
재화	사치품	–	농산물, 생필품
나의 선택	안 산다	줄여서 조금만 산다	산다

선택의 기술 - 가격이 2배이어도 살 것인가

어떤 물건을 보고 살까 말까 망설여지는 경우가 많다. 이때 만약 결정이 어려우면 "가격이 2배라면 그래도 나는 살까? 아니면 안 살까?"를 생각해 보면 된다. "값이 2배가 되어도 살 것"이라고 생각된다면 나에게 그것은 생활필수품이므로 사면 된다. 반대로 "값이 2배라면 당연히 안 사지"라는 생각이 든다면 그것은 나에게 사치재이므로 안 사는 것이 나중에 후회하지 않을 것이다.

따라서 탄력적인 제품인 사치품에 정부가 고율의 개별소비세(이전 특별소비세)를 부과하는 것은 정당성을 가질 수 있다. 왜냐하면 세금이 많아져 가격이 높아지면 안 사도 생활하는 데 지장이 없기 때문이다. 그러나 만약 정부가 비탄력적인 생활필수품에 높은 세금을 부과하면 이는 매우 위험한 나쁜 정책이라 할 수 있다. 생활필수품의 경우 탄력성이 낮아 가격이 비싸져도 사야 하기 때문이다.

우리가 먹는 농산물에 세금이 붙지 않는 이유는 그 농산물이 생활필수품이기에, 즉 가격탄력성이 매우 낮기에 세금을 붙이지 않은 것이다. 시내버스, 전철, 수돗물 등에 세금이 붙지 않는 것도 동일하다. 역으로 우리

표 3-2 직장인이 내는 세금 예

	세금
아침	이 닦기 치약·칫솔, 세수 비누 부가가치세/ 얼굴 보습제 부가가치세/ 근무 시작 전 담배 1대 소비세, 개별소비세, 지방교육세, 부담금, 부가가치세/ 비타민 복용 등 부가가치세
점심	국밥 먹으며 부가가치세/ 점심 먹고 커피 1잔 부가가치세/ 정기예금 이자소득세/ 근로소득세/ 지방소득세/ 친구와 휴대전화 통화 부가가치세/ 증권거래세/ 자동차세
저녁	친구와 소주 1잔 하면서 주세, 부가가치세, 교육세/ 저녁 후 TV 보고 인터넷 하면서 부가가치세/ 잠자는 침구 부가가치세/ 아파트 등록세, 취득세, 재산세/ 주민세

생활에 분명히 필수적인 물건인데도 높은 세금이 붙어 있다면 이는 잘못된 것이다.

토마토는 채소인가 과일인가

토마토는 채소인가 과일인가? 초등학교 2학년 시험에 많이 출제되는 문제이다. 우리나라에서 답은 채소이다. 그런데 왜 우리는 이 문제를 항상 헷갈릴까? 그렇다. 토마토는 과일의 특징인 씨방, 혹은 씨방과 연관된 기관이 발달해 맺어지는 열매이므로 생물학적인 분류에 의하면 과일이라고 보는 것이 타당하기 때문이다. 실제로 세계의 많은 나라들이 이를 과일로 분류하고 있다. 그런데 왜 우리는 채소라고 하는 것일까? 그것은 미국이 채소라고 하였고, 한국은 이를 받아들인 것이다. 그러면 왜 미국은 이를 채소라고 하였을까? 미국의 세금체계 때문이었다.

미국 정부는 채소는 우리가 매일 먹어야 하는 생활필수품이고, 과일은 부자들이 먹는 것이라고 보고 채소에만 세금을 매기지 않았다. 그러자 미국 농민들은 토마토를 채소라고 주장하였다. 이는 법원소송으로 번졌고, 연방법원은 토마토를 채소로 판정하여 채소가 되었다. 연방법원은 무슨 근거로 이를 채소라고 하였을까? 간단하다. 농민들은 토마토를 매일 먹어야 하는 음식이라고 주장하여 이것이 받아들여진 것이다. 탄력성의 문제로 주장하고 탄력성으로 판단한 것이다.

정부는 보석, 귀금품, 고급가방과 함께 자동차와 유류, 담배에 개별소비세를 부과하고 있다. 차를 몰면 부자라고 생각해 높은 세금을 매기고 있는 것일까? 아니다. 계속 보도되고 있듯이 휘발유 가격이 급등해도 장기적으로 자동차 이용량이 줄어들지 않는다는 점을 정부는 알고 있다. 휘발유 등 자동차 연료 사용, 자동차 사용은 비탄력적인 것이고, 이런 점에서 이는 이제 생활필수품이라고 보아야 한다. 그럼에도 정부는, 환경 등 핑계를 대지만, 사실 세금을 쉽게 많이 징수하는 방법으로 탄력성이 매우 작다는 점을 이용한 것이다. 전형적인 조세편의주의이다. 심지어 기획재정부 등 정부 내 재정 관련 정부 부처는 조세편의주의에 빠져 저소득층이 쉽게 끊지 못하는 담배의 유해성분 공개 법안의 입법을 반대해 왔다.

세금은 정말 중요하다. 국가재정으로서 중요한 것만이 아니라 나 개인에게도 중요하다. 오늘날의 현대사회를 만든 세계의 주요한 시민혁명이라는 것도 사실은 세금 때문에 일어난 사건이었다. 우리나라의 동학농민혁명이라고 하는 것도 동일하다. 그만큼 국민 개개인, 나에게 중요하고 무서운 것이 세금이다.

이를 확대해 보자. 누구에게 양보를 요구할 때에는, 누구의 것을 가져오게 될 때에는 그것이 갖는 그 사람의 탄력성을 고려해야 한다. 상대방에 요구할 때는 나에게 중요한 것을 따지지 말고 상대방에게 그것이 얼마나 중요한가를 따져야 한다. 내가 어떤 것을 요청할 때 상대방이 그것을 양보할 수 없는 필수적인 것이라고 생각한다면 나에게 보복을 다짐하게 될 것이다. 그 사람이 양보할 수 없는 것을 요구하는 것은 갑질, 참을 수 없는 세금이 되는 것이고, 그래서 그 사람을 적으로 만들고 결국 결정적인 순간에 나를 붕괴시킨다.

어떤 일이라도 남에게 "뭘 그런 걸 가지고 그래"라고 말하면 안된다 - 모든 사람들의 탄력성은 다르다

우리는 사소한 다툼으로 시작하였지만 살인이라는 끔찍한 일이 일어난 것을 뉴스에서 듣는다. 그리고 어떤 문제로 고민하다 자살까지 하는 사람을 주위에서 본다. 그러면 사람들은 "아니 뭐 저런 사소한 일 때문에 사람을 죽이고 그러나," "아니 죽기는 왜 죽어. 끝까지 살아야지" 등으로 그 사람을 동정하기도 하지만 기본적으로 이해할 수 없다며 비난한다. 물론 살인은, 그리고 자신을 죽이는 자살은 어떤 이유로도 정당화될 수 없다.

우리는 자기 기준에서 생각을 한다. 당연하다.

그러나 사람마다 중요한 기준, 상처를 입는 기준, 치명적인 아픔이 되는 말과 일의 기준은 모두 다르다. 그래서 내게는 아주 사소해 보이더라도 상대방에게는 소중하거나 깊은 상처가 될 수 있다. 내가 보기에 아주 사소한 일이고 말이지만 사실은 그 일과 그 말이 그 사람의 자존심과 인격을 송두리째 무너뜨릴 수도 있는 것이다. 사소하다는 기준은 모두에게 다른 것이고, 반대로 중요하다는 기준도 사람마다 다르다. 반응하는 탄력성은 모든 인간에게 다르다. 분명히 말하지만 모든 사람에게 적용되는 사소한 일은 없으며 똑같은 기준도 없다.

그러므로 우리는 다른 사람의 행동을 보고 "뭘 그런 걸 가지고 그래"라고 말하면 안된다. 이 말 때문에 상대방은 큰 마음의 상처를 입고 자신을 괴롭히게 되고, 나아가 그 아픔으로 결국 나에게 보복하고자 하는 마음이 생기고 어느 순간 무서운 일이 벌어지며 나의 행복을 깨는 무서운 사태로까지 발전하게 될 수 있다.

2. 기업과 나의 전략적 실패

가격이 변동하는 경우 기업이 버는 총수입은 어떻게 될까. 수요의 가격탄력성이 탄력적인 경우(탄력성이 1보다 큰 경우) 가격이 하락하면 사람들의 소비 증가가 하락 비율보다 크므로 '기업의 총수입=가격×판매량'은 오히려 상승한다. 반면 비탄력적인 경우 가격 하락 비율보다 소비 증가폭이 작으므로 결국 가격 하락에 따른 기업의 총수입 감소가 나타난다.

실제로 가격탄력성이 낮은 제품을 파는 회사가 매일 1,000원짜리 물건을 100,000개 팔고 있다가 조금 더 많이 팔아 돈을 더 벌기 위해 가격을 500원으로 낮추었다고 해 보자. 당연히 가격을 낮추었으니 예상대로 더 많이 팔리겠지만 탄력성이 낮아 팔리는 물건이 10,000개만 더 팔렸다면, 즉 판매량이 110,000개가 되었다면 이전에 벌던 돈은 1억 원(1,000×100,000=100,000,000)이었지만 이제는 5,500만 원(500×110,000=55,000,000)으로 오히려 이전보다 들어오는 돈이 줄어들게 되는 것이다. 이상을 정리하면 〈표 3-3〉과 같다. 가격이 상승한다면 이야기는 달라진다. 즉, 가격이 상승할 때 탄력적인 경우 수요가 가격 상승폭 이상으로 대폭 줄어 총수입은 오히려 하락하고 반대로 비탄력적이면 총수입은 증가한다.

결국 기업이 가격을 낮춘다고 반드시 이익이 되지 않으며(물론 반드시

표 3-3 가격을 내려 더 팔면 수입이 늘어날까?

	내용 변화	수입의 변화 방향
탄력적	판매수량변동률>가격변동률	수입 상승
단위탄력적	판매수량변동률=가격변동률	수입 변동 없음
비탄력적	판매수량변동률<가격변동률	수입 감소

손해도 아니다), 가격을 올려도 반드시 이익이 아니다. 문제는 탄력성에 따라 달라짐을 알 수 있다. 즉, 탄력성에 따라 가격을 어떻게 해 나갈 것인가를 정해야 한다.

기업조사에서 저자가 발견한 사실은 많은 부도 중소기업들이 회사가 어려워지자 당장 조금이라도 더 현금을 확보하기 위해 가격을 마구 낮추었다는 것이다. 당연히 가격이 낮으면 수요가 늘어난다는 수요의 법칙을 믿고 있었던 것이다.

그러나 이들 중소기업 제품의 대부분은 가격탄력성이 매우 낮음을 기업주들은 인식하지 못하고 있었다. 그 결과 가격을 계속 내렸음에도 불구하고 소비는 별로 늘지 않아 기업의 총수입은 오히려 더 줄어들었고 마침내 부도기업으로 전락하였다. 안타까운 부도기업들의 전략적 실패였다. 기업들은 항상 자사 생산제품의 탄력성을 고려하고, 이를 바탕으로 앞으로 어떤 제품을 만들고 제품 구성을 어떻게 바꾸어 가야 하는가를 신중히 검토해야 한다.

이는 기업뿐만 아니라 우리 모두 동일하다.

나를 이롭게 하려면 나와 상대방의 탄력성을 알고 대응하자

우리는 항상 무조건 열심히 할 것이 아니라 자신과 자신을 둘러싼 주위 사람들의 탄력성을 잘 알고 그에 맞추어 대응해야 이익이 된다. 나는 술을 얼마만큼 먹으면 행동이 부자연스러워지고 말을 실수하는가? 나는 얼마만큼 잠을 자야 다음 날 좋은 컨디션으로 생활할 수 있는가? 내가 만나는 상대방은 내가 어느 정도까지 불평을 해도 받아 주는가? 내가 만나는 이 사람은 내가 어느 정도까지 요구해도 그것을 받아 줄 것인가? 이런 것들을 먼저 잘 알고 고려해야 한다.

그리고 나에 대한 상대방의 대응을 비탄력적으로 만들기 위해 평소에 나의 실력을 키우고 도덕적으로 행동해야 한다. 그래서 내가 어떤 말을 하거나 요구를 하거나 어떤 행동을 할 때, 상대방이 "아 이 사람은 평소의 언행으로 볼 때 믿을 수 있는 사람이다," "평소에 보건대 이 사람의 요구는 들어주어도 될 것이다" 등으로 생각하도록, 즉 내 자신이 그들에게 비탄력적인 사람이 되도록 해야 한다. 내가 어떤 부탁이나 요구를 하거나 잘못할 때 상대방이 나를 바로 싫어하는 것은 나의 행동 변화에 대한 반응도, 즉 탄력성이 높은 것이다. 면접으로 모든 것이 결정되는 현대사회에서 흔히 회사 측이 많이 하는 질문이 "당신의 연봉이 얼마라고 생각합니까?"이다. 이때 내가 생각한 만큼 요구하여도 상대방이 받아들이도록 나는 평소에 준비하고 행동해야 한다.

3. 소주와 삼겹살의 추억 그리고 식당의 밥값 인상

이제 가계 측면에서 생각해 보자. 우리는 지금 탄력성이 얼마나 중요하게, 어디에 사용되고 있는가 그리고 그것을 통해 무엇을 얻을 수 있는가를 보고 있다.

수요의 가격탄력성이 가격 변화 정도에 따라 수요가 얼마만큼 변하는

가를 나타내는 것이라면 소득탄력성은 소득의 변화에 따라 수요가 얼마만큼 변하는가를 나타내는 것이다. 소득탄력성이 2라고 하는 것은 소득이 10% 변할 때 수요가 20% 변하는 것을 말한다.

이 소득탄력성은 우리가 사용하는 재화들의 성격을 보여 준다. 만약 소득탄력성이 0보다 크면, 즉 양수이면 소득의 증가에 따라 수요가 늘어나는 물건이므로 정상재(normal goods)라고 하고, 소득탄력성이 0보다 작으면, 즉 음수이면 역으로 소득이 늘 때 수요가 줄어드는 것이므로 열등재(inferior goods)라고 한다.

저자가 대학 다니던 시절 가장 좋은 음식은 소주와 삼겹살이었다. 졸업한 선배가 월급 탄 날 사주는 것이 아니면 먹기 힘들었다. 그러나 언제부터인가 대학생들은 생맥주를 마시기 시작하였다. 입맛이 모두 변한 것일까? 유행? 물론 그럴 수도 있다. 그러나 넓게 보면 소득이 높아지면서 소주 대신 생맥주로 소비가 바뀐 것이다. 소주와 돼지고기 소비량이 줄고 있는 것은 소득 증가에 따라 바로 이들이 맥주, 와인, 쇠고기에 비해 열등재로 되고 있기 때문이다.

우리는 어느 때보다도 빨리 변하는 시대에 살고 있다. 국민소득은 계속 높아지고 있다. 그러면 우리가 정상재, 정상적인 인간이 되려면 어떻게 해야 할까?

우리가 선진국이 될수록, 부자가 될수록 더 필요한 것을 갖추어야 한다. 이전에는 몰라도 되었던 IT에 대한 기본지식을 갖는 것, 세계경제에 대한 보다 폭넓은 이해와 사고력을 갖는 것, 발전과 함께 점점 확대되는 분배악화 문제에 관심을 갖는 것 등도 그중 하나일 것이다. 명심할 필요가 있다. 나아가 돈을 벌어 여유가 생길수록 남이 나에게 요구하는 것, 즉 남에게 내가 해야 할 일이 늘어나는 것이 아니라 오히려 줄어들고 있다면 그것은 바로 남들이 나를 찾지 않는 것이고 멀리한다는 것이니 스스로가 열등한 인간, 속물이 되고 있다는 것을 알아야 한다.

개인들의 선택과 관련하여 이 세상의 재화를 정상재와 열등재로 볼 수 있다면 탄력성을 이용해 다른 방식으로 이 세상의 모든 재화를 분류해 볼 수도 있다. 만약 서로 다른 두 재화가 서로 관련이 있다면 한 재화의 가격이 변할 때 다른 재화의 소비도 영향을 받을 것이다. 이렇게 어떤 한 재화의 가격이 변할 때 관련 다른 재화의 소비는 얼마만큼 변할까를 나타내는 것을 두 재화가 교차하는 탄력성, 즉 교차탄력성이라고 한다.

여기에서 한 재화의 가격이 오를 때 그 재화의 소비를 줄이고 다른 재화로 대체하여 수요를 늘리면 두 재화는 대체재(substitution goods)가 된다. 예컨대, 식당의 점심값이 오르면 식당의 수요가 줄 것이고 매점의 빵이나 도시락이 많이 팔리게 된다. 따라서 식당의 밥과 매점의 빵은 대체재가 된다.

한편, 어떤 한 재화의 가격이 오를 때 이와 관련하여 다른 재화의 수요가 떨어지면 두 재화는 보완재(complementary goods)가 된다. 즉, 어떤 한 재화의 가격이 올라 수요가 줄어듦에 따라 다른 재화도 동시에 수요가 주는 것이므로 두 재화는 상호 보완적인 재화가 되는 것이다. 예컨대, 커피값이 올라 커피 수요가 줄어듦으로써 커피용 설탕 수요도 줄어드는 경우 이 둘은 보완재가 된다.

흔히 세상의 사람은 둘로 나뉜다고 한다. 있으나마나 한 사람과 꼭 필요한 사람이 그 둘이다. 여기에서 있으나마나 한 사람, 흔히 우리가 말하는 있어도 없어도 상관없는 사람이란 다른 사람이 얼마든지 그 역할을 할 수 있는 사람이니 대체재이고, 모두에게 꼭 필요한 사람이 보완재이다.

이제 우리는 대체재가 되어야 할까, 보완재가 되어야 할까? 기업에서 뽑고자 하는 사람은 대체재일까 보완재일까? 회사에서 빨리 퇴출되는 사람은 왜 그럴까?

우리는 다른 사람으로 대체되어 쫓겨나는 사람보다 함께 하고 싶은 보완재가 되어야 한다. 작은 일에라도 항상 주위 사람에게 도움을 주고 먼저 나서서 하는 그런 보완재가 되어야 하고 그런 사람이라는 것을 보여 주어야 한다.

지금 적당히 지내고 나중에 잘하면 된다고?

"지금 적당히 지내고 필요할 때, 나중에 잘하면 된다"라고 생각한다면 틀렸다.

우리가 적당히 하고 있을 때 누군가는 꼭 보고 있고 반면에 아주 잘하고 있을 때는 아무도 보지 못하는 경우는 일상적이다. 오죽하였으면 '신은 보고 있다'라는 말이 있겠는가? 그러므로 우리는 언제 어디서나 똑같이 남을 도우며 웃어 보이는 것이 좋고, 그것이 가장 편리하고 가장 비용이 적게 들며, 그리고 가장 인정받는 방법이 된다.

04

우리는 도덕적인가

경쟁력과 혁신

1. 벼락부자와 경쟁력
–비싸도 '토요타'(Toyota)를 사는 미국인
2. 추격하는 것과 추격당하는 것
3. 문제는 탄력성

1. 벼락부자와 경쟁력 – 비싸도 '토요타'(Toyota)를 사는 미국인

아무리 어떤 물건의 가격을 깎아 준다고 하여도 나는 절대 더 사지 않겠다는 사람이 있는가 하면, 거꾸로 값이 오르든 떨어지든 나중에 분명히 더 가격이 오른다고 생각하여 물건을 전부 사겠다는 극단적인 사람도 우리는 볼 수 있다. 바로 앞의 경우는 수요가 변하지 않으니 수요의 가격탄력성이 0인 경우이고, 뒤의 경우는 수요가 무한대로 있으니 탄력성이 무한대인 경우이다.

아파트를 보자. 보통의 한국 사람들은 아파트 가격이 오르고 떨어져도 "난 내가 가진 집 한 채 외에는 관심이 없다"고 말하고 또 그렇게 살고 있다. 반면 일부 사람들은 서울 아파트 가격이 얼마이든 영끌로 빚을 내서라도 무조건 사지 않으면 앞으로 집을 살 수도 없고 또 대한민국에서 안전하게 큰돈을 버는 유일한 방법은 아파트밖에 없다고 말하면서 무조건 아파트를 사들인다. 실제로 국정감사에서 서울 최고 집부자는 277채를 보유하고 있고, 주택 100채 이상 소유자는 18명이나 된 것이 지적된 바도 있었다.

이런 가운데 소수의 사람들과 정치인들의 암묵적 담합 속에 서울 일부 지역 아파트 가격의 급등이 계속되었고, 그 결과는 소수의 벼락부자와 다수의 절망을 만들어 자살률 세계 1위, 출생률 최저 세계 1위 등을 가져왔다. 부동산 가격 폭등에 따른 벼락부자는 소수의 개인에게 부를 가져다주지만, 그로 인해 사회 전체적으로 노력보다 한탕 노리기와 분열을 가져와 사회 전체의 혼란과 경쟁력 약화로 연결된다. 동남아시아와 남미에서 보듯이, 성장하던 나라가 투기에 따른 빈부격차의 확대로 성장이 정체된 예는 많다. 나아가 서울 아파트를 통해 벼락부자가 될 기회를 가질 수 없는 보통 사람들은 오르는 아파트값과 벌어지는 부의 격차를 보면서 자신만이 소외된다는 불안감을 가지게 되어 점점 자신감을 잃고, 결국은 열린 장소에서의 경쟁력을 스스로 포기하게 된다.

그러나 현실은 이렇게 사람들에게 절망을 주고 경쟁을 포기하게 만들면서도 여전히 개개인에게 끊임없이 경쟁과 경쟁력 키우기를 강요하고 있다. 그렇다면 이러한 우울한 상황 속에서 우리가 생각해야 할 경쟁력은 무엇일가?

1980년대 중반, 일본은 무역흑자가 확대되는 데 반해 미국과 주요 선진국들은 일본 관련 무역적자가 계속 확대되었다. 그래서 자본주의 선진 7개국 G7(실제로는 5개국 참가)은 이를 시정하기 위해 1985년 일본 엔화의 가치를 올리는, 일본 수출품의 가격을 올리는 평가절상(appreciation)을 하자는 플라자합의를 맺었다. 뉴욕의 플라자호텔에서 합의가 이루어져 플라자합의라고 이름이 붙었다. 이 호텔은 러브스토리의 단골 배경이 되고 있는 센트럴파크의 입구에 있다. 플라자호텔은 명절마다 틀어 주는 영화「나홀로 집에 2」에서 나중에 대통령이 된, 당시 호텔주 트럼프가 등장해 주인공 아이와 대화를 나누는 장면으로도 유명해졌는데 트럼프는 원래 부동산 재벌이었고, 그래서 한국에도 트럼프 이름이 들어간 건물들이 있다.

일본 엔화의 평가절상은 엔화의 가치(평가)를 올린다는 뜻이다. 그래서 이를 '엔고'라고 한다. 예를 들어, 1$: 120엔이 1$: 100엔으로 되었다고 하자. 이는 이전에는 미국 제품 1달러어치를 사려면 일본 사람들은 120엔을 주어야 하였지만 이제 100엔으로 1달러짜리 미국 제품을 살 수 있다는 뜻이므로 일본 돈의 가치가 올라간 평가절상인 것이다. 그런데 여기에서 1달

그림 4-1 플라자호텔과 미국 러브스토리의 단골 배경이 되는 센트럴파크

자료: 상단은 슬기로울예 둥글원(네이버 블로그), https://blog.naver.com/yeah1world/223482542756.

러 120엔이 100엔으로 되었으므로 환율은 떨어진 것이 된다.

미국을 제외한 전 세계에서 그 나라의 평가절상 혹은 평가절하가 환율과 거꾸로 움직이는 것은 제2차 세계대전 이후 미국 달러 기준으로 환율을 정하여 미국을 제외한 모든 다른 국가의 환율 표시가 거꾸로 되었기 때문이다. 즉, 한국의 경우 당연히 한국 기준으로 한국 돈 1원에 몇 달러라고 하여야 하는데, 그렇게 하지 않고 미국을 기준으로 하여 미국 1달러에 한국 돈 얼마라고 정하여 놓았기 때문에 한국에서는 한국 돈의 가치가 올라가면, 즉 평가절상되면 환율이 거꾸로 떨어지는 현상이 발생하는 것이다.

명심하라. 내가 주인공이어야 할 나의 인생에서 나를 주인공으로 세우지 못하고 상대방을 기준으로 맞추면 나의 인생은 거꾸로 되는 것이다.

일본 엔화의 평가절상이 왜 일본의 무역흑자를 줄일 수 있을까? 미국 시장을 예로 들어 보자. 만약 일본 돈의 가치를 높이는 평가절상이 일어나 1$: 120엔이 100엔으로 되면 이때 미국 시장에서 일본 제품의 가격 변화는 〈표 4-1〉과 같이 된다. 즉, 엔화가치가 오르면 미국 시장에서 일제 자동차 가격의 상승이 나타나고 가격이 비싸지니 일본 차를 사지 않게 되어 일본의 무역흑자가 줄어든다는 것이다.

플라자합의로 인해 일본 엔화의 강세, 엔고가 진행되자 우리의 환율이 떨어지면 그렇듯이 일본 신문들도 일본이 위기에 처했다고 대서특필하였다. 그러나 예상과 달리, 일본의 미국에 대한 무역흑자와 일본이 미국에서

표 4-1 일본 엔화의 평가절상에 따른 미국 시장에서의 일본 차 가격 변화

환율	일본 차 일본 가격	달러 가격 변화	미국 시장 가격	결과
1$: 120엔	80만 엔	80만 엔/120	6,667달러	미국에서 일본 차 가격 17% 상승
1$: 100엔	80만 엔	80만 엔/100	8,000달러	

벌어들인 총수입은 더 늘어났다. 결국 미국은 다시 1987년 엔화를 약세로 반전시켰다. 1994년 말~1995년 초의 엔고도 똑같이 일본에 대한 무역수지 적자를 줄이고자 하는 선진국들의 의도에서 출발하였지만, 역시 일본의 무역흑자는 확대되었고 미국은 엔고를 중지시켜야만 하였다.

왜 이런 일이 벌어졌을까?

그것은 미국 시장에서 미국인들의 일제에 대한 수요가 매우 비탄력적이었기 때문이었다. 즉, 가격이 비싸져도 수요가 크게 줄지 않았던 것이다. 그렇게 되면 앞에서 보았듯이 가격이 오르면 오히려 일본 기업이 벌어들이는 달러 총수출액은 늘어나는 현상이 발생하게 된다. 결국 미국인들의 일제에 대한 가격비탄력성으로 미국은 물가만 오르고, 미국의 국제수지 대일 적자는 오히려 확대되었던 것이다.

이렇게 되어 나온 말이 "비싸도 소니를 사는 미국인," "비싸도 토요타를 사는 미국인"이다. 이러한 원인은 기술이 앞섰기 때문이다. 미국 컨슈머리포트의 자동차 브랜드 평가에서 늘 상위 10개 중 7~8개 브랜드가 일본 차이다.

이 불평등한 세상을 살아갈 경쟁력이란 무엇일까?

간단하다. 우리는 인생에서 언제나 어려운 외부충격에 직면한다. 그리고 나는 성실히 노력하였음에도 나의 책임을 묻는 비판과 비난이 쏟아지는 어려운 상황이 계속 닥친다. 이때 두려워할 필요가 없다. 어떤 풍파에도 어떤 외부충격에도 자신의 중심을 지키는, 탄력성이 낮은 사람이 되면 된다. 그것이 바로 근본적인 경쟁력이다. 물론 외부의 과도한 관심과 부추김에도 거만해지지 않고 자기 자신을 평정심을 갖고 유지해야 하는 것도 동일하다. 그러면 우리는 더 높은 경쟁력을 갖춘 인간이 되고 더 많은 이익과 행복을 얻을 수 있다.

자기를 자신의 위치에서 확고하게 유지한다면 세상의 어떤 일에도 안정을 유지할 수 있다

지구는 시속 1,670km라는 상상하기 힘들 정도의 무시무시한 속도로 자전한다. 그러나 우리는 어지럽다고 느끼지 않고 쓰러지지도 않는다. 그 이유는 우리가 지구중력에 의해 단단히 고정되어 있기 때문이다. 그렇다. 자기 자신을 자신의 위치에서 확고하게 유지한다면 세상의 어떤 일에서도 어지럽지 않고 안정을 유지할 수 있다. 누구보다 나 자신을 스스로 사랑하고 자신을 믿어야 한다.

나를 비판하거나 비난하는 사람은 진짜 무식한 사람일 확률이 높다

나를 비판하거나 비난하는 사람, 심지어는 지적해 주는 것이 옳은 일이라며 나의 잘못을 지적하는 사람도 사실 그 사람이 진짜 무식한 사람일 확률이 높다.

호주에 갔을 때 한 사람이 나에게 이렇게 물었다. 호주에서는 집을 살 때 남방 집을 사야 할까요, 북방 집을 사야 할까요? 지구에서 호주는 한국과 정반대 방향인 남반구에 위치하므로 모든 것이 거꾸로이다. 호주의 크리스마스는 여름인 것이다. 따라서 당연히 한국과 반대로 북방 집을 사는 것이 햇빛이 잘 들어올 것이므로 북방 집을 사야 하지만, 이런 엉뚱한 질문을 갑자기 하는 사람은 분명히 저자가 한국인이므로 남방 집이라고 답할 것을 기대하고 있는 것이 느껴졌다. 그래서 그냥 간단히 남방 집이라고 대답하였다. 그랬더니 그 사람은 그럴 줄 알았다며 호주는 북방 집이 좋다고 말하고 심지어 호주 집값이 얼마나 비싼지를 말하면서 자신의 부동산 투기 성공을 자랑하였다. 생각해 보라. 누가 무식한가? 심지어 이 사람은 부동산 투기까지 잘한 일이라고 자랑하고 있지 않은가?

실제로 그렇다. 우리를 비판하거나 비난하는 사람들 대부분은, 우리가 그냥 그 사람 마음에 맞추어 주려고 혹은 더 이야기를 하고 싶지 않아서, 말하기 싫어서 대충 이야기하고 있음을 모르고 자신만이 그것을 잘 알고 있다고 생각하고 있다. 그러니 우리를 비판하거나 비난하는 사람의 말에 마음 상하지 말라. 오히려 그 사람의 무엇이 비어 있기에, 무엇이 잘못되어 꼬여 있기에 자신이 무식하다는 것도 모르고 저렇게 남을 비판하거나 비난하는 것을 좋아하게 되었을까라고 생각하며 측은하게 여기는 것이 맞다.

피할 수 없는 충격은 장기적으로 나에게 이익이 되도록 되어 있는 것이 자연법칙이다

집안에서 키우는 식물이 죽어 가는 것을 보면 우리는 그 식물을 밖에 내놓는다. 당연히 밖은 비, 바람, 그리고 여러 위험요소들이 집안보다 많지만 밖에 노출된 식물은 대부분 다시 생기를 되찾는다. 이것이 자연법칙이다. 풀 한 포기 힘밖에 없다고 느끼는 나에게 큰 위기가 오면 그 고난은 우리가 겪는 당시에는 매우 혹독하지만 기본적으로, 장기적으로 볼 때 그 고난은 비나 바람처럼 자신을 죽이는 결정적 충격이 아니라 오히려 살리는 충격이 될 확률이 훨씬 높으며, 이것이 유구한 시간을 거쳐 만들어진 자연법칙이다.

살다 보면 세상에서 나는 도저히 어떻게 할 수 없을 정도로 큰 문제, 큰 어려움이 온다. 이때 다음과 같이 생각하라.

"신은 보통의 인간이 견뎌 낼 수 있을 만큼만 난관을 준다. 그런데도 내가 도저히 견딜 수 없는 난관이 왔다고 생각이 들면, 그것은 분명히 내 착각이거나 아니면 죽어가는 풀을 살리기 위한 비와 바람처럼 약해진 나를 살리기 위해 무엇인가 큰일이 온 것이다.”

왜 어떤 삶은 달걀 껍질은 잘 까지고 어떤 것은 잘 까지지 않을까? -보이는 외부적인 것에 너무 신경 쓰지 마라

삶은 달걀의 껍질이 잘 까지지 않아 고생한 경험은 모두에게 있다. 그러다 보니 삶은 달걀 껍질을 잘 까는 방법이 여기저기에서 소개되고 있는데, 그중 간단한 방법 하나가 찬물에 달걀을 넣고 삶지 말고 물을 끓인 후 잠시 가라앉으면 (막 끓을 때 달걀을 넣으면 터진다) 달걀을 넣어 오랜 시간을 두고 삶는 것이다.

그런데 삶은 달걀의 껍질 까는 문제는 오랫동안 인간에게 귀찮은 문제이었다. 어떻게 해야 삶은 달걀의 껍질을 쉽게 깔 수 있을까? 이 문제는 나아가 도대체 왜 어떤 삶은 달걀은 껍질이 잘 까지는데 어떤 달걀은 잘 까지지 않는 것일까라는 의문으로 나아갔고, 물리학자들도 이에 대해 고민을 하였다. 사실 학자들도 먹는 시간조차 아까워 달걀을 삶아 한 끼 식사로 때우는 일이 많았기에, 껍질이 잘 까지지 않는 삶은 달걀의 문제는 학자들 자신의 고민거리이기도 하였던 것이다.

물리학자들은 여러 조건을 바꾸어 실험하였다. 물의 온도, 끓는 속도, 주위 온도, 나아가 물리적으로 이론적으로 가능한 식초, 소금 등 첨가물의 문제까지 포함해 여러 변수의 관련 실험을 하였지만 삶은 달걀의 껍질이 쉽게 까지고 잘 안 까지는 뚜렷한 이유를 발견하지 못하였다. 그리고 그렇게 많은 실험을 하고도 원인을 찾아내지 못하자 결국 실망과 함께 생각을 원점에서 다시 할 수밖에 없었다.

"그래. 모든 가능한 조건을 바꾸어 보았다. 그러나 본질적 차이는 없다. 그렇다면 …? 도대체 무엇일까? 그래. 이제까지 내가 한 모든 실험은 달걀을 삶는 방법 혹은 삶은 달걀의 까기 전 조건을 바꾸어 보는 것이었다. 이 모든 외부적 요인이 주요 원인이 아니라면 이제 남은 것은 하나, 혹시 내부 요인, 즉 달걀 자체에 답이 있는 것이 아닐까?"

이 의문으로 가자 비로소 답이 풀렸다. 싱싱한 달걀은 삶으면 껍질이 잘 안 까지는 것이었다. 즉, 삶은 달걀의 껍질이 잘 까지고 안 까지고는 달걀 자체의 신선도 문제이고, 따라서 껍질이 잘 까지는 것이 오히려 오래된 달걀이라는 것이었다. 근본적 문제는 우리가 수없이 만나고 시도하고 노력하는 외부의 조건이 아니라 바로 달걀 그 자체 내부에 있었던 것이다.

인생도 그러하다. 우리의 근본 문제는 가장 기본적인 내부적 문제, 본질에 있지, 드러나고 계속 변하는 복잡하고 어쩌면 화려한 외부적 요소, 외부적 영향에 있지 않다. 보이는 외부적인 것에 너무 큰 중요성을 두지 말도록 하자.

우리는 이 험한 세상에서 살기 위해 경쟁력을 키워야 한다고 말한다. 그리고 누구나 경쟁력이 높은 사람이 되고 싶어 한다. 바로 그 경쟁력을 키우는 것, 경쟁력을 높이는 것은 바로 우리가 삶에서 만나는 어떠한 상황에도 자기 자신을 믿고 흔들림 없이, 즉 외부충격에 중심을 잡고 비탄력적으로 꿋꿋하게 하나하나 대처하는 것이다. 잊지 말도록 하자.

흔들려도 두려워하거나 자신을 탓할 필요가 없다

우리가 매일의 삶이 불안하고 흔들린다고 느끼는 것은 너무나 당연하다. 엄밀히 말하면 우리가 살고 있는 지구가 돌고 있는데 물리적으로 그 속의 존재인 내가 흔들린다고 하는 것은 당연한 것이 아니겠는가? 우리가 살고 있는 지구는 자전과 공전을 하며 돌고 있으므로 당연히 나와 상관없이 흔들리는 것은 자연 법칙이다. 다만 대부분 그것을 못 느끼고 있을 뿐인데, 내가 불안을 느낀다면 그것은 내 감수성이 뛰어나기 때문일 것이다.

내가 흔들린다고 하여 내가 생각하는 것처럼 내가 능력이 부족해 흔들리는 것이 아니다. 내 의심과 달리 사실은 세상이, 주위가 흔들리기 때문에 내가 심하게 흔들리는 것처럼 느껴지는 것이지, 내가 약하여 흔들리고 있는 것도 아니다. 이는 마치 내가 탄 버스가 가만히 있어도 옆 버스가 움직이면 내가 움직이는 것처럼 느껴지는 것과 같다.

우리는 자신과 주위에 대해 미안한 마음으로 살아가는 것도 좋지만, 사실 우리는 거대한 집합체인 제도와 사회 속에서 존재하고 그것에 맞추어 지내고 있으므로 무엇이 잘못되었다고 해서 자기가 잘못하였다고 생각할 필요도 없다. 자기가 잘못하였다고 자꾸 생각하는 것은 오히려 자신을 과대평가하는 거만일 수도 있다. 인생에서 매일 많이 흔들려도 되지만, 그것 때문에 나 자신을 책망하거나 자신을 추가적으로 더 흔들 필요는 전혀 없다.

2. 추격하는 것과 추격당하는 것

미국은 한국이 대미 무역수지 흑자를 기록하자 한국에 대해 원화절상을 요구하여 왔다. GM 등 미국 자동차 업계는 한국 자동차 가격을 올리기 위해 한국에 대한 환율 인하 압력을 강화하고 있다. 미국은 한국을 계속 환율관찰대상국으로 주시하고 있다. 미국만이 아니라 한국의 제품이 국제시장에서 호평을 받으면서 이러한 한국 원화의 평가절상을 전 세계로부터 요구받고 있다.

한국은 수출에 많이 의존하고 있고 일본과 경쟁관계에 있는 제품이 많아 조금만 평가절상되어도 수출이 타격을 받게 된다. 따라서 언제나 환율이 어느 수준이어야 좋은가라는 환율논쟁이 기업과 학계, 정부 간에 일어나고 있다. 환율이 떨어지면 국제시장에서 한국 제품의 가격은 오르게 되어 가격경쟁력은 약화되는데, 예컨대 1$=1,400원일 때 1,500만 원짜리 한국 자동차는 미국에서 1,500만/1,400=10,714달러가 되지만, 1$=1,200원이 되면 똑같은 1,500만 원 한국 자동차가 1,500만/1,200=12,500달러가 되는 것이다. 똑같은 가격을 가진 자동차를 미국에 수출해도 미국에서는 환율 변동으로 가격이 16.7%나 오르는 것이다.

문제는, 개선되고는 있지만, 여전히 전체 한국제의 가격탄력성이 높다는 점이다. 미국인들은 한국 차 가격이 오르면 일본, 독일 차를 쓰거나, 아니면 싼 중국, 브라질 차를 선택한다. 한국의 수출은 감소하게 되는 것이다. 그 결과 70%까지 달하였던 대선진국 수출 비중은 50% 이하로 떨어졌다. 한국제의 미국 시장 점유율 역시 4% 이상에서 2%대로 떨어졌다.

한국은 상품별로 보면 전기전자 일반 부문은 말레이시아, 필리핀과 경쟁하고 있고, 기계제품은 싱가포르, 대만과, 철강제품은 대만과, 플라스틱제품은 중국과, 의류는 홍콩, 필리핀과 경쟁하고 있으며, 특히 중국은 전기전자, 일반기계, 철강 등 우리 주력 수출품까지 앞서고 있다. 일본 제품이 비싸져도 사겠다는 한국 소비자의 비중은 여전히 10%를 넘고 있고, 반일운동이 일어나 일본 제품 불매운동이 한창일 때도 일본제의 한국 판매, 일본으로의 여행은 줄어들지 않았다. 그러나 삼성 스마트폰의 판매는 일본에서 애플은 물론 샤프, 소니 등 일본 현지 업체들뿐만 아니라 구글 픽셀 스마트폰에게까지도 밀려 일본 내 상위 10위에도 들지 못하였다. 이러한 사실은 일본제의 가격탄력성이 한국에서 매우 낮다는 점과 한국제의 가격탄력성은 일본 등 다른 선진국 시장에서 높다는 것을 보여 준다. 한국 스마트폰 시장에서 애플의 점유율은 25%를 돌파하였고 삼성의 점유율은 하락하고 있다. 아이폰 고가 모델은 삼성전자 갤럭시 고급 모델보다 가격이 더 비싸지만 한국 내 아이폰 선호가 높아지고 있는 것이다.

3. 문제는 탄력성

이렇게 되니 한국은 미국 등 세계시장에서 자동차, 첨단 가전 등 경쟁력 있는 일부 제품을 제외하고 제값을 제대로 못 받고 있고, 경쟁력 있는 제품까지 덤핑 시비에 휘말리고 있다. 한국기업의 반덤핑 피소 건수는 세계 최상위층에 위치하고 있다. 값을 못 올리니 수출이 늘어도 이익이 적은 수출채산성 악화가 나타난다. 한국은행에 따르면, 한국은 수출가격지수/수입가격지수의 교역조건이 장기간 악화된 바 있고, 세계무역기구 WTO에 의하면 대만, 일본, 미국, EU 등의 수출가격이 상승하고 있는 가운데에도 한국의 수출가격은 장기간 정체하였다.

환율이 올라도 수출은 크게 신장시키지 못하는 반면 환율이 떨어지면 기업들과 언론들은 금방 위기라고 말하며 정부의 대책을 호소하는 일이 반복되고 있다. 환율이 떨어져 외국에서의 한국제 가격이 조금만 높아져도 가격경쟁력 약화에 따른 수출손실이 크게 나타나고 있기 때문이다. 한국은행의 계산 결과 평가절상 10% 시 한국 수출기업이 겪는 영업이익률은 16%가 떨어져 전체 기업의 이익하락률이 일본에 비해 3.5배에 이르는 심각한 것으로 나타났다.

WTO 국제질서하에서는 가격 하락을 위한 정부 지원도 불가능하며, 기업담합에 의해 국내가격과 다른 수출가격 인하도 각국의 역덤핑관세(anti-dumping tariff) 때문에 불가능하다. 우루과이 라운드(UR)에서 탄생된 WTO는 각국의 예외없는 관세, 즉 관세를 제외하고는 무역질서를 혼란시키는 정부 지원을 금지시켰다.

이렇게 되면 기업 스스로 수출가격을 내리기 위한 비용절감이 필요하다. 실제로 한국 수출기업들은 부품공용화, 경영혁신, 구조조정 등을 통해 생산비 하락에 주력하고 있지만 이는 한계가 있는 것이다. 수출가격을 올리지 못함으로써, 나아가 수출가격을 낮추기 위해 기업들은 노동자들의 임금 상승에 언제나 소극적이었고, 이에 따라 한국 내 임금격차는 우리 사회의 무서운 암적 요소로 커지고 있다. 우리의 도덕심과 원칙은 어디로 갔을까? 과연 우리의 젊은이들에게 눈높이를 낮추라는 말이 정당한가?

일부 기업들은 생산비를 낮추기 위해 동남아 등 제3국으로 공장을 옮기기도 한다. 그러나 해외 생산은 국민경제에서 보면 큰 비용이 될 수 있다. 생산이 해외에서 일어나면 생산은 해외에서 하고 돈만 들어오니까 국내의 인플레이션을 촉진시킬 수 있으며, 공장의 해외 이전에 따른 국내의 생산기반 감소(생산공동화)로 실업 문제가 악화될 수도 있다. 장기적으로 안정성과 만족도 측면에서 기업가들의 생산의욕이 저하될 수도 있다.

결국 한국의 전략은 수출 제품의 품질을 고급화함으로써 평가절상이 되어 가격이 높아지더라도 수요에 영향을 받지 않는, 즉 해외시장에서 한국제 수요의 가격탄력성을 낮추는 것이 되어야 함을 알 수 있다. 이 길만이 중국, 일본과의 경쟁에서 이기고 남아시아 등 여러 나라의 추격을 뿌리치며 선진시장에서 확고한 우위를 지킬 수 있는 길이다. 그러기 위해서는 연구개발(R&D)이 절대 필요하다.

그러나 한국 기업들의 R&D 투자는 늘고 있지만 여전히 세계 순위에서는 뒤처져 있다. 유럽연합 집행위원회 연구혁신총국의 'EU 산업 R&D 투자 스코어보드'에 의하면, 글로벌 투자 상위 2500대 기업 중 한국 기업은 47개에 불과하여 미국 827개, 중국 679개, 일본 229개, 독일 113개 등 주요국뿐만 아니라 대만 77개에도 뒤지고 있다. 50위권에는 삼성전자(7위)만 포함되어 한국의 2~10위 기업들의 투자액을 모두 합쳐도 삼성전자 한 곳에 미치지 못하였다. 산업통상자원부에 따르면, 한국의 1000대 기업 R&D 투자액은 중국 679개 기업 투자액의 약 4분의 1, 미국 827개 기업 투자액의 약 10분의 1 수준에 불과하다.

한국의 연구개발은 여전히 기초연구를 사 오는 기초기술 해외의존형이며, 내용면에서 비효율적으로 투자가 이루어지는 한계가 있다. 가장 많은 돈을 들이고 있는 우리나라 정부 연구비는 각 부처 간 중복연구와 부실한 사후 연구 결과 평가로 문제가 있다. 또한 연구개발에 들인 돈은 세계 상위 수준이지만 장기적인 발전을 위한 기초연구와 자질 있는 인력의 육성은 여전히 세계 30위권에 머물러 있다. 더구나 기업들은 장기적 연구개발 투자의 중요성을 인식하지 못하고, 어려우면 연구개발비를 우선 줄이는 잘못을 저지르고 있다. 영국이 기술개발 투자를 단기적 기업 성과와 연관시켜 본 반면, 독일은 기술개발을 장기적인 투자로 인식함으로써 독일이 영국을 추월할 수 있었던 역사적 사실을 기억할 필요가 있다.

한국 기업들의 연구개발(R&D) 투자 문제점

한국 대기업의 연구개발 투자 형태는 다음과 같은 특징을 보이고 있다. 일본, 독일의 영국, 프랑스 추월이 바로 이러한 투자 형태의 차이에서 비롯되었다는 점은 우리에게 시사하는 바가 크다.

1. 연구개발 투자를 잘하고 있지만 불황이 오면 연구개발 투자 증가율을 낮춘다. 불황 시 투자가 잘 이루어지지 못하므로 호황이 와도 경쟁력이 뒤지게 된다.
2. 단기적인 투자는 잘하고 전체 R&D 역시 높아졌지만, 장기적이고 기초적인 기술투자는 피한다. 미국, 일본이 장기적인 기초과학에 집중 투자하고 있는 중에도 한국 기업들은 당장 수출이 가능한 제품 기술개발에 집중 투자하여 일본이 기초과학에서 물리학상 12명, 화학상 8명, 생리의학상 5명 등 총 29개 노벨상을 받는 동안에 한국은 휴대전화, TV, 냉장고에서 앞서는 국가가 되었다.
3. 연구 성과가 정확하게 검증되지 않으며, 심지어 학계에서도 나눠먹기가 많다. 그 결과 연구 성과가 언론에 일회성 발표하기로 끝나고 실질적으로 상품화되지 못하고 있다. 세계 최초, 아시아 최초로 수식된 연구 성과들이 항상 언론에 보도되지만, 이후 상품화된 결과를 보면 너무나 미약하다. 심지어 세계 1위, 세계 최초라고 발표한 후 아무런 후속 소식도 없는 것이 많다. 실제로 한국의 산업재산권 출연은 일본, 미국에 이어 세계 3위로 앞서 있지만 특허의 기술적 가치는, 특허청에 의하면 미국 308, 일본 117, 독일 23인 데 비해 한국은 불과 4로 나타나고 있다.

출생률 제고나 청년실업 해결을 위해 투입되는 막대한 돈도 학계와 기관의 나눠먹기로 거의 실질적 성과를 내지 못하고 있다.

뒤처져 있다고 느끼면 어려울 때 자신에게 더 투자하라
- 거북이가 토끼를 달리기에서 이기는 방법

토끼와 거북이의 경주 이야기는 모두 알 것이다. 토끼와 거북이의 경주는 처음부터 말이 안된다. 거북이가 토끼를 이긴다고 생각하는 사람은 없다. 그런데 이야기에서 거북이가 이긴다. 왜 이기는가? 그것은 토끼가 중간에서 자기 때문이다.

그렇다. 느린 거북이가 토끼를 달리기에서 이길 수 있는 것은 토끼가 잠을 자느라고 달리지 않아야만 가능한 일이다. 그러니 자신이 만약 능력이나 기회에서 뒤처져 있다고 생각한다면, 본인이 흙수저라고 생각한다면 바로 나보다 앞선 경쟁자들이 자고 있을 때, 달리지 않고 있을 때 이들을 따라잡고 추월해야 한다. 그때가 바로 불황기 때인 것이다. 실제로 경제의 발전 역사를 보면, 뒤처져 있는 국가, 기업이 앞서 있던 국가, 기업을 추월하는 것은 불황기에 일어난다. 불황기가 오면 잘 나가던 선진 국가, 선진 기업들이 주춤하고 조정에 들어간다. 잘 나가던 토끼가 잠자는 시기인 것이다. 바로 이때가 뒤처져 있던 국가, 기업이 추월할 수 있는 시기와 기회가 되는 것이다.

인간은 항상 좋을 때와 어려울 때를 반복해 겪는다. 그러므로 만약 자신이 능력이나 기회에서 뒤처져 있다면 어려울 때, 불황기에 오히려 더 자신에게 투자해야 한다. 모두가 어려울 때 더 자신의 건강을 챙기고 더 열심히 공부하고 더 열심히 생각해야 한다. 어려울 때 낙담하지 말고 오히려 남들이 모두 어려워 쉬고 있는 이때가 기회라고 생각하고, 향후 나의 안정성과 지속성을 높일 수 있는 건강과 공부 등 중요한 기초를 쌓아야 한다.

나에게는 떡고물도 국물도 없다-나눠먹기에서 소외된 나

대한민국의 가장 큰 질병이면서 비용은 상위층들의 나눠먹기이다. 여기에는 학연, 혈연, 지연이 강건하게 뿌리박혀 있고, 그 위에 기득권 상위집단들의 철저한 밥그릇 챙기기와 사다리 걷어차기가 있다. 정재계 상위층, 누구나 선망하는 잘 나가는 고위직, 고액의 수입을 거두는 전문가 등 상위 10%에 속하는 사람들은 언제나 똘똘 뭉쳐 폐쇄적인 자기들만의 세상을 만들고, 다른 사람들이 자기들의 세계에 진입하는 것을 필사적으로 막으면서 부를 어마어마하게 늘려나간다. 그래서 한국의 상위 10%는 세계에서 가장 범죄자가 많고, 하위 90%는 세계에서 가장 부지런하고 착하다는 말이 만들어졌다. 대한민국 대통령이 하는 일 중 가장 어려운 일은 상류층에서 범죄자가 아닌 장관 후보 찾기라는 웃지 못할 이야기도 있다.

이러다 보니 한국 상위 10% 사람들은 그 10% 내 누군가가 범죄 혐의로 기소되면 "아니 그 사람이 그런 나쁜 짓을 하다니"라고 놀라는 것이 아니라, "아니 그 정도는 누구나 하는 것 아니야? 그런데 왜 그 사람을 괴롭히지"라는 생각을 너무나 자연스럽게 한다. 장관, 국회의원 등 후보자로 거론될 때 범죄 혐의 몇 개가 있어도 그 정도는 상위 10% 자기들의 세계에서는 하찮은 일로 치부해 버린다.

평생을 소심하게 살며 법을 지키고 신호위반 한 번이라도 하면 잠을 설치는 보통 사람들은, 기댈 수 있는 인맥도 없고 저절로 떨어지는 떡고물도 김칫국물도 없다. 보통 사람들에게는 출세할 기회도 돈을 벌 기회도 잘 주어지지 않는다. 그러다 보니 한국의 보통 사람들은 벌어지는 부의 불평등 속에서 월급, 절약, 저축 등 정상적인 방법으로 성공하기 힘들다고 단정하여 암호화폐, 파생상품, 영끌의 부동산 투기 등 한 방을 선택하고 있고, 이런 대담성에 세계인들은 놀란다.

하지만 이렇게 생각하라. 사람들은 조폭 등 범죄집단들이 똘똘 뭉쳐 의리를 과시하고 법을 어길 때 그들을 부러워하지 않는다. 오히려 그들이 돈을 많이 벌고 자기들끼리 잘 먹고 잘 살아도 그들이 세상을 불안하게 만들고 있고, 세상을 살기 어렵게 만들고 있다고 생각한다. 똑같이 생각하면 된다. 즉, 어려워도 잘못된 그들 기득권자에게 동조하거나 기대지 않고 그냥 자신의 노력으로 밥이라도 먹고 사는 자신이 정상적인 것이고, 이런 모습을 자랑스럽다고 생각하는 것이 옳은 것이다. 실제로 이 나라를 이렇게 살기 좋은 나라로 만든 것은 보통 사람들이고 그 보통 사람들인 우리 모두는 자랑스럽다.

한국의 연구개발 관련 구조와 체계는 아직도 개선해야 할 근본적인 문제가 많으며, 그 결과 한국의 과학기술 경쟁력은 미국, 일본, 독일은 물론 대만, 싱가포르, 이스라엘, 중국보다도 뒤진 것으로 나타나고 있다.

한국무역협회에 의하면, 한국의 세계 1위 품목수는 세계 12~13위로 상위 순위는 1위 중국, 2위 독일, 3위 미국, 4위 이탈리아, 5위 일본이 차지하고 있다. 중국 우세가 계속될 것으로 예상되는 가운데 한국이 1위를 지키고 있는 품목 중 과반수도 중국, 미국, 독일, 일본이 거의 따라와 있다. 한국의 세계수출시장 점유율은 3%를 하회하여 2%대로 내려와 있다. 믿었던 반도체 수출도 불안하고, 전체 무역 규모에서 차지하는 무역적자의 비중도 높아져 "한국 무역수지, 1년 만에 나홀로 180계단 추락하여 세계 18위에서 198위가 되었다"는 황당한 뉴스도 있었다.

앞으로는 어떨까? 전경련은 현재 미국, 중국, 일본 등에 비해 떨어지는 국내 신산업 경쟁력이 당분간 세계 하위권에 머무를 것이라고 밝혔다.

중요한 것은 양이 아니며, 주위에서 보이는 것이 전부가 아니고 진실도 아니다

한국의 수출 순위는 세계 5~8위를 오가고 있다. 양적으로 한국의 수출은 세계가 부러워할 정도로 뛰어나다. 그런데 질적으로 보면 문제가 있다.

미국 상공회의소 글로벌혁신정책센터의 보고서(International IP Index)에 따르면, 한국의 지식재산권 무역수지는 적자이고 한국의 지식재산권산업은 세계 12위 수준에 정체되어 있다. 지식재산권산업이 상위권인 나라는 미국, 영국, 프랑스, 독일, 스웨덴 등이었고, 일본과 싱가포르도 한국보다 높다. 한국도 노력하고 있지만 지식재산권으로 보면 아직도 세계적 수준에 미치지 못하고 있다.

이렇게 질적으로 문제가 있다 보니 세계첨단경쟁에서 한국은 문제를 드러내고 있다. 기술의 최첨단 경쟁에 있는 휴대전화에서 애플과 삼성의 경쟁력은 어떨까?

삼성전자는 세계 스마트폰 시장에서 판매량 1~2위를 유지하고 있다. 런던과 뉴욕의 버스 안에서 삼성전자 휴대전화를 보는 것은 흔한 일이 되었다. 그런데 출하액 기준에서는 애플의 실적이 압도적으로 높다. 스마트폰 출하액 중 애플은 37%, 2위 삼성은 18%를 점유한 것으로 집계되었다. 가장 중요한 영업이익률까지 나아가면 그 격차는 더욱 벌어진다. 영업이익률은 회사의 수익성과 경쟁력을 보여 주는 지표이다. 삼성전자에서 모바일과 네트워크를 담당하는 무선사업부(IM) 영업이익률은 11.8%이지만, 애플의 영업이익률은 28.5%를 기록하였다. 전 세계 스마트폰 영업이익에서 애플이 차지하는 비중은 평균 70~75%인 것으로 집계된다. 애플이 이처럼 높은 영업이익률을 유지할 수 있는 배경은 프리미엄 스마트폰이 높은 매출 비중을 차지하고 있기 때문이다. 프리미엄 스마트폰은 판매가가 높기 때문에 수익성 면에서 유리하다. 프리미엄 시장에서 애플과 삼성전자의 점유율 격차는 40%가 넘는다. 우리 주위를 보면 삼성전자 휴대폰이 압도적이지만 한국에서만 그렇다. 미국, 중국, 영국, 독일, 프랑스, 일본 등 주요 국가에서 프리미엄 스마트폰이 선호되면서 이미 애플의 아이폰이 가장 많이 팔리고 있다.

한국이 자만할 때가 아니다. 가야 할 길은 아직도 멀다.

왜 그럴까? 간단하다. 보통 사람들은 벌 수 없는 엄청난 돈을 벌겠다고 모두가 의대와 법대만 가려고 한다. 개별적으로 적성에 맞는 기술개발의 기회가 있음에도 사회는 무조건 좋은 간판의 대학에 가야만 한다고 압박한다. 그리고 그런 구조를 한국의 상위 계층들이 계속 조장하고 있다.

중요한 것은 양이 아니고 질이다. 또한 주위에서 보이는 것이 전부가 아니고 전체로 눈을 넓혀 보면 다른 진실이 있다.

나의 처지와 다른 사람을 비교하고 실망할 이유는 전혀 없다

우리는 현실에서 매일 주위 사람들을 본다. 그리고 대한민국 평균 월급액, 평균 자산액, 평균 집값 등 매일 쏟아져 나오는 각종 수치들을 본다. 그러면서 자신을 비교하고 자신만 못 살고 뒤처져 있고 초라하다는 생각을 한다.

그렇지 않다.

우선, 앞서 보았듯이 중요한 것은 양이 아니다. 우리의 삶을 아파트 평수나 자동차 크기로 재단하는 것은 스스로 실속 없는 결국 스스로 나쁜 인생을 만드는 것이다. 저자는 언제나 중소기업 제품을 사고 가장 작은 차를 사고 작은 집에서 살면서 그것이 주는 이익을 더 누리며 살고 있다. 세금도 조금 내고 비용도 조금 들고 보조금까지 받으며 심지어 청소도 더 간단하다.

두 번째, 언론이나 주위에서 계속 나오는 대한민국 평균 월급, 평균 집값, 평균 자산 등은 과장된 것이며, 진실과 완전히 다른 것이다. 매일 접하는 통계들은 평균값이 대부분인데, 경제에서 평균값은 중요한 의미를 갖지 못한다. 우리가 살고 있는 자본주의 사회, 더군다나 상위 소수가 엄청난 몫을 챙겨 가는 한국의 경우 평균값은 현실과 전혀 상관이 없다. 예를 들어, 10명이 모여 있을 때 나는 돈이 1,000원밖에 없는데 모인 10명의 가진 돈 평균이 10만 900원이라고 하면 나는 나만 돈이 없고 다른 사람들은 모두 돈이 많다고 생각한다. 그러나 진실은 10명 중 9명이 모두 1,000원밖에 없고 1명만 100만 원을 가지고 있어 평균이 10만 900원이 된 것이다. 평균을 말하는 수치가 얼마나 현실, 진실과 동떨어져 있는 것인가? 따라서 우리 대다수가 속해 있는 현실의 값은 통계 평균값과 다르므로 숫자만 보고 나만 뒤떨어져 있다는 잘못된 생각을 해서는 안된다. 매일 보는 수치와 달리 대부분의 경우, 나는 다수의 사람들과 비슷하다.

세 번째, 내 주위의 사람들을 보면서 사람들이 나보다 잘 살고 나만 가난하다는 생각은 완전한 오류이다. 사람들은 주위 사람들에게 더 과장되게 보이려고 항상 노력하므로 주위에 보이는 것이 진실이 아니다. 우리 모두 그렇다. 혼자 여행할 때와 여러 사람이 같이 여행할 때를 비교해 보라. 같이 여행할 때 훨씬 더 꾸미고 옷도 더 좋은 옷으로 자주 갈아입지 않는가? 설사 내가 보는 주위 사람들이 잘 사는 사람들이라고 하더라도, 주위에서 모두 삼성전자 휴대전화를 가지고 있다고 세상 사람들이 모두 삼성전자 휴대전화를 쓴다고 생각하면 틀린 것처럼, 전체 현실의 보통 사람들이 다 그런 것은 아니다. 극단적 예를 들어, 내 주위의 사람들이 모두 나보다 잘 산다면 소득이 낮은 국가나 지방으로 이사하면 나는 주위 사람들보다 돈 많은 사람이 될 수 있을 것이다. 내 주위를 보며 나만 뒤처져 있다고 생각하는 것은 오류이고 지나친 겸손이며, 또 주위 사람들이 전체의 보통 사람들을 나타내는 것은 절대 아니다. 나는 그냥 평범한 다수의 보통 사람과 차이가 없고 그것이 지극히 당연한 것이다.

05

사회 속의 최적점과 선택

가지 않은 길과 아무도 손해 보지 않는 게임

1. 나 자신을 어떻게 하지?
–내가 선택하는 길도,
선택해야 하는 길도 하나다
2. 우리는 사랑받기 위해 태어난 것이 아니라,
나 자신을 그 누구보다 진정으로
많이 사랑해 주기 위해 태어난 것이다
3. 아무도 손실을 보아서는 안되고
강요해서도 안된다

1. 나 자신을 어떻게 하지?
-내가 선택하는 길도, 선택해야 하는 길도 하나다

1) 내가 이 세상을 살아간다는 것 자체가 바로 이 세상을 돕는 것이다

북엇국이 먹고 싶다. 그래서 시장에 가서 북어 1마리를 사려고 하니 6,000원이라고 한다. 너무 비싸다. 북어 한 마리에 6,000원이라니 ….

그런데 따져 보자. 북어 한 마리 잡으려면 돈이 얼마나 들지? 배도 빌려야 하고 연료도 넣어야 하고, 그물도 사야 한다. 아마 북어 한 마리 잡으려면 50만 원이 더 들어갈 것이다. 50만 원 들여서 북어를 많이 잡을 수도 있지만, 잘못하면 50만 원 들여도 한 마리도 못 잡을 수도 있다. 이렇게 생각해 보니 북어 한 마리 6,000원이 비싸다고 한 나는 잘못된 것이다. 먹고 싶을 때 바로 사 먹을 수 있고 재수가 좋아 내가 북어 한 마리를 잡는다고 하여도 그렇게 한 것보다 나는 자그마치 494,000원 이상의 이익을 본 것이니 말이다. 이것을 소비자 잉여라고 한다.

더 쉽게 생각해 보자. 이 세상에 나를 제외하고 어느 누구도 북어를 안 먹는다고 하자. 그러면 북어를 잡아오는 사람이 없을 것이다. 나 하나만 보고 북어를 누가 잡겠는가? 이때 나는 분명히 북어를 잡으러 가는 데 드는 돈 50만 원에다가 1일 일당 수고비 5만 원을 합하여 55만 원을 지불해야만 누군가 잡아올 것이다. 결국 나는 지금 모든 사람들이 북어를 먹고 있어 엄청난 이익을 누리고 있는 것이다. 이것이 소비자 잉여이다.

결국 현재의 대량생산, 대량소비는 소비자가 살 수 있는 가격을 낮추어

줌으로써 소비자에게 소비자 잉여를 늘려 주어 모든 사람에게 도움이 됨을 알 수 있다. 즉, 남들이 살 수 없는, 사지 않는 비싼 물건을 사서 자랑하는 사람보다 대량생산을 가능하게 하는 사람들, 누구나 생활에 필요한 물건을 많이 사는 평범한 사람들이 바로 남을 돕는 좋은 사람들인 것이다. 그런 사람들이 없다면 나는 북어를 50만 원이나 들이고도 먹지 못할지도 모른다. 따라서 내가 이 세상을 살아간다는 것 자체가 바로 이 세상을 돕는 것이다. 나, 우리가 없으면 잘난 사람도 없다.

내 존재는 그 자체로 소중하다. 왜냐하면 남에게 많은 소비자 잉여를 발생시키기 때문이다. 동시에 다른 모든 사람들은 소중하다. 왜냐하면 나에게 소비자 잉여를 발생시켜 주기 때문이다.

사실 언제나 많은 사람이 나를 돕고 있다 - 유럽의 화장실

내가 물건을 산다는 것은 내가 느끼는 효용이 가격보다 크기 때문이고, 즉 소비자잉여가 발생하기 때문이다. 비교적 무료 개방화장실이 많은 영국이 아닌 유럽을 여행하다 보면 모든 화장실이 돈을 받는다. 한 영국 학생이 북유럽의 맥도날드에 들어가 음식을 사 먹고 화장실을 가려고 하였더니 0.5유로를 요구하였다. "인간의 생리적 욕구를 이용해 돈을 버는 야비한 것들"이라고 농담을 하면서 그 학생은 화장실을 가지 않고 참았다. 문제는 그 이후 화장실을 찾기 어려웠다는 것이다. 점점 시간이 지나고 한계에 다다른 그 학생은 10유로를 주어도 좋으니 화장실만 있으면 좋겠다고 심각하게 말하였다. 마침내 그 학생은 "화장실 사용 1유로"라고 적혀 있는 가게를 발견하였고 화장실을 사용하였다. 그 영국 학생은 즐거운 마음으로 10유로라도 지불하였을 것인데 9유로를 번 것 같다고 말하였다. 어떻게 9유로를 번 것 같은 즐거운 마음으로 화장실을 사용할 수 있었을까?

유럽의 도시에서는 화장실이 부족해 화장실을 찾는 사람들이 많다. 그런 사람들이 많기 때문에 어떤 사람이 돈을 벌려고 공중화장실을 만든 것이다. 그래서 나는 10유로도 낼 수 있었지만 단지 1유로만 내고 화장실을 이용한 것이다. 즉, 다른 많은 사람들이 있었기에 내가 화장실을 이용할 수 있고 즐겁게 돈을 번 기분을 느낄 수 있는 것이다.

2) 왜 부모님이 그렇게 소중한지 모르고 또 사랑은 식는 것일까?

어떤 물건에 대해 느끼는 만족도를 '효용'이라고 한다. 그러면 물은 엄청난 효용이 있는데 왜 이렇게 쌀까? 심지어 물값은 0에 가까워서 대동강물을 팔아먹은 봉이 김선달은 우리 역사상 가장 큰 사기꾼으로까지 불리고 있다. 물을 안 먹으면 죽을 정도로 중요한 것인데 말이다.

효용은 두 가지로 나뉘는데, 그 물건 전체에서 느끼는 총만족도를 '총효용', 1개 더 가질 때마다 더 느끼는 만족도를 '한계효용'이라고 한다. '한계'라는 말은 마지막으로 새로 첨가된 것이라는 개념인데, 예컨대 한계소득은 새로 첨가된 소득, 한계비용은 새로 첨가된 비용 등이 된다.

우리가 실제로 중요하게 느끼는 효용은 총효용이 아니고 조금 더 늘어날 때 느끼는 한계효용이다. 물은 중요하고 총효용이 높지만 주위에 너무나 많이 있어 조금 더 물이 많다는 것이 나에게 중요하지 않고 만족도도 높여 주지 못한다. 즉, 물의 한계효용은 0에 가깝고 그래서 우리는 물이 정말 소중한 것임에도 그 효용을 중요하게 느끼지 못하는 것이다.

그런데 우리에게 중요한 이 한계효용은 계속 감소한다. 어떤 물건이 많아질수록 흔해지니까 한계효용이 자꾸 감소하여 만족도가 떨어지기 때문이다. 이를 한계효용체감의 법칙이라고 한다. 이제 다음의 질문에 답해 보고 그 이유를 생각해 보자.

> 물이 중요할까, 다이아몬드가 중요할까?
> 왜 같은 국가의 중요한 문화재인데 어떤 것은 국보이고 어떤 것은 보물, 그리고 어떤 것은 그냥 지방문화재로 분류되는 것일까?
> 왜 평소에는 부모님이 그렇게 소중한지 모르다가 돌아가시고 나서야 소중함을 알게 되는 것일까?
> 왜 그렇게 돈 많은 사람들도 자살을 선택하는 것일까?

우리는 한계효용이 체감한다는 것에서 이제 이런 이유를 알 수 있다. 하나씩 간단히 적어 보자.

물이 중요할까, 다이아몬드가 중요할까? 물은 생명에 필수적이고 다이아몬드는 그렇지 않음에도 물보다 다이아몬드가 더 비싸고 더 소중하게 취급된다는 것에 대해 경제학자들은 오랫동안 고민하였고, 이것을 물과 다이아몬드의 모순이라고 한다. 하지만 중요한 한계효용으로 보면 이 문제는 바로 해결된다. 물은 생명에 절대적으로 필요하므로 물의 총효용이 다이아몬드보다 크지만, 물의 한계효용은 0에 가깝고, 다이아몬드는 작은 것이라도 구하기 어렵고 새로 얻은 작은 다이아몬드도 나에게 주는 만족도가 크기 때문에 한계효용이 매우 높다. 그래서 우리는 다이아몬드가 더 중요하다고 느낀다.

왜 똑같이 훌륭한 문화재인데 어떤 것은 국보이고 어떤 것은 보물, 그리고 어떤 것은 지방문화재로 분류되는 것일까? 문화재의 등급을 정하는 것은 딱 한 가지 요인으로 정하는 것은 아니지만 한계효용도 하나의 기준이 된다. 예를 들어, 소중한 문화재인데 그런 모양, 재료로 만들어진 것이 하나밖에 없고 시대가 가장 오래된 것이라면 국보가 될 수 있다. 그러나 같은 것이 3~4개 있으면 한계효용이 떨어지기 시작해 보물이 된다. 만약 그것이 여러 지방에서 발견되는 것이라면 그것은 더 한계효용이 떨어지므로 지방문화재로 되는 것이다. 심지어 국보급이라고 평가되면서도 아무 문화재로도 지정되지 않은 것들도 있는데, 이는 같은 것이 많이 발견되는 경우 그럴 수 있다.

왜 평소에는 부모님이 소중한지 모르다가 돌아가시고 나서야 그 소중함을 알게 되는 것일까? 부모님은 이 세상에서 나를 맹목적으로 사랑해 주시는 정말 소중한 존재이다. 당연히 부모님의 총효용은 비교할 수 없을 정도로 높다. 하지만 우리는 보려고 마음먹으면 부모님을 매일 하루 종일 볼 수 있다. 이렇게 많이 볼 수 있기에 한계효용은 0에 가깝다. 그래서 소중함을 미처 모른다. 하지만 돌아가시고 나면 단 1초라도 볼 수 없으니 그 한계효용이 무한대로 되면서 소중함을 느끼는 것이다.

왜 그렇게 돈 많은 사람들도 자살을 선택하는 것일까? 우리는 돈 많은 사람이 자살하는 것을 보고, “아니 돈이 저렇게 많은데 왜 죽어. 나 같으면 돈을 펑펑 쓰며 행복할 텐데”라고 생각한다. 그런데 우리가 부자를 부러워하는 것은 돈이 없으므로 돈의 한계효용이 높아서 그런 것이다. 돈도 많아지면 한계효용이 체감한다. 따라서 돈 많은 사람들은 돈의 한계효용이 낮아 돈으로 행복함을 느끼지 못하기 때문에 돈과 상관없이 자살까지 선택하는 것이다. 물론 옳은 일이 아니다.

이제 한계효용을 통해 우리의 평소 인식과 다른 진실을 알게 되었다.

사랑하는 사람이 처음에는 좋았는데 점점 싫증이 나고 결국은 미워하기도 하는 것은 당연한 것이다. 왜 자신이 이런 사람을 골랐는가라고 살아가면서 후회하는데, 후회할 필요가 없다. 후회하기보다는 그것이 정상인 것을 알고 다시 사랑을 느끼도록 자신을 고쳐 나가는 것이 맞다.

삶을 한 가지 일, 한 가지 색으로 채우지 말고 다양하고 다채롭게 하라

철수는 다음과 같은 고민을 가지고 있다.

"나는 카페에서 커피를 마실 때가 좋다. 특히, 점심 먹고 카페에서 커피 마시며 시간을 보내는 것을 진짜 좋아한다. 문제는 내가 버는 돈이 충분하지 못하다는 것이다. 그래서 점심 먹고 카페에서 좋아하는 커피를 마시고 싶은데 참아야 한다. 그래서 나는 참고 살아가고 있다.

그런데 어느 날 이런 생각이 들었다. '내가 죽어라 일하고 있는데 아무리 돈이 없어도 내가 좋아하는 커피도 못 마시고 살아야 하나?' 그런 생각이 드니 화가 났다. 그래서 나는 식사 후 카페에서 매일 커피를 마시기로 하였다.

하지만 이러는 가운데 내가 버는 소득에 비해 매일 커피에 쓰는 돈이 너무 부담된다는 생각이 나를 괴롭힌다. 내가 고등교육까지 받은 사람인데 정말 이렇게 불합리한 소비에 빠져 있어도 되나? 이게 무엇이라고 이렇게 비합리적 선택을 하고 있는 것인가? 내 소득에 이렇게 비싼 커피를 마시는 것이 말이 되나? 돌아가서 집에서 그냥 커피 타 먹으면 되는데 … 이런 생각이 자꾸 나를 괴롭힌다.

나는 도대체 어떻게 해야 하나?"

우리 모두의 고민이기도 한 철수의 고민 해결책은 간단하다. 본인은 모르고 있지만 사실 한 가지 똑같은 것을 계속하면 그 한계효용이 체감하므로 당연히 똑같이 매일 하는 것은 우리를 행복하게 해 줄 선택점이 아니다. 매일 작은 것이라도 새로운 것을 만드는 것이 맞다. 그것이 우리의 효용을 가장 높이는 것이고, 우리를 가장 행복하게 만드는 것이기 때문이다.

그러니 식사 후 카페에서 커피를 마시는 것을 습관처럼 매일 할 필요가 없다. 그렇다고 내가 좋아하는 곳에서 커피 마시는 것을 포기할 필요도 없다. 똑같은 일, 똑같은 매일의 반복이 아니라, 사람이 적어 여유로운 월요일과 목요일은 카페에 커피 마시러 가고 화요일은 책 보면서 커피 마시고 수요일은 옆 사람에게 커피를 타주며 함께 마시고 그리고 금요일은 일어나 침대에서 창밖을 보며 커피 마시는 것으로 하루하루 바꾸면 한계효용도 올라가고 주위 사람들도 좋아한다. 더하여 카페에 이틀만 가서 더 느긋하게 있으면, 돈 많이 쓴다는 스트레스도 사라져 더 행복감을 느낄 것이다.

나의 삶을 더 효용이 높고 행복하게 만들려면 한 가지 일, 한 가지 색으로 채우지 말고 다양하고 다채롭게 하라.

한계효용이 체감한다는 간단한 진리를 잊고 살고 있기 때문에 우리는 불행하게 산다. 나의 장점은 아무리 생각해도 없는 것 같고 부정적인 생각이 자꾸 드는 것도 같은 이유 때문이다. 면담하면서 학생들에게 자신의 장점을 이야기하라면 머뭇거리면서도 자신의 단점을 이야기하라면 "영어를 잘 못한다," "소심해서 친구를 잘 못 사귄다," "몸이 약해 적극적으로 어떤 일을 오래 못한다" 등 자신이 가진 문제에 대해 많은 것을 이야기한다. 이처럼 부정적인 측면이 더 떠오르고 자꾸 신경이 쓰여서 결국 더 내 주위를 부정적인, 불안한 생각으로 바라보는 것, 누가 나에게 좋은 이야기를 해주어도 "에이 그럴 리가 없어"라고 반신반의 하면서도 누군가 나를 비판하거나 부정적인 이야기를 하면 그것은 내 가슴을 후려파고 들어 자꾸 떠나지 않고 맴도는 것을 부정성 효과(negativity effect)라고 한다.

그런데 정도의 차이는 있지만 누구나 느끼는 이 부정성 효과는, 사실 내가 매일 자신과 마주하는 탓에 나에 대한 한계효용 체감이 나타나는 것은 너무나 당연하다. 그러나 이는 전체효용, 즉 나의 가치를 의미하는 것과는 아무런 상관이 없는 것이다. 마치 공기나 부모님이 매우 효용이 높고 가치가 높지만 매일 같이 있어서 한계효용이 체감해 중요성을 못 느끼는 것과 같은 것이다. 부정적인 생각을 가지고 있다는 것은 자신만의 문제가 아니라 모든 사람이 그러하므로 이것이 부정성 효과라는 학술용어로 정착된 것이다. 부정적인 생각을 계속하면 어떤 내용을 받아들여 분석하고 판단하는 기능을 담당하는 뇌의 전두엽 대신 스트레스 호르몬을 분비하는 소뇌 편도체가 두뇌를 장악하게 되는데, 이를 편도체의 두뇌납치(amygdala hijaking)라고 한다.

그래서 기업들이 사람을 뽑을 때에도 그저 평범한 사람, 즉 부정적인 생각을 가지고 있는 사람인가를 가려내려고 노력한다. 왜냐하면 부정적인 생각을 가지고 있다는 것은 그저 그런 평범한 사람이고 새로운 것을 찾지 않는, 그냥 매일 똑같은 생활에 묻혀 있다는 의미이기 때문이다. 실제로 많은 실험 결과는 부정적 생각을 가진 사람의 생산성이 긍정적인 생각을 가진 사람보다 낮다는 것을 확인하였다. 창조적인 인간을 찾는다고 기업들은 말하는데, 사실 창조적이라는 것이 거창한 것이 아니고 항상 새롭게 생각하고 새로운 것을 찾아가는 사람을 말하는 것이다. 이를 알아내기 위해 기업들은 지각하는 사람, 약속을 안 지키는 사람, 예의가 없는 사람들을 가려내려고 한다. 왜냐하면 부정적인 생각을 가지고 있는 사람들은 '원래 세상은 그런 것이야'라고 부정적으로 생각하여 더 많이 핑계를 대고 더 약속을 안 지키고 더 예의를 안 지키면서 자신의 그런 문제를 고칠 생각을 하지 않기 때문이다. 이를 시그널링(signaling)이라고 한다. 즉, 지각하고, 약속을 안 지키고, 예의가 없는 것을 부정적인 생각을 가진 사람의 신호, 시그널이라고 보는 것이다. 따라서 이런 부정적 생각, 부정적 행동을 하는 사람을 가려내기 위해 기업들은 AI면접, 대면면접을 보고 합숙훈련을 시키고 인턴을 시킨다. 몸이 약해서 자주 아픈 것도 부정적인 생각 때문이라는 오해를 받지 않기 위해 건강한 몸으로 만드는 것이 필요함을 알 수 있을 것이다.

귀찮다, 아프다, 싫다, 밉다 등이 가르쳐 주는 징조 – 하인리히 법칙

"갑자기 어떤 일이 귀찮아진다," "어느 날 하는 일이 싫어진다," "내 자신이 하찮게 느껴진다," "요즘 자주 아프다" 등이 느껴지면 이를 단순하게 생각하지 말라. 이러한 것도 나에게 주어진 하나의 중요한 신호, 시그널이다.

하인리히 법칙이라고 있다. 어떤 큰 사건이 일어났을 때 그것을 복기해 따져 보면 사실 이미 그와 관련된 작은 사고, 사건이 29번 일어났고, 관련된 사소한 증상들이 300번 일어나고 있었다는 것이다. 무시하고 넘겼거나 혹은 약간 이상하다고만 생각하고 있었지만 사실 나쁜 큰일이 일어나기 전에 300번 이상의 징조가 있었다는 것이다. 그래서 이 하인리히 법칙은 1:29:300의 법칙이라도 불리고 있는데, 따지고 보면 이 법칙은 우리들의 경험에서 나온 것이다.

우리는 자신을 소중히 생각하고 무엇인가 이상하고 부정적인 것이 발견되면 이를 무시하지 말고 자신의 몸과 마음의 소리에 귀를 기울여야 한다. 그리고 이러한 작은 징조가 커지기 전에 적은 비용으로 잘 대응하는 것이 필요하다.

자신에 대해 자꾸 부정적인 생각이 드는 것을 해결하는 것은 간단하다. 그것은 이 세상에서 누가 무엇이라고 하여도 나는 단 한 명만 존재하는 귀한 존재, 한계효용이 매우 높은 존재라는 사실을 스스로 다짐하고, 스스로를 귀하게 생각해 약속을 잘 지키고 예의를 잘 지키는 것이다. 그리고 아무리 작은 것이라도 남들과 차별되는 그 무엇을 내 스스로 만든다고 생각하고 그렇게 행동하면 된다. 즉, 나의 한계효용이 매일 떨어짐을 알고 스스로 한계가치를 높이는 것이다.

자신을 소중히 생각하자.

나를 괜찮은 사람, 뛰어난 사람, 엘리트(elite)로 만드는 것은 나의 기운을 북돋아 주는 것, 나를 의기양양하게 만드는(elate) 것이다. 내가 나를 소중히 생각하여야 남이 나를 소중히 생각하는 것은 너무나 당연하다. 나를 소중히 생각하는 나를 보고 비로소 다른 사람들도 나를 다른 사람과 다른 인간, 한계가치가 높은 인간으로 받아들이는 것이다. 항상 거울을 보면서 "나는 왜 이렇게 못 생겼지"라고 말하지 말고 "아 나는 왜 이리 잘 생겼지"라고 말하고, 더 나아가 "이왕이면 어떻게 하면 남들과 다르게 잘 보일까?"를 생각하며 서 있는 자세, 앉아 있는 자세와 방향, 말하는 모습, 웃는 모습 등을 수시로 연습하고 알아두는 것이 중요하다. 즉, 스스로 다르게 생각하고 다르게 계속 만들어 한계효용을 스스로 높이는 것이다.

면접을 가서도 이런 태도를 보여 주어야 한다. 여러 곳에 면접을 본 사람들이 항상 "가고 싶은 직장에서는 연락이 안 오고, 갈까 말까 생각하는 기업은 오라고 연락이 온다"라고 말하는 것은 너무나 당연하다. 가고 싶은 직장의 면접에서는 보통 사람들이 그러하듯이 긴장을 하고 불안한 모습을 보이게 되는데, 이 모습은 자신이 그냥 남과 똑같은 사람 중 한 명, 즉 한계효용이 0이라고 광고하는 것과 같기 때문이다. 따라서 별로 가고 싶지 않은 직장 면접에서 "당신들이 나를 안 뽑아 주어도 아쉽지 않다"라는 배짱과 여유를 가지고 대응하듯이, 어떤 면접에서도 남과 다른 자신 있는 모습, 자신의 한계효용이 매우 높다고 생각하는 그런 자신의 모습을 분명히 보여주는 것이 필요하다. 겉으로 드러나게 거만해서는 안되지만, 왜 일부러 조금 튕기며(I am playing hard to get) 살아야 하는지 알겠는가?

남이 아니라 나를 차별화하라

우리는 이 세상에 차별이 존재하고 있음을 안다. 슬픈 일이다. 저자는 대한민국을 비극으로 만드는 가장 중요한 요인 중 하나가 차별이라고 보고 있고, 그 원인의 하나가 바로 혈연, 지연, 학연이라고 생각한다. 이를 없애지 않는 한 대한민국의 행복은 요연하다고 생각한다.

그럼에도 말로는 항상 차별을 없애야 한다고 하지만 행동으로 이를 없애려는 사람은 드물다. 아니 오히려 대부분 학연, 지연, 혈연을 따지고 말하고 소개한다.

그러나 이러한 현실에 낙담할 필요는 없다. 왜냐하면 사실 과학의 법칙, 문명의 법칙을 보아도 그 출발점이 분류(categorization)에 있고, 따라서 과학이나 문명 모두 모든 자연현상이나 심지어 인간까지도 분류화하는 속성을 가지고 있기 때문이다. 각국의 공식 문서에서도 인종으로 인간을 분류하고 있는 것이 현실이다. 이렇게 보면 인류가 가진 가장 기본적인 방법론적 오류일 수도 있지만, 현실에서 인간을 자꾸 부류화하고 나누는 것이 어쩌면 당연하기도 하다. 그러므로 일단 우리는 이러한 현실을 받아들여 나 자신을 타고난 속성에서가 아니라 할 수 있는 것에서 차별화하는 것이 필요하다.

그리고 매우 실망스럽지만 반드시 이를 고쳐 나가야 한다. 나부터 이를 타파해야 하고, 나아가 무슨 일이 일어나거나, 어떤 새 인물만 등장해도 출신학교와 출신지를 쓰고 있는 정부, 언론, 인사들을 비판해야 한다. 나 자신부터 어디, 어느 학교 출신인가를 쓰지 않도록 하고, 어떤 사람과의 관계에서도 이를 고려하지 않도록 하자. 사람은 어떤 순간에도 모두 평등하다. 이것이 가장 기본법칙이다.

나를 건들지 마라. 내 인생에서만은 내가 주인공이다

우리는 이 세상의 주인공이 될 수 없다. 영화에서 보듯이 지구의 영웅, 주인공이 되어 우주의 침략에서 지구를 지킬 수도 없다. 그러나 우리는 자신의 삶의 주인공이 될 수 있고, 되어야 한다. 영화나 소설에서 주인공은 모두가 반대하는데에도, 어떤 난관 속에서도 묵묵히 자기 일을 끝까지 해 나가며 심지어 절벽에서 떨어져도, 총을 맞아도 죽지 않는다. 이유는 간단하다. 그는 주인공이기 때문이다. 주인공에게 총알이 피해 가는 것이 아니고 총알을 피하고 마지막까지 남는 자가 주인공이 되었기 때문이다.

우리가 자신의 삶에서 주인공이 되기 위해서는 누가 뭐라고 해도, 잠시 넘어지더라도 다시 계속 나아가야 한다. 나 자신에 대해서만은, 내 인생에 대해서만은 누구도 간섭할 수 없도록 해야 하며, 자긍심을 갖고 자신을 믿고 끝까지 나아가는 내 삶의 주인공이 되어야 한다.

매일 작은 새로운 것을 만들어라

우리는 살아가면서 일이 안 풀리고 그러면서 흥미도 잃어 가는 이상한 생활의 병을 겪는 날을 만날 것이다. 역시 이것도 바로 한계효용이 계속 체감하고 있기 때문이다. 그런 경우 우리는 새로운 것을 찾아내야 한다. 즉, 부정적인 생각, 현상이 자꾸 일어나기 시작하면 그것은 새로운 습관, 행동으로 옮길 때가 된 것이며, 그렇게 바꿀 필요가 있다. 새로운 것, 새로운 장소를 찾는 것은 바로 나의 한계효용이 최대인 점을 새로이 내 인생에 들이는 것이다.

아무리 좋은 것이라도 남이 하는 대로, 매일 하는 대로 반복하면 감흥을 주지 못한다. 아침에 눈을 뜨면 오늘은 어제와 같은 날이 아닌 다른 날이라고 생각하고, 밤에 잠을 잘 때도 매일 똑같은 날이 아니고 오늘 하루가 다른 날과 달랐던 날이었음을 생각하고 좋아하라. 일주일에 하루 일요일이 있듯이, 우리도 그렇게 나의 매일에서 다른 하루를 정하는 것도 좋다. 그날은 다른 무엇을 하는 것이다. 하여간 새로운 것을 만드는 것은 우리가 한계효용을 올리는 것이다. 나를 새롭게 만들어라. 나, 내가 하는 일, 내가 있는 장소를 조금씩 바꾸어 나가면 한계효용을 올릴 수 있는 것이다. 훌륭한 일, 가치 있는 일, 멋있는 일이라는 그런 의미는 전혀 필요 없으며 그냥 작은 변화를 추구하는 것이면 된다.

인생을 보람 있게 사는 방법은 자신에게 오늘이 마지막 시간이라고 생각하고 하나하나 행동에 나서는 것이다. 부모님과도 이것이 마지막 시간이라고 생각하고 지내는 것이다. 이 시간이 마지막이라고 생각하면 이제 더 이상 존재하지 않는 시간, 즉 마지막 하나밖에 없는 최후의 시간이 되는 것이니 바로 한계효용이 최고로 되는 것이다. 그러니 얼마나 소중한 순간, 소중한 사람이 되겠는가?

매 시간을 마지막 시간이라고 생각한다면 우리는 항상 최고의 한계효용, 가장 큰 기쁨과 행복을 느끼며 지낼 수 있는 것이다.

왜 세계를 지배하던 바이킹은 역사에서 사라졌을까?

1,000년 전 그린란드는 지금처럼 얼음과 눈의 땅이 아니었다. 따뜻하였고

풀과 나무가 있었다. 그러다가 15세기 소빙하기가 지구에 왔을 때 바이킹들은 이에 대해 새로운 변화가 필요하였다. 그러나 그들은 계속 이전과 같이 목축을 이어 나갔고, 스테이크와 감자를 고집하였고, 세련된 유럽의 옷들을 입었으며, 유럽식 건축물을 고집하였다. 모피옷을 입지 않았고, 이글루를 짓지 않았으며, 고래고기와 물고기를 먹지 않았다. 벙어리장갑도 거부하였고, 작살도 거부하였으며, 썰매개도 거부하였다. 그 결과 15세기 그들은 도태되었다. 오늘날 그들이 원시인이라고 괄시하던 이누이트족은 변화에 대응하며 여전히 살고 있지만 바이킹은 사라졌다.

새로운 것으로 나아가라. 항상 끊임없이 변화하고 있는 환경에 맞춰 변화하라.

소비자는 항상 한계효용이 큰 것을 선택한다. 그리고 그것을 선택할수록 한계효용이 체감한다. 그래서 결국 선택한 모든 물건의 한계효용이 같게 된다.

3) 누구나 좋은 말은 할 수 있지만 그는 전문가가 아니다

소비자는 많이 소비하고 싶겠지만 기본적으로 소비자가 쓸 수 있는 총 예산(가진 돈)은 한정되어 있으므로 소비를 마음대로 늘릴 수 없다. 많은 사람들이 이렇게 말한다. "원래 나는 구두쇠가 아니다. 돈만 많아 봐라. 복권만 당첨되어 봐라. 그러면 나는 부모님께 선물도 사드리고 친구들에게 맛있는 것도 사 줄 수 있을 텐데, 그렇게 못하는 것은 나에게 돈이 없기 때문이다. 현재 내가 쓸 수 있는 돈이 부족하므로 내가 할 수 있는 일은 없다."

그렇다. 그것이 현실이고 그래서 우리는 이러한 현실을 직시하는 경제학적 사고에 대한 공부가 필요한 것이다.

그렇다면 경제학적 사고, 경제학이 다른 생각, 다른 학문과 차이점은 무엇일까?

그것은 무작정 좋은 것은 좋은 것이고 좋은 것은 많을수록 좋다는 것이 아니라, 세상의 모든 것, 시간, 돈, 우리 인생 등 모든 것은 제한이 있다는 것을 전제로 우리는 어떻게 해야 행복해질 것인가를 찾는다는 것이다. 세상에는 공짜가 없으며 그래서 좋은 것이라고 하여도 그냥 모두 가질 수 없고 모든 선택에는 반드시 비용이 든다는 것이다. 그래서 경제학을 현실을 가장 잘 반영하고 있는 사회과학의 꽃이라고 하고, 어떻게 할 것인가를 보여 주는 방법론의 학문이라고 한다. 이 책을 읽고 있는 사람들은 누구의 강요도 없이 스스로 이 책을 선택하여 경제학적 사고에 대해, 그리고 경제적 삶과 지혜에 대해 같이 공부하고 있다. 정말 지혜롭고 아름다운 사람들이다.

누구나 좋은 말은 할 수 있다. 그리고 자기 주장을 펼 수 있다. 그러나 그가 비용을 고려하지 않고 말하고 있다면 전문가가 아니다. 그래서 우리 사회에는 전문가가 적다는 말을 하는 것이다. 우리는 전문가가 되어야 하고, 그러기 위해서는 항상 비용을 먼저 고려하고 대안을 말해야 한다.

세상에는 똑똑한 전문가가 많고, 나는 그들만큼 알지 못하니 잘 모르면서 괜히 불평을 말하면 안되는 것일까?

우리는 무엇이든지 조금만 찾아보고 공부해 보면 그동안 TV, 라디오에 나온 전문가라는 사람, 관계자들이 얼마나 엉터리로 이야기하고 있었는지 알게 된다. 그들이 사실은 아주 작은 사실조차도 확인하지 않고 말하고 있고, 또 자신들의 이해, 편향된 감정에 따라 어떤 한 방향으로 결론 내어 주장하고 있는지에 대해 놀라게 된다. 한 예로 TV의 추적 프로를 보면 전문지식이 없는 사람이라도 조금만 더 논리적으로 사실관계를 밟아 나가면 기존의 전문가들이 내린 결론이나 말이 틀린 것을 알 수 있고, 그래서 "아니 도대체 왜 그렇게 결론이 났을까, 왜 그렇게 말했을까, 왜 그렇게 주장해 왔을까"라는 황당한 의문까지 든다.

그러다 보면 "무식한, 문외한인 나도 알겠는데, 왜 그렇지?"라는 의문에서 출발하여 결국에는 "세상에 그렇게 전문가가 없나?" "아니 세상에 이런 간단한 추론조차도 하는 사람이 없나?" "아니 이렇게 틀린 이야기가 버젓이 언급되고 있는데 이것을 바로잡을 수 있는 전문가가 한 명도 없나?"라는 정말 납득하기 어려운 의문까지 우리를 사로잡는다.

아니다. 이 두 가지 생각은 모두 잘못되었다.

첫째는 우선 "나는 전문가가 아니다. 나는 무지하고 저렇게 정치인이나 TV, 라디오에 출연하여 말하는 사람들은 전문가이고 잘 아는 사람들이니 내 생각, 내 의견보다 그들의 이야기를 들어야 한다"는 생각은 틀렸다.

둘째는 그들 중 잘난 척하는 사람도 있지만 사실 전문가도 많다는 것이다. 아니 어쩌면 이미 느끼고 있듯이 세상에는 전문가가 넘쳐날 정도로 많다. 그런데 그들은 왜 틀린 이야기를 버젓이 죄의식이나 망설임 없이 말하고, 또 그냥 묵인하고 있는 것일까? 거기에는 다시 두 가지 이유가 있다. 하나는 우리 사회의 전문가들이 노력하지 않는다는 것이다. 나아가 그들은 자신의 전문 분야보다 다른 분야, 더 인기 있는 잘 나가는 분야까지 끼어들고 싶은 욕심을 부리기 때문이다. 한 마디로 우리 사회의 전문가들이 게으르고 욕심이 넘치기 때문이다. 또 하나는 언론에 자주 등장하는 사람들, 한국의 나서는 지식인들은 그들만의 리그, 카르텔을 가지고 있기 때문이다. 그래서 그들은 서로가 틀린 것을 들어도 묵인하며 동조하거나 모른 척하면서 그들만의 편안한 삶을 즐기고 있다. 이런 카르텔은 인맥, 학맥, 지연, 혈연 등 어떤 형태로든 끈을 연결하고자 하는 그들의 노력으로 견고하게 만들어져 있다. 그래서 잘 나가던 사람이 무슨 잘못된 행동으로 사회적 비난을 받으며 그 자리에서 쫓겨나는 경우를 보면, 그 사람을 욕하면서도 동시에 "불쌍하게도 저 사람은 줄이 없는 사람이구나" 혹은 "그들만의 폐쇄된 카르텔을 위험에 빠뜨릴 수 있는 말을 했구나"라는 황당한 생각이 함께 들곤 한다.

우리는 무식하고 전문가는 유식하다는 것은 분명히 틀린 말이다. 인간에게는 순위가 있을 수 없다. 다만 전문가들은 그 분야에서 더 공부하고 경험을 쌓은 사람일 뿐이며, 따라서 그만큼 우리도 그들과는 다른 분야에서 더 전문가이다. 즉, 사회에서 잘 나가는 사람이 총체적으로 더 나은 것은 없다. 이런 사실을 분명히 인식하고 인정한다면 나를 낮추어 보거나 미워할 필요도 없고 더 존경하게 될 것이며, 나아가 틀린 전문가들을 보면서도 그들이 왜 저렇게 현실, 사실과 틀리는 말을 하는지, 왜 그렇게 생각하는지 인간으로서 이해해 줄 수도 있다.

4) 다양한 인생이 있지만 선택해야 할 것은 하나이다

우리는 가장 효용이 큰 것을 선택해야만 한다. 이때 내가 가진 소득, 예산 한도 안이 소비(선택)가능구역이 된다. 따라서 복권이 당첨되지 않은 가난한 현재에서는 더 사고 싶은 것이 있어도 이 소비가능구역을 벗어나 살 수 없다.

결국 현실의 소득한계를 벗어난 욕망은 단순한 환상이고 꿈일 뿐인 것이다. 따라서 우리가 선택할 수 있는 최대 효용점은 소비가능한도 내에서 가장 높은 효용을 주는 바로 그 점이다. 무수히 많은 선택이 가능하지만 내가 선택해야 할 최종 균형점은 오직 하나가 되는 것이다.

이 세상에 우리가 가야 할 균형, 길은 하나이다. 속담에서 말하는 것처럼 '모로 가도 서울만 가면 된다'는 것은 맞지 않다. 경제학 논리를 알아도, 몰라도 인생에 차이가 없는 것이 아니다. 어느 길로 가든 목표에 도달하기만 하면 되는 것이 아니라, 가장 빠르고 안전하며 효율적인 길을 찾아 그 길로 가야 한다. 우리가 가야 할 가장 적정하면서도 최대 만족을 주는 길은 하나이고, 그 길을 우리는 찾아내야 한다.

자기 불구화 전략

모든 일은 원칙에 충실하면 대부분 풀린다. 물론 인생의 문제도 마찬가지이다. 문제가 꼬일수록 원칙으로 돌아가 생각해 보라.

올바른 길이 있음에도 그 길을 찾지 않고 "나는 돈이 없어," "나는 어학연수도 못 다녀왔어," "내 편은 한 명도 없어" 등으로 핑곗거리를 만들면서 그냥 자기 앞에 있는 길을 적당히 선택하고, 그리고 실패하면 이미 만들어 놓은 핑계 혹은 자신을 탓하는 것을 자기 불구화 전략(self-handicapping strategy)이라고 한다. 이는 심리학적으로 혹은 개인적으로는 자존심을 지킨 행위로 용납될 수 있을지 몰라도 합리적 선택을 찾는 경제학적 관점에서 볼 때는 분명히 잘못된 것이다.

똑같은 것은 없다. 생각하고 좋은 것을 선택해야 한다

우리는 항상 우리 앞에 존재하는 많은 선택지 중에서 가장 나에게 적정한 것을 찾아내 선택해야 한다. 이 세상에 똑같은 것은 없다. 생각 없이 그냥 보이는 대로 선택하면 아주 잘못된 결과를 가질 수 있다.

손가락 2개를 펼쳐 보라. 어쨌든 손가락이니까 어느 2개라도 모두 같은가? 아니다. 집게손가락과 가운데 손가락을 펴면 빅토리(victory), 즉 행운을 빈다는 뜻이고, 엄지손가락과 집게손가락을 펴면 루저(loser), 낙오자라고 비웃는 것이 된다. 똑같은 손가락 2개라도 1개를 엄지손가락을 사용하는가, 가운데 손가락을 사용하는가의 차이가 이렇게 완전히 달라지는 것이다.

남이 그렇다고 하여도 그대로 인정하고 따를 필요도 없다. 누가 상황이 절망적이라고 말한다고 하자. 이를 영어 단어로 desperate라고 한다. 그런데 이 뜻은 '절망적인'이라는 뜻도 있지만 '필사적으로 노력하는'이라는 뜻도 있다. 남에게 절망적이라도 나에게는 필사적으로 노력해야 할 순간이 될 수도 있는 것이다. 이런 예는 무수히 많다. 그래서 '부득이 해야 하는' 상황과 '기꺼이 즐거운 마음으로 하는' 상황, 즉 반대되는 상황을 한 단어로 표현할 수 있는 언어들이 다수 발견된다. 똑같은 상황을 우리는 강제로 하기 싫은 상황으로 받아들일 것인지, 아니면 기꺼이 즐거운 마음으로 할 것인지 스스로 결정해야 한다.

똑같다, 비슷하다고 말하지만 이 세상에 똑같은 것은 없다.

결정에는 언제나 불안감이 따르고 그리고 그 결과는 나쁠 수 있다. 그러니 많이 찾아보고 남의 말을 많이 참고하라. 주위의 사람들은 자신들의 생각과 말을 나에게 전해 줄 것이다. 그러나 부모님, 선생님, 선배, 친구 혹은 위대한 사람의 이야기는 모두 나에게 참고사항일 뿐이다.

내 문제는 내가 가장 잘 알고 있고, 따라서 결정은 내가 하면 된다. 그렇게 하면 결정할 때의 불안감과 달리 나중에 어떤 결과가 나와도 아플 정도의 큰 후회가 없다. 분명히 그렇다. 그런데 남이 하라는 대로 하면 잘못되었을 때 평생 큰 후회가 따른다. 참으로 이상하지만 이것은 분명한 사실이다. 나아가 남의 이야기를 듣고 따라 하여 그 결과가 잘못될 경우 그 사람과의 관계도 나빠진다. 괜찮다고 생각하지만 그렇게 된다. 이 밖에도 세상에서 내가 같이 가면 좋을 사람, 나를 선택해 주어야 할 사람, 나를 평가하는 사람들은 내가 남의 이야기를 듣고 결정하였다고 하면 그것을 나의 신중함이나 겸손함으로 보기보다 나의 나약함으로 받아들이는 경우가 많다.

불안하더라도 나에 대한 결정은 많은 것을 참고하되 최종적으로 내가 해야 한다. 그리고 항상 나 자신과 남에게 "많은 사람들의 이야기를 참고했지만 최종적인 결정은 제가 한 것입니다"라고 분명히 말해야 한다.

깊이 생각하라. 그러나 생각은 짧게 하고 실천에 옮겨라

포유류가 다른 어류나 조류보다 뇌가 더 발달되어 있고 생각하는 능력이 더 뛰어난 것은 알려져 있다. 인간은 포유류 중에서도 가장 뇌의 크기가 크고 사고하는 능력이 뛰어난 동물이다. 그렇게 발달해 온 것이다. 그러니 무슨 일이 생겼을 때 인간인 우리가 가진 가장 중요한 능력인 생각을 해야 한다. 깊은 생각 없이 어떤 일을 해서는 안된다. "무조건 열심히 하면 성공한다"라든가 "걱정하지 말고 무조건 따라하면 된다"라는 말은 인간을 무시하는 아주 잘못된 말이고, 자연적으로도 인간을 조금도 이해하지 못하는 틀린 말이다. 그런 말은 어류나 조류처럼 행동하라는 말과 같은 것이다.

사실 어류나 조류는 사고능력이 떨어져 불행하다. 저자는 어렸을 때 물고기를 잡으러 다녔고 새도 잡았다. 그런데 물고기를 잡을 때 낚싯대에 미끼를 걸어 놓으면 물고기는 아무 생각 없이 그 미끼를 문다. 심지어 낚시를 하다가 물고기를 놓치는 경우가 있는데, 이때 미끼를 물다가 도망친 물고기는 "죽을 뻔하였네. 저것은 나를 잡으려는 미끼이니까 두 번 다시 속지 말고 도망가야 한다"라고 생각하는 것이 아니라 다시 그 미끼를 먹으러 온다. 그리고 결국 잡혀 죽는다. 조류도 마찬가지이다. 소쿠리 밑에 곡식을 놓고 막대기로 받쳐 세워놓았다가 새가 이것을 먹으러 내려올 때 막대기에 연결해 놓은 줄을 당겨 소쿠리를 넘어뜨리면 새가 잡힌다. 그런데 이것이 쉽지 않아 새를 놓치는 경우가 반복되는데, 이때 새들 역시 "죽을 뻔하였네. 저 곡물은 나를 잡으려는 미끼다"라고 생각하는 것이 아니라 소쿠리가 넘어갈 때 잠시 도망갔다가 다시 그 곡물 미끼를 먹으러 온다. 그리고 결국 잡혀 죽는다. 그래서 우리는 닭대가리라며 조류들을 놀렸다.

비가 갠 뒤 길에 죽어 있는 지렁이를 보았다. 지렁이들은 비가 온 후 땅 위로 올라와 호흡을 하다가 해가 나서 물기가 마르면 피부호흡이 곤란해지므로 다시 땅 속으로 들어가야 한다. 지렁이가 목숨을 부지할 수 있는 조건은 다시 땅으로 들어갈 수 있는 땅 위에 있는 것인데, 이러한 조건을 생각하지 않고 콘크리트길 위로 올라와 다시 땅을 파고들어 갈 수 없게 되어 결국 죽게 된다. 그래서 저자는 지렁이들을 흙이 있는 화단 쪽으로 옮겨 주지만, 여전히 비 온 후 아파트에는 죽어 있는 지렁이를 많이 보게 된다. 지렁이는 생각을 하지 않는 것이다.

생각하라. 생각은 인간이 이룩한 가장 소중한 자연의 유산이고, 나의 존재와 같이 가는 것이다. 생각은 우리의 생명, 우리의 삶의 질과 직접 연관되어 있는 것이다. 그러니 아무 생각 없이 하거나 무조건 따르지 말고 항상 생각하고 행동하라.

다만 생각은 깊게 하되 오래 할 필요가 없다. 어차피 인간은 미래를 보거나 생각으로 모든 것을 해결할 수 있는 전지전능한 존재가 아니라 불완전한 존재이다. 나의 고민과 미래의 일은 오래 생각한다고 해서 해결되거나 알게 되는 것이 절대 아니다. 깊게 생각하되 짧게 생각하고 오래 고민하는 시간에 실행에 나서고 그리고 결과를 잘 관찰하면서 수정하라.

항상, 아니 어려울수록 생각은 깊고 짧게 하고 실천에 나서라.

그것 없어도 살아

"그것 몰라도 돼. 그것 없어도 살아." "영어 못해도 안 죽어."

이런 말 자주 듣고 있고, 그리고 스스로를 그렇게 합리화하고 있다.

그럴까?

그렇다. 언어를 몰라도 세계를 여행하는데 지장이 없다. 그러나 우리는 입국장에서부터 고생을 하고 시간을 더 소비해야 한다. 몇 시간을 기다려야 하는 경우도 많다. 그렇게 시달리다 보면 결국 피곤해지고 돈이 더 들고 행복감이 떨어지게 된다. 더구나 우리에게 시간은 가장 중요한 제약조건이 아닌가? 즉, 몰라도 되지만 똑같지 않다.

고민하지 마라. 고민하지 않아도 살 수 있다. 하지만 내가 노력한다면 노력한 만큼 더 행복해진다. 얼마나 좋은가?

2. 우리는 사랑받기 위해 태어난 것이 아니라, 나 자신을 그 누구보다 진정으로 많이 사랑해 주기 위해 태어난 것이다

1) 식당의 밥값이 떨어지면 맥주를 마실 돈이 생긴다

가격이 떨어지면 수요가 늘어난다. 이를 가격효과라고 한다. 그런데 이 가격효과는 두 가지 효과가 합해진 것이다.

하나는 한 물건의 가격이 비싸지면 다른 물건으로 수요를 대체하는 효과로, 이를 대체효과(substitution effect)라고 말한다. 또 하나는 어떤 물건의 가격이 비싸지면 실질적으로 소비할 수 있는 나의 소득이 주는 효과가 나타나는데, 이를 소득효과(income effect)라고 한다. 예를 들어, 어떤 회사원의 월급이 변하지 않았다 해도 매일 점심으로 사 먹는 설렁탕 값이 올랐다면 그 사람의 실질적인 소득은 줄어든 것과 같다. 이제 설렁탕을 못 사 먹는 것이다. 이 경우 나의 소득 예산선, 즉 내가 쓸 수 있는 소득 수준이 아래로 내려오게 될 것이다.

가격이 변동하면 언제나 이 대체효과와 소득효과가 함께 그 합으로 나타난다.

2) 계속 오는 파동과 나의 태도

대체효과, 소득효과가 모두 정상적으로 작용하는 재화를 정상재라고 한다. 즉, 가격이 내린 쪽을 더 수요하는 대체효과, 소득이 증대하면 더 구매하는 정상적인 소득효과가 나타나는 것을 정상재라고 하는 것이다.

그런데 가격이 변동되면 항상 나타나는 대체효과와 소득효과 중 소득효과가 거꾸로 나타나는 재화가 있는데, 이를 열등재라고 한다. 즉, 소득이 오르면 소비를 줄이는 재화이다. 예를 들어, 사람들은 돼지고기를 사 먹다가 월급이 오르면 쇠고기를 사 먹는데, 이때 돼지고기는 열등재가 된다. 그럼에도 대부분의 경우 대체효과가 소득효과보다 커서 가격이 내리면 수요는 증대하는 경우가 일반적이다. 즉, 수요의 법칙이 그대로 적용되는 것이다.

바로 이 열등재 중에서 소득효과가 대체효과보다 크게 되면 가격이 떨어져도 소비가 주는 재화가 나타난다. 이를 기펜재(giffen goods)라고 한다. 예컨대, 정부미는 가격을 내려도 소비가 계속 줄어 재고가 쌓이고 있는데, 이 경우 정부미는 일반미에 비해 기펜재가 된다. 기펜재를 우리는 일상생활에서 파동이 일어나고 있다고 말한다. 배추파동, 고구마파동, 돼지고기파동 등이 바로 그것이다.

현재 한국의 경우 쌀은 가격이 내려도 소비가 자꾸 줄고 있다. 한국인은 밥 힘으로 산다며 쌀을 중시하였는데, 이제는 쌀이 가격을 내려도 소비가 줄어드는 기펜재로 되고 있는 것이다. 나아가 온 국민이 좋아하는 음식으로 삼겹살이 뽑혔지만 가끔 농민들이 돼지고기 가격을 내려도 소비가 늘지 않아 결국 돼지를 버리는 돼지고기파동도 일어나고 있다.

없어서 못 먹던 쌀이 이제 남아돈다

쌀농사를 두고 계속 논쟁이 이어지고 있다. 정부보조금과 관련된 것이다. 실제로 쌀을 사서 밥해 먹는 것이 가장 경제적임에도 불구하고 쌀 소비가 계속 줄고 있다. 통계청에 따르면, 한국인 1인당 평균 연간 쌀 소비량은 60㎏이 안 된다. 관련 조사가 시작된 이래 계속 줄고 있다. 이 정도 쌀 소비량은 30년 전과 비교해도 절반 수준밖에 안된다. 한 사람이 하루에 먹는 쌀은 150g 정도이다. 1인당 하루에 밥을, 30년 전 한 끼 식사분인 한 공기 반씩 먹는 것이다. 1인당 소비량에서 쌀은 계속 줄어드는 반면 3대 육류인 돼지고기·쇠고기·닭고기는 쌀을 넘어섰다. 고기를 쌀보다 더 많이 먹고 있는 것이다.

수입개방은 가격 하락을 가져와 소비자 만족, 소비자 잉여를 증대시키고 수출을 촉진하는 긍정적 영향이 있음에도 한국 정부와 일본 정부가 미국의 쌀과 쇠고기 수입을 막으려고 노력하였던 이유가 바로 여기에 있다. 미국의 싼 쌀과 쇠고기가 대량으로 들어오고, 한국 쌀과 돼지고기는 기펜재로 되어 가격이 떨어져도 수요가 줄어들어 농가에 결정적인 타격을 주기 때문이다. 물론 주요 식량을 외국에 의존하는 것은 피해야 하기 때문이기도 하다.

자신을 낮춘다고 하여 기업과 사람들이 좋아할까? 그렇지 않다. 자신을 빛내고 자랑스럽게 생각하면서 지내야 한다. 함부로 자신을 낮추어서는 안 된다. 이와 같은 행동은 사람들에게 나에 대한 잘못된 판단을 불러일으켜 나의 몸값을 낮추어도, 더 겸손하게 행동해도 나에 대한 수요는 더 줄고 무시당할 수 있기 때문이다.

나는 남보다 노력도 안했고 못난 사람이니 이대로 살아야 한다?
-나에게 끊임없이 열등감과 포기를 조장하는 사회의 유지법칙

우리 모두 스스로 조용히 남과 비교해 보면 나는 참 답이 없다는 생각이 든다. 남들처럼 열심히 공부한 것 같지도 않고, 남들이 다 하는 엄청난 노력도 한 것 같지 않다. 그러니 내가 이렇게 외롭고 돈도 잘 못 벌고 큰소리 못 치는 삶을 사는 것은 내가 뿌린 대로 거두는 것이라는 슬픈 생각이 든다. 정말 그럴까?

아니다. 우리 사회는, 세계의 거의 모든 사회는, 끊임없이 "누구나 노력하면 크게 성공할 수 있다"고 노력을 강조한다. 이 말은, 그 자체는 맞는 말이지만 바꾸어 말하면, 내가 못 사는 것은 노력 안한 내 탓이고 결국 나의 잘못이라는 열등감과 포기를 무의식적으로 계속 심는다. 실제로 어려울수록 이런 열등감이 나를 지배한다. 그러나 이는 현대사회의 상위층, 나아가 사회구조가 사회를 유지하고 현 질서를 지배해 나가는 교묘한 기본적 방법으로 만들어 낸 것이다. 따라서 여기에 속으면 우리는 영원히 지배당한다. 절대 속지 말고 자신의 탓이 아님을 믿어야 한다. 보이지 않는 덫에 빠지는 것은 누구나 그럴 수 있는 것이며, 나쁜 자는 바로 덫을 놓은 자이지, 덫에 빠진 자가 아닌 것이다.

그래서 우리는 인간을 갈라치기 하여 재능, 노력, 그리고 그 결과로서의 임금, 여가 등에서 사회의 이원화를 당연시하는 현재의 사회 관념, 학습, 상식을 그대로 인정해서는 안된다. 사회적 기준, 남의 말과 눈이 아니라 자신에게 떳떳한 행동, 사고를 해야 한다. 결국 이것이 쌓여 나의 긍지가 되고 그 긍지가 바로 자신을 행복하게 만드는 것이다.

명심하라. 그리고 하루 몇 번이고 마음에서 스스로 말하라.

"세상이 무어라고 해도 나는 내 자신이 자랑스럽다고 생각한다."

우리는 사랑받기 위해 태어난 것이 아니라, 나 자신을 적극적으로 사랑하기 위해 태어났다

누구나 한 번쯤은 들어 본 아주 유명한 노래 중에 이런 가사가 있다.

> 당신은 사랑 받기 위해 태어난 사람.
> 당신의 삶 속에서 그 사랑 받고 있지요.

그렇다면 다행이다. 정말 좋겠다. 그런 날이 오기를 학수고대한다.

그런데 정말 그럴까? 이 질문에 다행히 많은 사람들이 그렇다고 대답하지만, 그렇지 않다고 대답하는 사람도 매우 많다. 그리고 이 노래를 들으면서 "사랑받기 위해 태어났는데 나는 왜?" "남들은 다 사랑받고 있는데 왜 나는 사랑을 받지 못하나"라고 슬픔과 우울함에 더 깊이 빠진다.

당연히 이 가사는 매우 좋은 노랫말이고 그래야 하고 그러면 좋겠지만 우리는 이제 현실에서 바로 다음과 같이 알아야 한다.

우리는 사랑받기 위해 태어난 것이 아니라, 나 자신을 그 누구보다 진정으로 많이 사랑해 주기 위해 태어난 것이다. 그리고 그 사랑은 내가 마음대로 무한대로 줄 수 있으므로 나만이 아니라 나와 같이 아픈 다른 사람에게도 줄 수 있다.

3) 과시와 유행

기펜재의 경우 가격이 떨어져도 수요가 준다. 그런데 거꾸로 가격이 오르면 수요가 늘어나는 경우는 무엇일까?

일부 졸부들은 자신들이 부자라는 것을 항상 과시하고 싶어 한다. 다른 도덕성이나 실력으로 인정을 받을 수 없기 때문이다. 그래서 보통 사람들이 갖고 싶어 하는데 가격이 너무 비싸 살 수 없는 물건을 보면 은근히 '너는 못 사도 나는 살 수 있다'라는 것을 남에게 과시하고 싶어 값이 아주 비싼 물건을 산다. 이러한 현상을 소스타인 베블런이 그의 저서 『유한계급론』(*The Theory of the Leisure Class*)에서 '일부 계층들이 과시욕 때문에 비상식적인 소비를 하고 있다'고 지적한 데에서 베블런 효과라고 한다. 사회의 양극화가 진행되면서 불황이 올 경우 이러한 베블런 효과는 더욱 극명히 드러나 사회적 문제로 되기도 한다.

한편, 유행에 편승하여 소비를 하는 형태를 편승효과 혹은 음악을 울리며 지나가는 풍악차를 보고 호기심에 따라가는 효과라 하여 밴드웨건 효과(band-wagon effect)라고 한다. 이러한 현상들은 유행, 과시욕으로 인해 수요곡선이 제자리를 지키지 않고 가격과 상관없이 사는 쪽으로 이동함으로써 일어난 것이다.

유명한 물건이나 인물은 진짜 가치 있고 존중할 만한 대상일까?

화가 뱅크시(Banksy)는 1990년대 이후 세계 곳곳의 거리에 풍자적인 작품을 남기는 그라피티 아티스트로 유명해졌다. 그의 작품은 비싼 가격에 거래되고 있고, 전 세계 유명 미술관이나 부호들에게 각광을 받고 있다. 뱅크시는 이런 세계의 예술계와 사람들을 겉모습, 명성으로만 판단하는 속물이라고 비웃고 있다.

뱅크시는 얼굴과 본명을 공개한 적이 없다. 명성과 사람, 출신을 보지 말고 작품만 보라는 것이다. 그리고 뱅크시는 대단하다고 평가받는 것들이 사실은 진짜 가치가 있어서가 아니라 오로지 명성에 따른 것이며, 또 좋아서 비싼 것도 아니고 싼 것도 나빠서 그런 것이 아니라는 것을 직접 자기 작품으로 보여 주었다. 예를 들어, 뱅크시는 자기 작품에 높은 가격으로 서로 사겠다고 주문이 몰리자 일부러 거리의 무명화가인 척하며 자기 이름을 밝히지 않은 채 그림을 아주 싸게 팔아 보았다. 아무도 사지 않았다. 같은 사람이 그린 그림인데도 말이다. 그리고 이러한 현실을 나중에 인터넷을 통해 공개하였다. 사람들은 작품을 보고 평가하는 것이 아니고 명성으로만 평가한다는 것을 비꼰 것이다. 심지어 뱅크시는 그의 작품 중 판화처럼 똑같은 작품의 일부에 일부러 서명을 넣지 않고 싸게 팔아 비싼 다른 작품과 구별되는가라는 실험으로 역시 사람들을 비웃었다.

우리는 그렇다. 나의 존재도 그렇다. 우리는 빛나는 존재이고 소중하며 아주 귀하게 평가받아야 함에도, 아니 인맥과 지연, 혈연으로 잘 소개받고 좋은 자리에 있다면 높은 평가를 받을 수 있음에도 그렇지 않아 낮은 평가를 받고 있을 수 있다. 나는 분명히 뱅크시의 이름이 붙지 않은 진품처럼 높은 가치를 가지고 있음에도 그 작품에 이름 꼬리표가 붙지 않아 저가로 팔리는 진품일 수 있다. 진짜 나와 다른 값어치로 평가되고 있는 것이다. 공자는 이를 간파하여 "세상 사람이 나를 알아주지 않아도 서운해하지 않으니 이 또한 군자가 아닌가"(人不知而不慍, 不亦君子乎)라고 말한 것이다. 저자는 이 말을 많이 좋아한다.

3. 아무도 손실을 보아서는 안되고 강요해서도 안된다

1) 무허가촌 강제철거와 스쿼터

우리는 민주주의 속에 살고 있다. 민주주의는 다수결의 원칙을 말한다. 이는 벤담(Jeremy Bentham)의 최대 다수의 최대 행복(The greatest happiness of the greatest number of people)이라는 공리주의 사상에서 나온 것이다. 다수결의 원칙은 선, 좋은 것이고 우리는 그것을 믿고 있는 세상에 살고 있는 것이다.

그러나 생각해 보라. 다수가 아닌 소수이지만 그들 나름의 절박한 사정이 있는 소수들의 호소는 어떻게 해야 하는가? 소수들은 항상 다수들을 위해 희생되어야 하는가? 그것이 정당할까? 너무나 안타깝고 없어져야 할 왕따도 결국 다수가 한 명을 괴롭히는 것이니 다수결의 원칙으로 보면 문제가 없다고 말할 수 있을까?

당연히 그렇지 않다. 바로 경제학은 다수결의 원칙을 비효율적 상태로 보았다. 실제로 다수결의 원칙이 우리에게 항상 좋은 결과를 가져다주지 않는다는 것은 투표의 역설로도 확인된다. 다수결의 원칙이 반드시 좋은 결과만을 보장하지 않는다는 사실은 현실에서도 자주 드러나며, 다음의 간단한 모델은 이를 잘 보여 준다.

다수결이 민주주의라고? - 투표의 역설

어떠한 다수결 투표제도도 좋은 것이라고만 할 수 없다. 이는 '투표의 역설'(voting paradox)과 케네스 애로(Kenneth Arrow)의 '불가능성의 정리'(impossibility theorem)로 설명된다. 투표의 역설은 글자 그대로 투표가 역설적 결과를 가져온다는 것이고, 불가능성의 정리는 개별적으로 보면 분명 모순이 없는 분명한 호불호, 선호체계임에도 이것이 집단, 전체로 확대되면 모순 없는 호불호의 일관체계를 만드는 것이 불가능하다는 정리이다.

예를 들어 보자.

부산에서 할아버지, 할머니, 아버지, 어머니, 큰형, 작은형, 누나, 나 그리고 동생까지 포함해서 9명의 식구가 투표를 통해 새로 이사할 동네를 결정한다고 하자. 그런데 할아버지와 할머니 그리고 부모님은 시장이 많고 오래전부터 부산의 중심지로 추억이 있는 광복동을 가장 선호하고, 뒤이어 바다가 있는 광안리, 시내 중심부인 서면 순서로 좋아한다. 반면 형들과 누나는 새로운 젊은이의 거리 광안리를 가장 좋아하며, 뒤이어 서면을 선호하고 뭔가 오래된 광복동은 싫어한다. 나와 동생은 당연 게임장이 많고 모든 것이 편리한 번화가 서면이 가장 좋으며, 뒤이어 광안리가 좋고 광복동은 재래시장이 많아 싫다.

이제 모두가 다수결의 원칙에 의해 투표를 하면 당연히 다음 표와 같이 가장 많은 사람이 뽑은 광복동이 4표를 얻어 광복동으로 가자고 결정하게 될 것이다.

	할아버지, 할머니, 아버지, 어머니	누나, 큰형, 작은형	나, 동생
1순위	광복동	광안리	서면
2순위	광안리	서면	광안리
3순위	서면	광복동	광복동

민주적으로 이루어진 이 투표는 정말 잘된 것일까? 그렇지 않다. 당장 누나와 큰형, 작은형 그리고 나와 동생 5명은 공통적으로 광복동을 정말 너무 싫어하기 때문이다. 그러니 다수결의 원칙으로 하면 4명이 좋자고 5명이 가장 싫어

하는 것을 선택하게 되는 것이다. 분명히 문제가 있다는 것을 알 것이다.

그래서 완전히 싫어하는 것과 아주 많이 좋아하는 것을 반영하기 위해 이제 투표방식을 바꾸어 다수결로 하지 말고 가장 좋은 것을 2점, 두 번째 좋은 것을 1점, 가장 나쁜 것은 완전히 0점으로 하여 투표해 보자고 하면 모두가 정말 좋은 생각이라고 찬성할 것이다. 당연히 이는 좋은 것이다. 즉, 1순위를 2점, 2순위를 1점, 3순위를 0점으로 점수를 주는 좋은 투표를 하는 것이다.

그러면 어떻게 될까? 이렇게 점수를 주고 투표하면 광복동이 8점, 광안리가 12점, 서면이 7점이 된다. 즉, 광안리가 선택되는 것이다. 다수결의 원칙과 너무나 다른 결과에 당황한 가족들은 다시 한번 신중을 기하기 위해 계속 1, 2등인 광복동과 광안리만 두고 투표하기로 하고 다시 투표를 하였는데 그래도 결과는 광안리가 된다. 광복동은 4명, 광안리는 5명이 되기 때문이다.

결국 가족 전체로 보면 광안리가 가장 좋은 선택이라는 것은 틀림없다. 그럼에도 불구하고 그냥 다수결의 원칙으로 하였다면, 즉 우리가 민주주의라고 가장 믿고 있는 방식으로 하였다면 9인 가족 중에서 다수인 5명이 가장 싫어하는 광복동이 선택되는 것이다. 다수결의 원칙이 우리에게 최선이 아닌 것이다.

이런 문제를 해결하기 위해 경제학은 파레토 최적을 도입하였다. 파레토 최적이란 어떤 한 사람도 손해를 보는 일이 없이 한 명이라도 효용이 증가하도록 선택하는 상태를 말한다. 즉, 아무리 다수가 좋다고 하는 다수결의 원칙이라도, 그래서 전체적으로 보면 이익이 된다고 말하여도, 그것 때문에 그 사회의 어떤 사람의 이익이 줄어든다면 전체의 이익이 증대하였다고 할 수 없다는 것이고 파레토 최적이 달성되지 못하였다는 것이다.

예컨대, 도시 무허가촌의 강제철거는 도시 전체로 보면 발전도 촉진시키고 도시도 재정비하여 이익일 수 있겠지만, 반면에 소수 철거민들의 고통은 매우 클 것이다. 그래서 철거민들은 목숨을 걸고 싸우기도 한다. 갈 곳이 없기 때문이다. 하지만 언제나 다수의 발전을 위해서 강제철거가 진행되었고, 그 원리와 명분은 다수결의 원칙이라는 민주주의였다. 최대 다수의 최대 행복이라는 다수결의 원칙은 민주주의라는 이름으로 우리를 지배하고 소수를 몰아내고 있는 것이다.

정치적으로 민주주의가 좋다고 하여도 경제이론으로 보았을 때 이상의 무허가촌 강제철거는 파레토 최적이 달성되지 못하였으므로 잘못된 결정이라고 할 수 있다. 그래서 파레토 최적을 달성하기 위한 여러 조치가 마련되기 시작하였다. 그중 하나가 강제철거 이후 이들 철거민의 손해를 보다 구체적으로 보상하기 위한 대책으로, 아파트 입주권 제공이나 이주비용 제공 등이 마련되어 철거민들의 동의를 얻으며 철거를 진행한 것이다. 이는 파레토 최적을 추구한 것이었다. 대법원은 땅주인이 제기한 외지인 무단 분묘 철거 상고신청을 기각하였는데, 남의 땅임에도 분묘 계속 유지 권리가 인정된 것은 땅주인이 남의 묘를 제거할 경우 묘지 설치자들의 피해가 너무 크기 때문에 파레토 최적을 추구하는 것이었다.

어떤 경우에도 누군가에게 손해를 끼쳐서는 안된다 - 파레토 최적

한국은 분명히 사적 소유권을 중시하는 자본주의 국가인데 남의 땅에 들어와 집을 짓거나 묘를 만든 사람을 벌주고 쫓아낼 수 없는 이상한 나라인가? 아니다. 당연히 한국만 그런 것이 아니다. 사유지에 들어가면 총을 맞아도 항의할 수 없을 정도로 사유권이 보장되는 미국에서도 불법무단점유자를 일컫는 스쿼터

(squatter) 보호제도가 있어 비어 있는 남의 집에 장기간 체재할 경우 그 주거권을 일정 부분 인정한다. 영국 등 유럽 국가에서는 이들 불법점유자를 법적으로 쫓아낼 수 없어 법을 어기지 않고 이들을 쫓아내는 일을 하는 직업도 있다. 이렇게 전 세계적으로 불법무단점유자들이 보호를 받는 것도 쫓아낼 경우 갈 곳 없는 이들의 손실이 너무 크다는 경제학의 파레토 최적 논리가 적용된 것이다.

경제학에서는 보통 이 파레토 최적을 효율성(efficiency)의 개념으로 쓴다. 우리는 효율성을 추구해야 하고, 바로 그 효율성이 누구도 손해를 보지 않고 더 좋은 세상으로 나아가는 상태라고 본 것이다. 앞으로 무슨 일이든 이것이 효율적인가를 따질 때 반드시 파레토 최적을 생각해 보기 바란다. 즉, 아무리 명분이 좋고 이익이 크다고 해도 누군가 한 명이라도 이 일로 손해를 보는 사람이 없는가를 살펴야 하고 그렇게 되게 해야 한다.

파레토 최적은 경제정의와 경제발전의 의미, 경제이론이 추구해야 할 바 등 경제학의 총괄적인 지향점을 제시하고 있다. 나아가 조직 문제, 최근의 환경 문제 등에도 매우 유용하게 사용할 수 있다. 물론 우리들의 모든 문제에도 가장 기본적으로 쓰일 수 있고, 어떤 문제에서든 우리의 현명한 답은 바로 파레토 최적 원리에 기초해야 한다.

2) 정말 아무도 손해 보지 않는 것이 가능해?

정말 아무도 손해 보지 않고 우리가 행복해지는 파레토 최적 상태가 가능할까? 에지워스 박스(Edgeworth box)는 이것이 가능하다는 것을 보였다. 따라서 파레토 최적이 가능하면 이 경우에는 어느 누구도 손해가 없으므로 모두가 이를 받아들이게 되어 '계약'(contract)이 성립되고 사회 전체적으로는 효용이 증대하여 사회는 발전한다.

이제 우리는 계약의 의미를 새로 알게 되었다. 어느 누가 손해를 본다면 아무리 도장을 찍는다고 하여도 그것은 처음부터 계약이 아니다. 원천적으로 계약이 성립되지 않는 것이다. 한 예를 보자. 결혼은 혼인신고를 하거나 혹은 사실상 결혼 상태인 사실혼을 유지하면 정식 결혼으로 인정받는다. 그런데 법원은 분명히 결혼 상태를 유지하였고 혼인신고까지 하였지만 보험을 타낼 목적으로 결혼하였다면 결혼은 성립되지 않았다고 결혼무효 선고를 하여 보험금을 받을 수 없도록 하였다. 그 여자는 처음부터 이용당하는, 즉 손해를 보는 결혼을 하였으므로 원천적으로 결혼계약이 성립되지 않은 것이다.

파레토 최적 그리고 계약의 의미를 알았으므로 이제 이와 관련된 많은 현실을 찾을 수 있다. 넓게 보면 의무적인 최저임금제 같은 것도 마찬가지이다. 노동자가 인간답게 살아갈 수 있도록 사회가 합의한 최소한의 임금을 받도록 하지 않고 그것보다 적은 임금으로 계약을 맺었다면, 아무리 문서로 계약을 맺었다고 하여도 그 계약은 무효이고 최저임금을 주어야 한다. 아직도 한국에서 임금근로자 중 최저임금을 받지 못한 근로자 비율을 뜻하는 최저임금 미만율은 10%를 넘는다. 우리도 항상 이러한 내용을 이해하고 이제 이에 입각하여 계약을 해야 한다.

조화로운 선진사회란 남의 희생을 강요하지 않는 사회이다. 다수의 행복을 위해 소수에게 해를 끼쳐서는 안된다. 소수를 희생시키면서 이루어지는 전체의 행복 증진을 행복으로 인정해서는 안된다. 한국과 미국, 일본, 중국, 이 네 나라는 경제력으로 성공하였지만 경제력에 비해 국민들이 행복하지 못하다. 이들 국가의 공통점이 바로 개인보다 전체의 이익과 전체의 질서를 강조하는 것이 아닐까?

가정을 위해서, 가족을 위해서, 회사를 위해서 희생하라는 말은 어떠한가? 너무나 당연히 우리는 이런 말을 하고, 듣고 있지만 정말 그것이 우리를 위한 길인가? 오히려 그런 말을 항상 하는 사람들이 사실은 가장 그런 선택을 하지 않는다는 것을 우리는 많이 보고 듣지 않았는가? 나쁜 인간들이 이 말을 악용하고 있는 것을 우리는 많이 보지 않았는가?

항상 양보하며 겸손하게 살았더니 또 양보하라고?

영희는 집에서나 밖에서나 학교에서나 직장에서나 언제나 다른 사람에게 양보하고 그들을 존중해 주면서 그들이 하기 싫어하는 힘든 일, 험한 일, 어려운 일을 기꺼이 하였다. 사람들이 싫어하는 일을 보면 '모든 사람들이 이런 일을 싫어 할거야'라고 스스로 생각하고 자신도 싫지만 가족을 위해, 친구를 위해, 동료를 위해, 이웃을 위해 먼저 한 걸음 나서 봉사해 왔다.

그렇게 살아왔더니 언제부터인가 문제가 생기면 가족들이, 친구들이, 동료들이 영희를 보고 "착한 네가 양보해라," "어진 네가 희생해라," "이번 한 번만 더"라고 말하며 영희의 희생을 당연하게 말하고 밀어붙인다. 영희는 도대체 어떻게 해야 할까? 이렇게 항상 혼자 아파하고 힘들어하면서 살아야 하나?

원래 내가 사람들에게 항상 양보하고 그들을 존경하고 그들의 수고를 내가 먼저 나서 덜어 주면서 내 스스로를 낮추면, 모든 사람들이 나를 존경하고 항상 그런 나에게 기회가 되는 대로 은혜를 갚아야지라고 생각해야 한다. 그것이 우리 사회가 유지될 수 있고 발전해 나갈 수 있는 기본 도덕이고 원리이며 우리가 바르게, 겸손하게, 이타적으로 살아야 하는 이유이다. 그런데 현실에서 인간들은, 심지어 내가 가장 사랑하는 사람조차도 나를 낮추면 자기 멋대로 나를 모자라는 사람으로 생각하고 나아가 내가 더욱 자세를 낮추기를 더 원하고 희생을 강요한다. 당연히 잘못된 것이다. 그러므로 이 경우 내가 태도를 바꾸거나 그런 사람들과 같이 하는 관계를 나 스스로 깨야 한다. 아무리 좋은 말로 포장해도 그것은 자연적, 사회적 어떤 형태로도 계약이 성립되지 않는 순전한 악일 뿐이다. 비록 그것이 사랑하는 사람 간이라도, 가족 간이라도, 친한 친구 간이라도, 꼭 유지해야 할 관계에 있는 사람이라고 하더라도 반드시 깨고 나와야 할 것이다.

나를 희생해야만 하는 사람이 아닌, 희생을 강요하는 사람과 동등한 대우를 받는 인간으로 만드는 첫걸음은 나의 선택이어야 한다. 나 역시 똑같이 동등한 인간임을 당당히 선언하고 그렇게 행동해야 한다. 나에게만 희생을 요구하는 상황에서는 분명히 거부의사를 밝혀, 사람들이 더 이상 나를 당연히 전체를 위해, 대를 위해 희생해야 하는 작은 대상으로 대하지 않도록 해야 한다. 내가 그렇게 해야만 나를 포함하여 비로소 진정한 가족, 직장, 사회의 행복이 이루어질 수 있다. 그렇지 않고 이번에도 내가 희생당하고 조용히 넘어간다면, 위태롭게 유지되는 가족, 사회, 직장의 평화와 질서는 시간이 지나면 무너질 모래성일 뿐이며, 결국은 모두가 불행해질 거짓 관계일 뿐이다.

인간의 희생은 의식적, 무의식적인 어떤 상태에서도 이루어지며, 그것은 숭고하다. 인간이 가진 최고의 선이라고 할 만하다. 하지만 대의명분에 의해 강요되거나, 생각할 충분한 시간도 없이 순간적으로 이루어지는 희생이 정당할 수 없다. 만약 희생이 전체를 위해서라는 이름으로 강요되거나 혹은 그렇게 희생은 숭고하다고 계속 교육받음으로써 그것이 쌓여 무의식적으로 희생이 이루어진다면, 모든 사람의 깊은 곳에서 조금씩 아픔이 쌓이게 되고 그것은 결국 모든 사람들에게 불행을 가져다준다.

세계의 거의 모든 국가들이 민주주의를 내세우고 있다. 민주주의 국가가 아니라고 생각하고 있는 북한도 북한민주주의인민공화국이라고 국호를 정하고 있다. 하지만 진정한 민주주의는 다수결의 원칙만으로 이루어지지는 않을 것이다. 영국 이코노미스트의 EIU(Economic Intelligence Unit)는 한국의 민주주의 지수(Democracy Index)가 세계 20위 밖에 있다고 발표하였다. EIU에 의하면 민주주의가 잘 발달한 나라는 미국이나 일본이 아니라 개인을 중시하는 북유럽, 캐나다, 호주, 뉴질랜드이었다.

생산활동과 운명

사회와 균형

06

1. 슬럼프는 누구에게나 온다
2. 좋은 이야기는 누구나 할 수 있다
3. 한 가지만 잘하면 최고가 되는 것이 아니고, 이것저것 하고 있는 산만한 지금의 내가 최고다
4. 따로 움직여도 결국 만나도록 되어 있는 운명

1. 슬럼프는 누구에게나 온다

생산에 투입되는 모든 생산요소는 노동과 자본으로 나눌 수 있는데 여기에서 자본이란 노동을 제외한 공장, 기계, 원료 등 모든 것을 말한다.

언제 어디서 누가 어떤 것을 생산하더라도 자본을 그대로 두고 노동투입량을 늘리면, 처음에는 생산량이 노동투입에 따라 급격히 늘어나지만 어느 시점을 통과하면 노동투입 증가에 비해 생산량 증가는 점점 완만하게 이루어지고 마침내는 생산량이 오히려 줄어드는 것으로 나타난다. 노동투입을 늘리면 어느 지점부터 점점 생산량 증가량이 조금씩 준다는 것, 즉 체감한다는 것은 이해할 수 있지만 생산량이 오히려 줄어드는 것은 왜 그럴까? 이는 자본을 그대로 둔다고 하였기 때문이다. 즉, 공장 크기를 그대로 두고 일하는 노동자수를 자꾸 늘리면 나중에는 공장 안이 너무 복잡해져서 오히려 서로가 방해가 되어 생산이 줄어들 것이라고 생각하면 된다. 실제로 사회주의 경제에서 이런 문제가 발생하였고, 결국 사회주의는 몰락하였다.

우리가 영어공부나 어떤 일을 하면 처음에는 잘된다고 느껴진다. 그래서 이렇게 1년만 하면 영어 능숙자가 되고 어떤 일도 달인이 될 것이라는 꿈에 부푼다. 그런데 계속하다 보면 이상하게 처음 할 때만큼 잘 안되고 발전이 너무 더디다는 것을 느끼게 된다. 흔히 학습곡선(learning curve)이나 성과곡선이 급속히 증가하다가 일정 시점에서 정체되는 고원 현상, 플래토(Plateau) 현상이라고 불리는 자연스러운 과정이다. 이런 현상은 모두에게 나타나는 것이며, 능력이 부족해 생기는 것이 아니니 조금도 이상하게 생각하거나 실망하지 말아야 한다.

이처럼 정상적인 생산구간에서는 노동투입이 늘어날수록 새로이 생산되어 나오는 물량, 즉 한계생산량은 점점 줄어드는 한계생산량 체감의 법칙(수확체감의 법칙, law of diminishing returns, law of diminishing marginal product)이 작동된다. 우리가 사는 세상이 이런 법칙이 적용되는 곳이므로, 정도의 차이는 있지만 한 가지 일을 계속해 나가는 사람은 결국 탈진하는, 더 이상의 생산 증대가 없는 지점에 다다르게 된다는 것은 당연함을 알 수 있다. 우리가 흔히 말하는 슬럼프는 바로 이런 것이며, 누구에게나 나타나는 현상이다. 그러니 슬럼프가 왔다고 당황해할 필요가 전혀 없다.

그러면 어떻게 해야 할까? 한계생산이 체감하는 것은 변화 없이 한 가지 일을 새로운 요소를 투입하지 않고 계속하는 경우에 작동된다. 따라서 일의 내용과 투입하는 요소를 새로이 바꾸면 한계생산이 체감하는 것을 바꿀 수 있다. 이전까지 하던 것과 다른 새로운 변화를 주면 해결된다. 마치 불황이 경제를 망하게 하는 것이 아니라 발전하는 계기를 만들어 주듯이 슬럼프나 플래토 현상은 오히려 나에게 새로운 변화를 고려하게 하는 중요한 계기, 경고가 되는 것이다. 슬럼프나 플래토 현상이 나타나면 새로운 방법을 찾거나 새로운 취미, 새로운 친구를 만들거나 새로운 일을 시작할 때인 것이다.

자신에게 실망하고 자신을 미워하는 것은 진짜 내가 아닌 가짜이다

악마의 존재를 믿는가? 믿는 사람도 많지만 믿지 않는 사람이라도 그런 존재에 대한 이야기를 하곤 한다. 심지어 악마를 믿지 않는 사람도 남에게 심한 나쁜 행동을 하는 사람들을 "악마같다"라고 표현함으로써 악마를 인정하고 있기도 하다.

그렇다면 인간에게 나쁜 일을 하는 악마가 인간에게 하는 가장 나쁜 일은 무엇일까? 답은 여러 가지 있겠지만 저자는 자기 자신에게 자꾸 실망감을 느끼게 하고 자신의 일에 대해 허무감을 느끼게 하여 스스로를 학대하게 하는 일이라고 생각한다. 그러므로 자꾸 자신이 하찮게 느껴지고 자신이 싫어진다면 그것은 사실 자기 자신이 아니라 감히 악마가 당신에게 침투하여 그러고 있는 것이기에 내 자신의 진짜 모습을 찾아야 한다는 것을 분명히 의식하기를 바란다.

자기 자신에게 실망하고 자신을 미워하는 것은 진짜 내가 아닌 가짜인 것이다. 가짜가 진짜를 이길 수는 없으며, 이기게 해서도 안 된다.

웹노믹스, 통신망(네트워크) 효과, 수확체증 효과

웹노믹스(webnomics)란 인터넷상의 웹(web)과 경제학의 이코노믹스(economics)의 뒷글자 노믹스를 합성하여 만든 것이다. 인터넷이 발달하면서 기존의 경제학 이론에서 말하던 것과 다른 현상이 나타났는데, 대표적인 것이 '통신망(네트워크) 효과'와 '수확체증의 현상'이다.

우선 '통신망(네트워크) 효과'란 상품의 가치가 컴퓨터 통신망처럼 접속하는 사람의 수에 의해 결정되고, 또 유명세를 타면 그 접속하는 사람의 수가 폭발적으로 늘어나는 것을 말한다. 이 경우 어떤 것이든 초기 사람들이 많이 접속하도록 유도하는 데 성공하면 그 가치는 거의 독점적으로 유지되면서 매우 커지게 된다.

이제 왜 마이크로소프트(MS)의 핫메일(hotmail)이 기적의 통신 수단 이메일을 무료로 제공하였는지 알 수 있을 것이다. 인터넷상에서 엄청난 거래가 이루어지는 이유와 접속만 하면 공짜, 할인 등을 이용할 수 있는 사이트가 많은 이유, 그리고 사람들이 많이 쓰는 인터넷 주소가 엄청난 돈으로 팔리는 이유를 알 수 있을 것이다. 왜 구글(Google)과 메타(Facebook)가 공짜 서비스를 하는지도 알 수 있을 것이다. 외국만이 아니라 한국의 네이버도 공짜로 클라우드를 제공하고 코스닥 최고 주가를 기록하기도 하였다.

이와 함께 주장된 것이 바로 '수확체증의 효과'이다. IT 등 일부 분야는 처음 제품을 개발할 때는 비용이 많이 들고 생산이 별로 이루어지지 못하지만, 일단 개발에 성공하고 나면 이후부터 비용은 별로 투입 안하면서도 생산이 폭발적으로 증가하는 '수확체증의 효과'가 나타난다는 것이다. 즉, 소프트웨어, HBM 등은 처음 개발에 돈이 많이 들지만, 일단 개발에 먼저 성공하여 대규모 구매체를 확보하면 더 이상 추가적인 돈을 들이지 않고 가치와 생산이 폭발적으로 늘어나게 되므로 시간이 지날수록 수확체증이 작용된다는 것이다. 이제 마이크로소프트와 엔비디아(NVIDIA)의 주가가 왜 그렇게 폭등하였는지 알겠는가?

그런데 이런 인식과 달리 정말 수확체증의 법칙이 작용할까? 만약 그렇다면 이들 IT 관련 회사들은 시간이 지날수록 제품 가격을 깎아 주어야 하는데 오히려 높게 올리고 있다. IT 기업들의 주장은 단기간으로 보면 수확체증의 효과가 작동하는 것처럼 보이지만, 시간이 지나면 다시 추가 개발과 성능 개선에 엄청난 기술과 인력 그리고 비용이 소요되고 신제품 생산은 매우 어려우므로, 결국은 수확제증은 단기적 현상으로만 존재한다는 것이다.

미국은 한때 저물가, 낮은 실업률이라는 안정적인 경제번영을 누렸는데 이를 '신경제'라고 불렀다. 그리고 이 신경제가 나타난 것은 바로 IT 기술의 발전과 이에 기반한 수확체증의 효과가 단기적으로 작용하였기 때문이라고 지적되었다.

2. 좋은 이야기는 누구나 할 수 있다

소비자가 원하는 것은 가능한 많이 가지려고 하듯이, 기업은 이윤이 되는 한 생산을 많이 하려고 한다. 그러나 생산을 위해서는 노동과 자본 비용을 들여야 하므로 역시 비용상의 제약을 갖게 된다. 수요에서와 마찬가지로 이렇게 주어진 제약조건(비용)하에서 최적생산점을 찾아야 하는 것이 바로 경제적 사고가 된다.

제약조건을 먼저 고려하지 않는다면 그것은 경제적 사고방식이 아니다. 흔히 TV나 라디오에 전문가라는 사람들이 나와 교통 문제, 공해 문제, 청소년 문제, 범죄 문제, 의료 문제 등에 대해 좋은 이야기를 한다. 그러나 자세히 들어 보면 많은 사람들이 그렇게 하기 위한 제약조건, 비용 문제를 염두에 두고 있지 않음을 알 수 있다. 예컨대, 청소년 전문가라는 사람이 나와서 청소년 범죄를 줄이기 위해 부모들이 직장에서 일찍 집에 들어가야 하고 파출소를 많이 만들어야 한다고 말하는데, 직장에서 직원들을 일찍 퇴근시키고 파출소를 만들기 위해서는 얼마나 많은 비용이 들고, 그 많은 돈을 어디서 구할 것인가는 고려하지 않고 말한다. 이러한 주장은 가장 기초적인 경제적 사고방식조차 갖추고 있지 못하다고 이야기할 수 있다. 좋은 이야기는 누구나 할 수 있지만 이런 제약조건을 정확히 고려하지 않는 사람은 전문가라고 할 수 없다. 그래서 우리 사회에는 전문가가 아닌 전문가인 척하는 사람이 많다는 것이다.

그러면 우리에게 가장 기본적인 비용은 무엇일까?

시간이다. 이것을 아는 것이 지혜이다. 왜냐하면 이 세상에서 시간만 계속 주어진다면 결국 어떤 일이든 할 수 있기 때문이다. 10번 안되면 100

번, 100번 안되면 1,000번 이런 식으로 계속하면 결국에는 된다. 문제는 시간이 부족한 것이다. 그래서 돌아가도 목적지에 가기만 하면 된다는 말은 틀렸다. 우리는 아무 길이 아니라 가능한 가장 비용이 적은, 즉 시간이 적게 드는 길을 찾아가야 한다. 우리의 삶은 무엇인가 하루하루를 만들어 가는 생산활동이다. 따라서 어떠한 생산활동을 하거나 무엇을 하려고 할 때에도 항상 시간의 문제를 우선으로 고려해야 한다.

인간은 유한적 존재이고, 결국 우리의 행복 문제도 시간의 문제이다.

우리에게 주어진 시간이 제한되어 있기에 우리 인생의 행복도 시간과 관련하여 생각할 수 있다. 우리에게는 살아가면서 좋은 생각이 올 때가 있고 나쁜 생각이 올 때가 있는데, 좋은 생각이 오는 시간을 자꾸 늘려 나가면서 오랫동안 간직하고, 반대로 나쁜 생각을 하는 시간을 자꾸 줄이고 짧게 할수록 우리는 더 행복해지는 것이다. 행복은 독특하고 특별한 것이 아니고, 우리 모두에게 똑같이 주어지는 처음의 출발에서 좋은 생각의 시간을 얼마만큼 늘리고 나쁜 생각의 시간을 얼마만큼 줄이느냐에 의해 결정되는 것이다.

시간 중에서는 지금이 가장 소중한 가치를 가진다. 과거는 지나간 것이고 미래는 불확실하기 때문이다. 일자리를 찾는 것도 마찬가지이고, 우리는 무엇을 할 때마다 돈이 들고 그리고 중요한 시간이 들어간다. 시간제약이 존재한다. 따라서 지금 쓸 데 없는 곳에 시간을 낭비하고 고민할 필요가 없다. 오래 고민하는 것은 분명히 나쁜 것이다. 생각해 보라. mull이라는 영어 단어는 “mull it over”(잘 생각해 봐)라는 자주 쓰이는 용례에서 알 수 있듯이 오랫동안 잘 생각하다(숙고하다)라는 뜻이지만, 동시에 실수, 실패, 혼란이라는 의미를 가진다. 오랜 시간을 거쳐 형성된 언어가 이런 뜻을 가지게 된 것은 사람들이 오랜 경험과 역사를 통해 오래 고민하는 것이 결국 실수이고 실패이며 혼란을 가져오는 것이라는 사실을 알았기 때문이다.

짧게 생각할수록 좋은 것이다. 쉽게 쓸 수 있는 것, 쉽게 할 수 있는 것이 가장 좋은 것이다. 우리는 많은 전자제품 사용에서 이 진리를 확인하였다. 같은 내용의 의견이라면 간결하고 쉬운 것이 좋은 의견이다. 명심하고 항상 자신의 의견을 간결하고 쉽게 나타내도록 연습하자. 그러기 위해서는 수시로 그림으로 설명하는 것이 가장 좋다. 이는 여러 실험에서 확인된 것이다. 항상 무엇을 설명할 때 좋은 그림을 준비해 같이 이용하라.

지금 나에게 주어진 것은 최선의 상태로 주어진 것이다

신은 왜 이리 세상을 불평등하게 만들었을까? 그리고 그 불평등 속에서 하필 왜 나는 나쁜 쪽, 불리한 쪽일까? 왜 세상은 이렇게 엉망으로 만들어졌을까?

이런 회의와 질문이 가끔, 아니 잊지 않고 항상 나에게 찾아올 것이다. 그런데 놀라지 말라. 나만 그런 것이 아니라 인류의 역사에서 이런 생각은 항상 모든 사람에게 있었고, 그래서 이를 고민한 수많은 위대한 철학과 이론이 만들어졌다. 즉, 인류 역사상 가장 뛰어난 업적을 이룬 위대한 사람들도 이 문제를 심각하게 고민하였다는 것이다. 인류를 바꾼 위대한 책으로 항상 가장 먼저 뽑히는 칼 마르크스의『자본론』역시 이에 대한 생각에서 나온 것이다.

그런데 진짜 자연법칙은 불완전한 것일까? 아니다. 이솝은 큰 도토리나무가 그렇게 크면서도 매우 작은 도토리를 만드는 것을 보고 비웃었지만, 그 밑에서 자다 떨어지는 도토리를 맞고 위대한 자연의 은혜를 깨달았다. 열매가 컸다면 큰 부상을 입었을 것이다. 사실이 그렇다. 겪어 보지 않아서 그렇게 생각하는 것이지, 현 상황이 아니었다면 더 나쁜 상황이 존재하였을 가능성은 더 많다. 그래서 오랜 경험을 통해 무의식으로 사람들은 “더 이상 좋을 것도, 더 이상 나쁠 것도 없다”(It couldn’t be better, It couldn’t be worse)란 말을 입버릇처럼 쓰는 것이다.

현재 이 상태인 것은 이유가 있다. 현재 이 상태는 오랜 시간을 통해 가장 적정한 상태, 가장 잘 적응할 수 있는 상태, 가장 손실을 줄일 수 있는 상태, 가장 생존에 유리한 상태로 만들어진 것이다. 현재로서는 가장 필요한 상태인 것이다. 따라서 우리는 이 현재 상태를 잘 이용하면 되는 것이지, 현재의 상태를 원망할 필요가 전혀 없다.

3. 한 가지만 잘하면 최고가 되는 것이 아니고, 이것저것 하고 있는 산만한 지금의 내가 최고다

세상(시장)에 균형은 하나밖에 없다. 우리가 살고 있는 세상이 수요와 공급으로 이루어져 있으므로 그 균형은 당연히 수요와 공급이 만나는 것이다.

수요와 공급이 만나는 것을 찾기 위해서는 수요와 공급을 같은 단위로 표시해야 한다. 그런데 수요는 생산물로 표시하지만, 공급을 나타내는 생산은 생산요소인 노동과 자본으로 표시하므로 단위가 달라 하나로 통합할 수 없다. 마치 무게와 부피가 다른 단위를 사용하므로 함께 표시하고 비교할 수 없는 것과 같다. 따라서 수요와 공급의 균형을 보기 위해서는 공급, 즉 생산을 수요와 똑같이 생산물 단위로 바꾸어야 한다. 이렇게 생산물로 바꾸어 나타낸 생산량을 생산가능곡선(production possibility curve)이라고 한다. 물론 최선을 다해 생산할 때 생산 가능한 생산물의 양을 나타낸 것이라는 뜻이다.

우리는 공급에서 최선을 다한 생산가능곡선을 찾는다. 최선을 다해서 얻어진 결과를 비로소 결과라고 말할 수 있는 것이며, 그렇지 않은 경우 그것은 하나의 사례이고 과정일 뿐, 결과가 될 수 없다. 경제학에서는 항상 최적은 하나밖에 존재하지 않는다고 보는데, 그것은 여러 가지 존재하는 것 중 오로지 하나, 최선을 다한 결과를 의미한다. 나는 최선을 다하지 않는 것 같다고? 아니다. 그것은 자기 불구화 전략이나 한계생산 체감의 법칙 때문에 그렇게 느끼는 것이고 사실은 우리의 지금 상태는 최선을 다한 그 결과이다. 당연히 그렇다. 모두가 순간순간 최선을 선택한 것이 바로 지금이다.

생각할수록 후회되는 지난 시간들

우리는 불만족스러운 현실을 계속 만나게 되고, 그런 가운데 이런 불만족스러운 결과를 가져다준 지난 시간을 후회한다. "왜 나는 그때 그렇게 했을까? 다르게 했으면 좋으련만 …"이라고 말이다. 그리고 지나간 시간은 되돌릴 수 없기에 더욱 쓰라린 마음을 가지게 된다. 그리고 이후 일어나는 일들도 과거에 잘못된 나의 선택 때문에 생긴 것 같고 이제는 고칠 수 없는 일인 것 같아 자신을 원망한다. 자신에 대한 신뢰와 자존심이 줄어들게 되고 결국 자신감을 잃게 된다. 그런데 정말 과거에 내가 그렇게 잘못하여서 지금 나쁜 상황이 생기고 있는 것일까?

그렇지 않다.

현재 내가 생각하는 잘못된 과거는 이미 상황이 달라진 현재 입장에서 그렇게 느껴지는 것이다. 상황이 달라지면, 그래서 환경이나 정보량이나 변수가 달라지면 당연히 다른 생각, 다른 선택을 하게 되므로, 현재의 입장에서 보면 과거의 선택이 잘못된 선택으로 보이게 되는 것이다.

하지만 사실은 과거 내가 잘못하였다고 생각하는 그 순간에는 내가 한 선택이 최선의 선택이었다. 그 당시 선택하지 않았던 것은 내가 못한 것이 아니고 그 선택이 어떤 이유로든 더 나쁘다고 생각하였기 때문이다. 당연히 그러하다. 왜냐고? 인간은 본능적으로 이기적 존재이고, 그래서 주어진 상황에서 모든 변수를 나름대로 해석하여 자신에게 가장 유리한 상황으로 결정하도록 되어 있기 때문이다. 즉, 당시 그 일이 있었을 때의 그 상황에서는 나는 본능적으로 최선의 결정을 한 것이었던 것이며, 따라서 그 시간으로 다시 돌아간다고 하여도 당시 상황에서의 나의 결정은 당연히 동일하다. 그러니 최선의 선택이었으므로 과거의 선택을 후회할 이유가 전혀 없는 것이다.

지난 일로 마음 아파하거나 그리고 그것으로 인해 현재 자신을 자책하거나 미래의 자신을 위해 최선을 다하지 않는 것은 무지한 것이다. 진실이 아니라 속고 있는 것이다.

적극적인 것이 바라는 삶을 만든다
-손바닥이 부딪혀야만 소리가 나는 것이 아니라, 다른 손바닥이 가만히 있어도 한 손바닥이 세게 다른 손바닥을 치면 소리가 난다

우리는 "이해가 안 돼," "전혀 예상 밖이야," "어떻게 저렇게 어울리지 않을 것 같은 두 사람이 잘 어울릴 수 있지"라는 상황을 자주 만난다. 전혀 어울리는 않는 조합이 만나 조화를 이루며 행복을 만드는 것을 자주 보는 것이다.

예를 들어, 사람들의 만남을 보면 성격이 날카로운 사람과 둔한 사람, 앉아서 책 보기 좋아하는 사람과 뛰며 운동하기 좋아하는 사람, 동물을 좋아하는 사람과 싫어하는 사람 등 어울릴 것 같지 않은 사람들이 서로를 아끼며 사랑하는 모습을 자주 본다. 일부 사람들은 사람들이 자신이 부족한 부분을 상대방에서 찾다보니 이런 현상이 일어난다고 하지만, 어쨌든 우리는 이런 사람들의 만남을 볼 때마다 약간의 의아함과 당황함, 나아가 부러움을 갖게 되는 것이다.

이런 부조화가 조화로움으로 바뀌어 연결된 것은 한쪽 사람이 매우 적극적이었기 때문이다. 사실 어울리지 않게 보이는 그 두 사람도 다른 사람들과 똑같이 처음에는 자신들이 어울리지 않는다고 생각하였고, 두 사람이 좋은 만남이 될 것이라고 생각하지 않았다. 그러나 어느 순간 한 사람이 상대방에 대해 적극적인 태도를 갖고 계속 적극적으로 행동함으로써 결국 일반적인 생각을 뛰어넘은 것이다.

그렇다. 내가 적극적이면 이 세상에서 "어울리지 않아, 이상해"라는 상황도 충분히, 아주 자연스러운 조화로 만들 수 있다. 당연히 그렇다.

손바닥이 부딪혀야만 소리가 나는 것이 아니라, 다른 손바닥이 가만히 있어도 한 손바닥이 세게 다른 손바닥을 치면 소리가 난다.

인간의 삶이란 끊임없이 무엇인가를 만들어 가는 생산 과정이고 경제적 삶과 지혜가 찾아낸 생산의 주요한 현실적 의미는 하나의 생산만으로는 충분하지도 성공하지도 못한다는 것이다. 간단히 생각해 보라. 밥만 잘 먹으면 되겠는가? 아니다. 잠도 잘 자야 한다. 공부만 하면 되겠는가? 아니다. 몸도 건강해야 한다. 모든 것이 그렇다.

한 가지만 잘 하면 된다고? 너만 있으면 된다고?

흔히 주위에서 "한 가지만 잘하면 된다"라고 말하지만, 현실에서 하나만 잘하면 반드시 실패한다. 서울우유는 경성우유동업조합으로 출발한 뒤 80년 가까이 매출액 1위를 유지하며 오로지 우유 만들기에 전념해 온 기업이다. 그러나 어느 순간 서울우유는 우유를 넣은 컵커피를 함께 생산하기 시작한 매일유업에 1위 자리를 빼앗겼다. 장기간 오직 한 가지에만 매달린 세계 1위 기업들, 코닥필름, 롤스로이스자동차, 노키아 등도 대부분 몰락하였다. 아무리 오지라도 아무리 공기가 부족한 고산이라도 코닥필름 파는 곳은 있다고 한 코닥필름이나 독재자에게는 팔지 않는다고 큰소리치던 롤스로이스자동차, 세계 최초로 휴대전화를 판매한 노키아가 아니었던가?

한 가지 혹은 한 사람에 의존하는 사람, 어떤 한 가지 일에 집착하는 사람들은 결국에는 행복하지 못하다. 삶, 생산이 얻을 수 있는 최댓값을 얻지 못하기 때문이다.

나에게 한 가지만 잘하면 된다고 말하는 사람은 세상과 역사와 경제적인 삶과 지혜를 모르는 사람이다

한국은 식민지를 겪은 나라이다. 그러면서도 기적을 이룬 나라이다. 그런데 한국과 달리 대부분의 식민지를 겪었던 후발공업국 국민들은 계속 빈곤한 삶을 살고 있다. 도대체 식민지가 무엇이었기에 이토록 가혹한 결과를 가져다 주었을까?

그것은 바로 모노컬처(mono-culture)라는 것이었다. 식민지 모국이 식민지를 만들면 그들의 모든 다양성을 파괴하고 오로지 한 가지만 집중하라고 강요한다. 예컨대, 인도에는 목화 재배만 하도록 만들고 남미 국가들에게는 사탕수수나 커피 등 특정 작물에만 집중하도록 한다. 이는 결국 몰락의 길로 이끌었다. 중남미에서 가장 잘 사는 나라였던 아이티(Haiti)도 모노컬처로 어린이들이 진흙과자를 먹어야 하는 세계 최빈국으로 떨어졌다.

한 가지만 잘하는 것, 한 가지만 하는 것, 이것을 편식이라고 하고 고집이라고 한다. 그러면 건강을 망치고 자신을 망치는 것이다. 주위에서 한 가지만 잘하면 된다고 말하는 사람이 있다면 세상과 역사와 경제적인 지혜를 모르는 사람이다.

선진국 국민들을 보면 많은 경우 우리와 달리 2개의 전공을 가지고 있다. 일도 직업으로 하는 본업과 그리고 전문가 못지않게 잘하고 좋아하는 취미를 가지고 있다. "한 가지만 잘하면 돼"라고 자본주의는 가르치고 있다. 하지만 자본주의 노동자들의 무기력과 소외는 평생 한 가지 일에만 매달려 기계 속의 톱니바퀴(a cog in the machine)처럼 되어 버린 것에 있다. 잊지 말도록 하자. 지금 당장 우리부터 바꾸도록 하자.

어디에도 희망이 없어(NO, NOWHERE)의 의미

안되는 상황, 포기할 수밖에 없는 상황, 희망이 없는 상황을 우리는 NO 혹은 어느 곳(where)에도 길이 없다(no)를 합쳐 NOWHERE라고 한다.

그러나 NOWHERE를 한가운데로 나누어 보자. NOW HERE가 된다. 즉, NO가 사라지고 지금 NOW와 이곳 HERE라는 긍정어만 남는다. 그렇다. 희망이 없어 보이고 절망적이고 포기해야 되는 상황이 온다면 그것은 바로 '지금', '이곳'이 새로 시작할 수 있고 더 잃을 곳이 없는, 절대 더 손해볼 것 없는 시작점이라는 것을 생각하라. 시각과 생각만 바꾸면 간단하다.

안된다는 NO? 우리는 항상 한쪽 면만 아니라 양쪽 면을 보아야 한다. NO를 뒤에서부터 보라. 그러면 NO가 아니고 ON이다. ON은 시작이고 긍정을 나타내는 사인이다. 같은 것 같지만 어디에서 보느냐에 따라 완전히 다른 것이다.

누가 '금지'된 것을 말하면 믿지 마라. '금지'를 거꾸로 보면 '지금'이다. 거기에는 어떤 부정적인 것도 없다. 지금 열심히 하라는 의미이다. 같은 것이지만 보기에 따라, 생각하기에 따라 다른 것이다. 항상 잊지 말자. 그래서 저자와 같이 공부한 많은 제자들이 지금도 NOWHERE를 적어 놓고 어려울 때마다 본다고 한다.

확신과 상관없이 일단 해 보라 - 북극항로 탐험의 비극

아주 오래전부터 동아시아와 유럽을 연결하기 위해 북극해를 넘어가는 북동항로, 북극항로는 반드시 개척해야 하는 바닷길이었다. 그러나 빌렘 바렌츠의 실패 등 북극항로 개척에 대한 도전과 실패는 계속되었다.

이런 도전 가운데 세계사의 풀리지 않는 수수께끼로 남은 사건이 1840년대 북극항로 개척을 위해 떠난 대규모 영국 해군 탐사선 2척의 실종사건이다. 존 프랭클린을 선장으로 한 이들은 철저한 준비를 거쳐 성공을 확신하고 떠났지만 130여 명의 선원과 함께 도대체 언제, 어떻게 사라졌는지도 알 수 없었다.

그러다가 2008년부터 국가사업으로 북극해 탐사에 나섰던 캐나다가 2014년 9월 7일 캐나다 킹윌리엄섬 근처에서 사라진 프랭클린 2척 중 1척을 발견하였다. 과학자들은 이들 2척이 얼어버린 북극해에 갇혔고 모두 굶어 죽었을 것으로 추측하였다. 그런데 당시 왜 이들이 수색대에 발견되지 않았는지, 심지어 당시 북극해에서 살고 있었던 원주민들에게도 발견되지 않았는지 의문은 여전하였다.

과학자들은 대규모 선원들이 전혀 발견되지 않았던 것은 이들이 혹한 속에서 적극적으로 구조를 위해 나서지 않고 배에 그대로 머물렀기 때문이고 굶어 죽은 것은 가지고 간 식량이 모두 떨어졌기 때문이라고 결론을 내렸다. 이는 너무나 안타까운 일이었다. 북극해는 수산자원의 보고라고 할 만큼 어류가 풍부하였다. 그들이 얼음만 깨고 보았다면 충분한 식량을 구할 수 있었지만 이 혹한의 얼음 밑 바다에 생물이 있으리라 생각하지 않은 것이었다. 또한 그들은 그 혹한에 아무도 살지 않을 것이라고 생각하여 적극적인 활동에 나서지 않아 근처에서 활동하고 있던 원주민들을 만날 기회까지 날린 것이었다.

의심하지 말라. 가능성을 자꾸 재지 말라. 그냥 하라. 그냥 하고 보면 하기 전에 전혀 생각하지 못한 수많은 결과가 우리를 기다리고 있다. 그리고 그중에는 생각한 것보다 더 좋은 결과가 반드시 포함되어 있고, 우리는 그것으로 분명히 더 새로운, 더 나은 해결책이 존재하는 행복한 상황으로 한 걸음 더 나아갈 수 있다.

4. 따로 움직여도 결국 만나도록 되어 있는 운명

사회 전체적으로 쓸 수 있는 생산량은 총생산가능량, 즉 생산가능곡선을 벗어날 수 없다. 여기에서 사회 전체의 생산가능량이 전체 소비의 제약선이 됨을 알 수 있다. 따라서 사회 전체의 생산, 공급을 나타내는 생산가능곡선과 사회 전체의 최고 효용을 주는 총소비, 총수요가 만나는 점, 즉 총공급과 총수요가 만나는 점에서 사회적 균형이 달성된다.

각자 따로 움직이는 것 같아도 그것을 이루는 사회적 균형이란 모두 만나도록 되어 있는 것이다. 인생도 하루하루, 각 행동 하나하나가 모두 별개인 것 같지만 결국 만나도록 되어 있다. 그래서 우리는 하루하루, 한 가지 한 가지를 최선을 다하며 살아가야 한다. 세상에 따로 독립적으로 존재하는 일이나 사건은 없다. 자신을 믿으며 열심히 하지 않고, 남을 속이면서도 성공할 수 있는 결과는 없는 것이다.

과정이 결과보다 중요하다고?

흔히 우리는 과정이 결과보다 중요하다고 말한다. 정말 그럴까?

잘난 척하는 사람이 아니라 정상적인 보통의 사람이라면 결과가 더 중요하다는 것은 누구나 안다. 결과가 어떻든 과정이 중요하다는 것은 말이 안된다. 우리에게 중요한 것은 결과이다. 결과가 좋아야 하는 것은 우리 삶의 유일한 희망이기도 하다. 결과가 나쁘다면 내가 이 괴로운 세상을 어떻게 견딜 수 있겠는가?

바로 이 중요한 결과에는 두 가지가 있다. 하나는 지나간 결과이며, 다른 하나는 앞으로 다가올 결과이다. 그런데 이미 지나간 결과는 우리 인간이 어떻게 할 수 없다. 인간의 숙명인 것이다. 그렇다면 우리의 희망은 앞으로 다가올 결과가 좋은 것이길 바라는 것이다. 즉, 과거의 결과를 바꿀 수 없는 한 이제 남은 것은 다가오는 결과가 좋아지도록 확실하게 잡아야 하는 것이다. 다행히 지금 현재에 내가 하는 일이 미래의 결과로 나타난다는 것은 인간이 가진 큰 행운이다.

그러니 지금 가능한 최선을 다하는 것이 당연하지 않겠는가? 이왕이면 좋다는데 거절할 이유가 없지 않겠는가? 인생이 슬픈 것은 한 번 지나간 것을 다시 돌이킬 수 없다는 것이고 그럼에도 불구하고 인생이 분명 아름다운 것은 과거가 어떻게 되었든 언제나 지금부터 새로 하면 되기 때문이다.

절망적이라고 생각되면 한 걸음 움직여라

살다가 절망적인 상황이라고 느끼면 어떻게 해야 할까?

한 걸음 움직여라.

한 걸음 움직이면 분명히 우리는 조금 전과 한 걸음 다른 곳에 서 있는 것이고, 그것은 과학적으로 볼 때 분명히 다른 환경, 다른 조건으로 바뀐 것이다. 우리가 느끼지 못해서 그런 것이지, 한 걸음 옮기면 공기, 바람, 빛, 모든 것이 조금이나마 바뀐 상태가 된다. 현미경으로 보면 심지어 그곳에 존재하는 미생물까지 큰 변화가 있다. 만약 절망적인 상황이라고 그대로 있으면, 아무것도 달라지지 않은 채 그 상황이 계속 유지될 뿐이다. 그 절망적 상황을 만드는 조건들이 변하지 않고 그대로 남아 나 자신에게 저항과 한계를 만들게 함으로써 스스로 나 자신을 가두는 것이다.

과학적으로 환경과 조건이 바뀌면 반드시 결과가 달라진다. 달라진 환경, 조건 그리고 결과가 너무 미세해서 느끼지지 않고 보이지 않을 뿐이지, 과학적으로 반드시 그렇다. 그러니 우리는 절망적인 상황이라면 서 있지 말고 한 걸음이라도 옮겨 환경과 조건을 바꾸어야 한다. 아무리 미미한 변화라도 환경과 조건이 바뀌면 생각하지 못하였던 새로운 생각이나 행동이 이어지는 경우가 많은데, 이것은 놀라운 일이 아니라 당연히 그렇다.

07

세상에는 공짜점심이 없다

공평성과 선택

1. 공짜점심과 외부효과
2. 하면 할수록 힘들어지지만 결국 장기적으로 쉬워진다

1. 공짜점심과 외부효과

정의는 이긴다. 그래서 우리는 불행을 견디어야 한다?

정의는 이긴다. 우리는 항상 이렇게 말한다. 정말일까?

아니다. 현실은 정의가 이길 수도 있고, 불의가 이길 수도 있다. 그럼에도 세계 모든 사람들은 정의가 이긴다고 배우고 그렇게 말한다.

이렇게 정의가 이긴다고 계속 배우고 주입되면 사람들은 정의라는 이름하에서 일어나는 어떠한 비용이나 희생도 참을 수밖에 없다. 정의는 이길 것이고 그 보상을 모두 받을 것이므로 지금 불행을 참아야 한다고 집단적 최면에 빠지게 되는 것이다. 지금 세계에서 진행되는 전쟁을 보라. 그들은 정의라는 이름 아래 어마어마한 희생을 치르면서도 불평이나 반대를 하지 못하고 있다. 왜냐하면 반대하면 정의를 부정하고 매국노가 되기 때문이다. 그래서 나쁜 정치지도자들은 자신에 대한 비판을 억누르기 위해, 항상 정의를 내걸고 전쟁을 부추기거나 지속시킨다.

물론 우리는 정의가 이긴다고 믿고 싶지만 현실과 다른 생각은 경제적 지혜도 아니고 비합리적이다. 왜냐하면 정의와 불의는 그 주체와 대상에 따라 얼마든지 달라질 수 있기 때문이다. 세계 곳곳에서 끊임없이 벌어지는 전쟁의 당사자들은 서로가 자신들이 정의이고 상대방이 불의라고 말한다. 역사적으로 보면 나쁜 인간들, 반인류적인 행동을 한 인간들이 대외적으로 정의를 내세우는 경우가 많았고 특히 나쁜 일을 할 때는 항상 정의의 이름을 앞세웠다. 인류 살상이나 전쟁 등과 같은 반인륜적 범죄자들의 공통점 또한 정의를 대외적 명분으로 내세웠다는 것이다.

그래서 경제학은 어떤 일의 성공이나 정의만을 말해서는 안되며, 먼저 비용을 고려하여 성공과 정의를 이루어야 한다고 분명히 한다. 이러한 차이로 전쟁을 보는 시각도 다르다. 사람들은 어떠한 희생과 비용을 지불하더라도 정의를 실현하기 위해 전쟁은 이겨야 하는 것으로 보지만, 올바른 경제학은 약탈, 죽음, 약자들의 수난 등 전쟁 비용이 감당하기 어려울 정도로 높다면 전쟁 자체를 반대한다.

그러니 자신의 의지에 역행하여 사회에서 통용되는 말을 그대로 받아들여 추상적인 용어나 막연한 이념에 휩쓸려서는 안된다. 또한 일부가 억울한 일을 당하고 괴롭더라도 정의가 결국 이길 것이므로 참아야 한다는 맹목적인 생각이나 행동을 해서도 안된다. 미래의 어떤 명분도 현실을 희생시킬 수 없으며 소수, 약자, 그리고 나를 희생시킬 수 없다.

1) 불황이 오면 오히려 공부하는 사람이 는다

한때 모든 사람들이 대학을 다니려고 하였던 시대, 대학을 졸업하는 것이 곧 출세이던 시대가 있었지만, 이제 앞으로 그런 시대는 바뀔 것이다. 유명한 사람들, 억만장자들 중 대학을 다니지 않은 사람들이 벌써 출현하고 있다.

"대학을 다녀야 할 것인가?" "누구는 대학을 안 나와도 돈만 잘 벌던데 …." 이러한 의문은 앞으로 모든 사람들의 질문이 될 것이다. 이 질문에 답하려면 우선 대학을 다니는 비용을 생각해 보아야 한다. 이를 통해 '선택'의 참뜻을 찾게 될 것이다.

경제학에서 비용이란 기회비용(opportunity cost)을 의미하는데, 이때 기회비용은 바로 어떤 일에 직접 투입되는 현시적 비용과 그 일을 함으로써 잃게 되는 암묵적인 비용을 합한 것이 된다.

기회비용=현시적인 비용+암묵적인 비용

대학을 다니는 비용은 우선 등록금, 책값 등 눈에 보이는 비용인 현시적 비용과 대학을 다니게 되는 동안 돈을 벌 수 없게 되는 암묵적인 비용을 합하면 된다. 한국의 최저임금으로 월 209시간 일한다면 매달 200만 원 넘게 벌 수 있고 한 학기 6개월이면 암묵적 비용은 1,200만 원이 넘으므로 이는 현시적 비용을 합한 것보다 매우 높다.

불황이 오면 오히려 대학원 진학 등 공부하는 사람이 느는 이유는 불황이어서 취직이 안되기 때문이라고 생각하지만 더 엄밀히 말하면 불황으로 어차피 취직이 안되어 암묵적 비용이 안 들어가므로 공부하는 비용이 싸지기 때문이다. 실제로 유럽 경제위기 등 국제적인 불황이 오면 오히려 학원 등록자가 2~3배 늘어나는 현상이 발견되었고, 대학과 대학원 진학이 늘어났다.

현명하다면 보이는 현시적 비용보다 더 큰 비용인 암묵적 비용을 잘 고려해야 한다. 우리 현실에서 항상 염두에 두도록 하자. 세계의 유명 CEO들은 공통적으로 "비용에 정확한 사람이 좋다. 그런 사람을 뽑고 같이 일하고 싶다"라고 말하고 있는데 여기서 비용이 암묵적 비용을 의미한다.

버리면 포기하였던 더 큰 것들을 찾을 수 있다

남편이 폭력적이고 자신을 속임에도 그동안의 모든 노력이 아깝다고 아내는 자꾸 참는다. 가족 폭력이 없어지지 않는 이유이다. 직장 상사와 선배의 폭력을 참고 넘기는 것은 그동안 들인 자신의 노력과 인내가 아깝기 때문이다. 계속 자신을 속이고 이용하는 친구와 지인들을 손절하지 못하는 것도 그동안 쌓은 인간관계라는 이익을 포기하지 못하기 때문이다.

우리는 살아온 인생에서 만들어진 현재 상황을 버리기를 주저한다. 그동안의 노력과 들인 시간, 돈 그리고 버리고 난 다음에 당장 내가 부담해야 할 것들이 너무 큰 명시적 비용이라고 생각해 분명히 버리고 가야 할 새 길을 포기한다.

하지만 참고 넘김으로써 인간으로서 계속 잃게 되는 암묵적 비용, 즉 그동안 포기하여 얻을 수 없었던 암묵적 비용은 그런 명시적 비용보다 크다. 잘못된 것을 바로 그 시점에 과감히 버리면 인간다운 생활과 따뜻한 마음, 자신에 대한 사랑, 그리고 이런 것을 기초로 새로운 상황에서 즐겁게 일하며 벌 수 있는 돈 등 포기하였던 모든 암묵적 비용을 다시 찾을 수 있다. 그럼에도 그 이전의 살아온 인생, 축적된 관계, 당장 현재 쓰고 있는 돈 등이 너무 아깝고 큰일이라고 생각해 그냥 참고 넘어가면 결국 현재는 물론 미래까지 모두 망치게 된다.

우리 모두에게는 최후에 쓸 수 있는 비장의 무기가 있다

인생 항로에서 폭풍이 불고 칠흑같이 어두운 바다를 만나면 어떻게 할까? 다행히 우리 모두는 최후에 쓸 수 있는 비장의 무기를 하나씩 가지고 있다. 견디기 힘들 정도로 괴로울 때는 완전히 쓰러지기 전에 그 상황을 과감히 버리고 벗어나는 것이다. 이것은 실패가 아니고 우리를 살리는 마지막 희망이고 최고의 약이며 장기적으로 인생의 비용을 줄이는 가장 합리적 선택이다. 성공할 가망이 많지 않은데 최후의 시도로 하는, 마지막 희망을 건다는 뜻을 가진 last-ditch라는 용어는 마지막이라는 last와 버린다는 의미에서 나온 명사 ditch가 결합

된 것이다.

어떤 일이든 비용이 든다. 놀아도, 가만히 있어도 비용이 든다

세상의 모든 일은 비용이 든다. 나만의 문제가 아니고 그것이 일반적이고 필연적인 법칙이다. 그러니 내 인생에 주어지는 질문과 문제에 대해 항상 그 비용을 확인하고 고려하여 결정해야 한다.

너무나 힘든 세상이다 보니 일부 사람들은 모든 것을 포기하고 '아무것도 안하고 그냥 놀면 돈도 안 들 것이다'라고 생각한다. 아니다. 노는 것에도 돈이 들며, 오히려 일하는 것보다 돈이 더 드는 경우도 많다. 그러니 놀기 위해서도 돈이 있어야 한다. 유학생들이 많이 이야기하는 "동(動) 즉 돈", 즉 움직이면 돈 쓰니까 가만히 앉아 공부하는 것이 돈을 가장 조금 쓴다는 말은 그래서 나온 것이다.

그러면 정말 노는 것도 안하면 비용이 안 드는 것이 아닐까?

이것도 아니다.

움직이지 않고 가만히 있으면 우선 신체적으로, 나아가 정신적, 정서적으로도 문제가 생긴다. 그래서 건강이 나빠지고 기분이 우울해지므로 이를 고쳐야 하는 큰 비용이 발생한다. 어쩌면 어떤 일을 하는 것보다 훨씬 많은 비용이 발생한다. 실제로 유럽에서는 움직이기를 싫어하여 앉아 있기만 하는 노인들의 의료비 지출이 너무 많아지면서 정부지출이 늘어나자, 이 비용을 줄이기 위한 수단으로 노인들에게 개를 분양하였다. 개에게 밥을 주고 개를 산책시켜야 하므로 움직이지 않는 노인들을 움직이게 함으로써 비용이 증가하는 것을 막고자 한 것이다.

명심하라, 아무것도 안하는 것을 선택한다고 하여도 세상의 모든 일에는 비용이 발생하고 그 비용은 훨씬 큰 비용으로 나에게 다가올 수 있다.

불행히도 이 멋진 인생에서 우리에게 딱 한 가지 숙명적인 것이 있다면, 그것은 바로 한 번 지나간 시간은 다시 돌아오지 않는다는 것이다. 그래서 우리는 제한과 비용이라는 요소를 고려해야 하는 것이고, 그것이 경제적인 삶과 지혜가 필요한 이유이며, 이를 잘 공부하면 우리가 행복해지는 이유이다. 행복의 크기란 결국 인생이란 과정에서 발생하는 비용을 가장 줄이는 것에 의해 결정된다.

우리 인생에서 가장 큰 암묵적 비용인 시간과 여타 비용을 줄이기 위해서는 최단거리를 찾아가야 하며 그러기 위해서는 목표를 명확히 정해야 한다. 중간중간 목표가 달라진다고 하여도 목표를 정해 놓아야 우리는 결국 최단거리로 가게 되어 비용을 그만큼 줄이게 된다. 바다에서 등댓불을 보듯이, 인생에 목표가 있으면 그만큼 표류가 적어지는 것이다. 성공하는 사람들의 습관이 일기를 쓰는 것이라고 하는데, 당연히 일기가 성공을 가져온다기보다는 일기를 씀으로써 내가 지금 목표를 향한 최단거리로 가고 있는가를 매일 점검하고 수정할 수 있기 때문이다.

목표를 정확히 구체적으로 정하면 그것을 달성하고자 하는 인간의 이기적 동기, 이기심에 의해 욕망이 생긴다. 욕망이 있으면 그와 관련된 것들은 이상하게 내 귀에 쏙쏙 들어오고 눈에 잘 들어온다. 그만큼 그 분야의 전문가가 자동으로 되는 것이다. 그래서 결국 가장 적은 비용을 들이면서도 필요한 정보를 장기간에 걸쳐 얻게 되어 면접 등 필요한 시기에 나는 전문가로 인정받아 선택되고 스스로도 성과가 커지는 것이다.

목표를 정하면 또 하나 좋은 것은 내가 목표로 하는 길을 먼저 밟아 간 사람을 통해 비용을 낮추는 방법을 알아볼 수 있다는 것이다. 인간은 자신의 성공한 이야기를 하기를 좋아한다. 그래서 많은 사람들이 TV와 라디오에 출연하고 싶어 하는 것이다. 그러므로 만날 수 없는 사람이 아니라면, 우리는 내가 가고자 하는 길에서 먼저 성공한 사람을 찾아가 묻는 것을 어려워할 필요가 없다. 실제로 이러한 방법은 전문가들 사이에서도 많이 통용되는 방법이다.

중간에 그만두는 것을 두려워 마라

흔히 성공의 요소로 끈기를 든다. 그래서 우리는 알게 모르게 지금의 일이 싫어도 마음에 안 들어도 막연히 "언젠가는 좋아지겠지"라며 싫은 상황을 참고 견딘다. "인내는 쓰고 열매는 달다"와 같은 말은 너무나 많이 듣는 말이다. 그럴까?

적어도 반은 아니다. 미래는 알 수 없다. 따라서 목표를 세워 나가되 뭔가 새로 하고 싶다면, 뭔가 잘못된 것을 깨달았다면 중간에 그만두어야 한다. 중간에서 그만두고 새로운 목표를 세우면 된다. 이 세상에서 가장 맛있는 것을 먹는 방법은 가장 맛있는 것부터 먹으면 된다. 그러면 항상 세상에서 가장 맛있는 것을 먹게 되는 것이다. 반대로 맛있는 것을 아껴 두고 맛없는 것을 먼저 먹으면 언제나 내 앞에 있는 것 중에 맛없는 것만 먹게 된다. 그것이 인생이다. 내가 더 좋아하는 것으로 갈아타지 않으면 견디어야 하는 비용도 점점 높아지고 생산성도 떨어지고 그래서 나의 인생 행복도 줄어든다.

중간에 그만두는 것을 두려워 마라.

무작정 그만두는 것이 아니고 다른 좋아하는 것, 다른 하고 싶은 일이 생겼다면 지금 일을 중단하라. 고민하지 말고 두려워 말고 열심히 하고, 틀리면 그만

두고 새로 열심히 하면 된다.

의심하지 마라. 너무나 잘 알다시피 애플의 스티브 잡스나 엔비디아의 젠슨 황 등 세계에서 가장 성공한 사람들의 특징은 자신의 하던 일을 중간에 그만두고 새 일을 시작하였다는 것이다. 우스운 이야기이지만 젠슨 황의 어머니는 아들이 중간에 직장을 포기하고 다른 것을 하겠다고 하자 굉장히 걱정하고 그냥 다니던 직장을 계속 다니기를 바랐다고 한다.

좋은 결과를 얻고 싶다면 그 일을 나와 관련된 일로 바꾸어라

학교 교실을 보면 매일 열심히 청소함에도 깨끗하지 않다. 당연히 학생과 교실은 많지만 청소하시는 분들은 적으니 그럴 수밖에 없다. 교실을 깨끗하게 유지하는 방법은 수업이 끝나면 그 방을 쓰는 학생들에게 정리정돈 등 간단히 청소를 하게 하는 것이다. 그러면 내가 나중에 청소해야 하므로 찌꺼기를 함부로 버리지 않는다. 또 청소를 해 보면 특히 작은 조각일수록 잘 보이지도 않고 청소가 어렵다는 것을 알게 되므로 작은 찌꺼기를 버리지 않게 된다. 즉, 자신이 쓰는 장소를 자신들이 청소하게 되면 나의 이해가 개입되게 되고, 따라서 그 장소를 깨끗하게 유지하고자 하여 모두에게 도움이 된다.

어떤 일이든 성공하고 싶다면 그냥 도덕적이거나 의무적인 것으로 자신이나 남에게 강요하지 말고 나를 포함하여 관련된 사람들의 이해가 연결되도록 미리 계획을 짜는 것이 좋다.

역경은 인간을 강하게 만들고 젊은 날의 고생은 사서도 한다고?

"역경은 인간을 강하게 만든다," "역경은 인간을 성숙시킨다," "젊은 날의 고생은 사서도 한다" 등의 말을 우리는 자주 듣는다. 역경과 고난을 미화하는 이 말은 맞는 말일까?

당연히 맞지 않다. 역경과 곤란, 고생은 인생을 살아가는 큰 비용, 제약을 의미한다. 모든 행위에서 비용을 최소화하는 것은 합리적 행동이며 당연히 나의 이윤을 극대화시키는 선택이 된다. 만약 똑같은 사과 1개를 사는데 3,000원을 내도 되고, 1,000원을 내도 된다면 당연히 우리는 1,000원을 내고 사과를 살 것이다. 이 당연한 사실과 다르게 현실은 말하고 있는 것이다. 그러니 이는 틀린 말이고, 우스꽝스러운 말이다. 왜 괴로운 것이 좋을 수 있겠는가? 왜 제약조건이 클수록 좋을 수 있겠는가?

우리는 가능하다면 역경, 고생이 적은 쪽을 선택하고 더 고통스러운 방향을 피해야 한다. 그래서 우리는 경제적 삶과 지혜에 대한 공부도 하고 튼튼한 몸도 가꾸고 좋은 생각도 많이 하자는 것이다. 이러한 행위가 우리 삶의 비용을 줄이고 덜 고통스럽고 더 원만한 방향으로 이끌기 때문이다. 이왕이면 괴로움이 적을수록 좋은 것은 너무나 당연하다.

그런데 여기에서 한 가지 고려해야 할 사항이 있다.

통상적으로 좋은 것은 당연히 더 비싸다. 즉, 사과 1,000원짜리와 3,000원짜리는 맛과 질이 다르다. 그러니 비용을 더 들이는 것, 고생하는 것이 그보다 더 높은 효용, 이익을 가져다준다면, 우리는 그 비용, 고생을 지불할 수도 있는 것이다. 즉, 비용 그 자체가 바로 나쁘다고 할 수는 없다. 일부러 더 비용을 지불하고 더 고생하고 더 고난을 겪는 것은 바보들이 하는 짓이지만, 내가 더 좋은 것을 얻기 위해 더 비용을 지불하거나 더 고생을 선택하겠다는 것은 합리적이다. 그리고 그 기준은 나의 만족, 나의 효용이 되어야 한다. 다른 사람들의 생각이나 판단, 가치 혹은 자주 언급되는 "역경은 인간을 강하게 만든다," "젊은 날의 고생은 사서도 한다" 등의 멋있어 보이는 말이 기준이 될 수는 없다.

똑똑하게 공부하여 지혜롭게 되는 방법

비용을 줄이려는 노력은 자연계의 법칙이다. 뇌 역시 항상 저장비용을 줄이려고 노력한다. 그래서 이 세상 모든 좋은 정보들이 들어온다고 하여도 뇌가 하는 일은 하나이다. 그것은 들어온 정보를 빨리 삭제하여 뇌의 저장비용을 낮추는 것이다. 뇌로서는 기억창고를 텅 비게 만드는 것이 바로 운용비용을 가장 줄이는 것이기 때문이다. 따라서 우리가 "무엇을 자꾸 잊어버린다," "공부가 안 된다," "무엇인가 암기해 보아야 금방 잊어버린다"라고 말하는 것은 당연한 것이다. "들을 때는 이해가 되었고 중요한 것이어서 잘 기억하려고 하였는데, 나중에 쓰려고 하면 기억도 잘 안 나고 또 적어 놓은 것도 이해가 잘 안돼요"라고 말하는 것은 우리의 능력과 상관없이 뇌가 효율적으로 그렇게 하기 때문이다.

그러므로 우리는 어떤 일이든 나중으로 미루지 말고 빠른 시간 내에 뇌가 그것을 완전히 지우기 전에 다시 정리하고, 더 중요하다면 더 자주 반복해 정리해 둘 필요가 있다. 그래서 뇌가 "뭐야. 왜 자꾸 이것이 들어오는 것이지?" "이 내용이 자꾸 뇌에 들어오는데 그때마다 저장했다 지우고 또 저장했다 지우고 하는 것보다 그냥 어디엔가 저장해 두는 것이 덜 귀찮고 비용이 적게 들겠어"라고 생각하게 만드는 것이다. 너무나 간단한 것이다.

뇌는 나 그 자체가 아니다. 뇌는 나의 한 부분이다. 뇌의 90%가 사라졌는데도 직장을 다니고 결혼하여 두 아이의 아버지로 정상적인 생활을 하는 남자의 이야기가 과학전문매체 사이언스얼러트에 게재되기도 하였다. 웃으면 신체 기능도 좋아지고 전체적으로 긍정적 신호가 몸에 밴다. 그런데 뇌는 가짜로 웃는 것과 정말 좋아서 웃는 것의 차이도 모른다. 그러므로 가짜로라도 자주 크게 웃으면 우리의 인상과 신체 기능 개선에 도움이 된다. 비용만 줄이려는 뇌에 지배당하지 말고 뇌의 주인으로서 뇌를 지배하자.

2) 매몰비용-이제 나는 더 이상 울지 않을 거야

돌려받지 못하는 지불비용을 매몰비용(sunk cost)이라고 한다. 극장 입장 시 한 번 낸 돈은 영화가 시작되면 돌려받지 못하는데, 이것이 매몰비용이다.

삼국지를 보면 조조가 나온다. 한국에서는 조조가 간신으로 인식되고 있지만, 사실 삼국지의 가장 뛰어난 영웅은 조조이다. 그래서 조조 밑에 충신과 지식인들이 모였고 결국 조조가 세운 위나라가 촉나라와 오나라를 멸망시키는 것이다.

그렇다면 조조의 위대한 점은 무엇일까? 그것은 실패하였을 때 그 실패를 그대로 인정하고 더 이상 하지 않는다는 것이다. 즉, 매몰비용을 정확히 알고 그것을 포기하는 것이다. 그런데 보통 사람은 이것이 매우 어렵다.

어떤 사람이든지 남들이 보기에 한심한 물건을 꼭꼭 간직하고 있다. 그것을 가지고 있다는 것이 모든 면에서 나쁠 때에도 그렇다. 그래서 버리자, 못 버린다로 가족 간 다툼도 일어난다. 주식도 그렇다. 분명히 잘못된 주식을 사서 망하고 있는데도 못 버리고 가지고 있다. 그 결과 소위 개미라는 개인투자자들이 망하고 극단적 일까지 나타난다. 왜 그럴까?

사람들은 "좋아서," "추억이 있어서," "장래성이 있어서"라고 말하지만, 사실은 주식이든 친구이든 신념이든 무엇이든 간에 자신이 시간, 돈, 노력 등 비용을 지불하여 선택하면 선택한 것의 가치가 오른다고 잠재의식적으로 생각하는 경향이 있다. 이를 매몰비용오류(sunk cost fallacy)라고 하는데, 어떤 객관적인 근거가 전혀 없음에도 그렇게 생각하는 것이다. 앞으로 가치가 오를 것이라고 잠재의식적으로 생각하고 있으니 계속 가지고 있으려고 하는 것이다. 당연히 가치가 오른다고 생각하니 심지어 자기가 산 가격을 준다고 하여도 그것을 처분하려고 하지 않는다. 주식을 생각하면 금방 알 수 있을 것이다. 주식을 안하는 사람은 본전만 찾으면 그만두라고 말하지만, 주식하는 사람은 그러지 못하고 결국 망하는 것을 자주 볼 수 있다. 심지어 복권을 산 사람은 이상하게 당선될 것이라는 환상을 갖는다. 이러한 잠재의식적 경향을 행동경제학자 리처드 테일러(Richard H. Thaler)는 소유효과(endowment effect)라고 말하였다.

이렇게 잠재의식적으로 인간은 내가 가지고 있는 것에 대해 집착하고 과대평가하지만, 다른 사람의 눈에는 그렇게 보이지 않는다. 그래서 남의 집착에 대해서는 "야, 쓸모없어. 버려" 혹은 "야, 포기해. 아무 도움 안 돼"라고 잘 말하면서도 자기 잘못, 자기 것은 포기하지 않는 것이다. 분명히 좋아하는 사람이 자기를 파괴하고 있음에도 "좋아질거야"라면서 포기하지 않는 것도 사실은 동일하다.

"이제 나는 더 이상 울지 않을 거야." 영화의 마지막 장면에서 주인공이 자주 독백으로 하는 말이다. 그렇다. 지나간 시간을 괴로워하거나 아까워하거나 후회하는 것은 매몰비용에 빠져 있는 것이며 실수를 하고 있는 중인 것이다. 조조처럼, 영화의 주인공처럼 매몰비용은 과감히 포기해야 한다. 그러면 곧 좋은 미래가 온다. 이런 사실을 알고 믿고 노력해야 할 수 있다.

아직 나에게 닿지 않았을 뿐, 지금도 내 인생의 빛은 계속 분명히 나에게 오고 있다

지금 인생이 앞이 안 보이고 어둡다고 초조할 필요가 없다. 왜 그럴까?

첫째, 보이지 않아도, 깜깜하게 아무것도 보이지 않는다고 하여도 아무것도 없다는 뜻이 아니기 때문이다.

우리는 우주에 살고 있는데 우주는 깜깜하고 어둡다. 사실 우주에는 빅뱅 때 만들어진 빛이 꽉 차 있지만 우주팽창으로 빛의 파장이 점점 길어져 보이지 않기 때문이다. 보이지 않는다고 없는 것이 아니다. 1990년 NASA는 허블 우주망원경을 발사하여 허블 우주망원경의 시대를 열며 은하계 관측에 들어갔다. 이후 허블 우주망원경은 지구를 돌며 관측 업무에 들어갔지만 고정된 궤도만을 돌고 있었고, 그 위치를 조금이라도 바꾸는 것은 매우 어렵고 천문학적인 비용이 들었다. 그런데 어느 날 한 사람이 이렇게 말하였다.

"우리가 보고 있는 우주는 깜깜하다. 아무것도 없는 깜깜한 빈 공간이다. 그런데 이 깜깜한 빈 공간을 허블 우주망원경으로 찍어 보면 어떨까?"

그 과학자의 말을 모든 사람들이 비웃었다. "깜깜한 빈 공간을 찍기 위해서는 허블 망원경의 위치를 옮겨야 하고 그것은 엄청난 비용이 드는데 깜깜한 공간을 왜 찍자는 것인가"라고 말이다. 그런데 허블 망원경의 단순관찰에 싫증을 느낀 사람들의 호기심으로 뭔가 새로운 시도를 해 보자는 분위기가 형성되었고, 그래서 아무것도 없는 그 깜깜한 빈 우주공간을 찍어 본 결과 놀랍게도 3,000개가 넘는 은하가 발견되었다. 이로써 드디어 본격적인 우주탐사의 시대가 열리게 되었다.

세상에는 보이지 않고 깜깜해도 사실은 내가 생각하는 이상의 것이 이미 존재하고 있는 것이다. 희망, 미래가 보이지 않는다고 없는 것이 아니다. 내 눈에 보이지 않을 뿐 분명히 이미 나를 기다리고 있다.

둘째, 깜깜한 것은 시간이 아직 안되어 나에게 빛이 도착하지 않았기 때문이다.

우주가 깜깜한 이유는 빅뱅 때 만들어진 빛이 아직 지구에 도착하지 않았기 때문이다. 우주는 빛으로 가득 차 있다. 하지만 지구에 있는 내가 보지 못하고 있고 아직 그 빛이 나에게 오지 않았을 뿐이다. 하지만 분명히 지금 나에게 오고 있다. 그것은 과학적으로 확실한 사실이다. 초조할 필요가 없다.

예약금이 아까워서 해야만 한다?

등산모임에서 회장이 연말 '레스토랑 파티'를 한다고 해서 논쟁이 붙었다. 반대가 많았지만 회장은 이미 예약금을 주었으므로 해야 한다고 말한다.

이미 지급한 비용으로 돌려받지 못하는 비용, 즉 매몰비용을 생각하여 "이미 준 돈 때문에 해야 한다"는 것은 비합리적인 결정이 될 수 있다. 왜냐하면 '레스토랑 파티'를 안하면 더 많은 추가비용이 들지 않고, 또 그 시간에 다른 중요한 일을 할 수 있으며, 그 시간에 일을 해 예약금 이상의 돈을 벌 수도 있을 것이다. 등산회장처럼 누구나 매몰비용만 생각하고 추가적인 비용, 그리고 보다 중요할 수 있는 비용 등은 고려하지 않는 오류를 범할 수 있다.

원망하며 사는 것은 큰 비용이다 - 언더독 효과

잊지 못하는 화나는 일이 있다. 생각할수록 억울하고 잊으려 해도 자꾸 생각난다. 복수하고 싶다. 그 순간으로 돌아가 복수하면 행복해질 것 같다.

이렇게 잊지 못하고 계속 생각하며 원망하는 것은 언더독(underdog) 효과, 즉 약자의 심리에서 오는 것이다. '자신이 당했다는 생각'이 바로 그 원인인 것이다. 자신이 강자라면 '참 웃기는 일이 있었군'이라고 생각해 이런 원망이 오래 가지 않는다. 그러므로 이렇게 오랫동안 잊지 못하고 원망하는 것은 자신을 무력화시키는 큰 비용이다.

인류 최고로 지칭되는 솔로몬의 지혜는 "이 또한 지나가리라"(This too shall pass)는 것이다. 나를 괴롭히는 시간과 정도의 차이일 뿐, 모든 일은 지나가기 마련이다. 오랫동안 원망하며 사는 것은 엄청난 비용을 오랫동안 매일 지불하며 사는 것이며, 가장 큰 지혜는 이를 잊어 비용을 없애는 것이다. 이미 고대부터 지혜로운 자로 명명된 위인들은 공통적으로 이를 지적해 왔다.

한국에서 대학을 다니는 것은 여전히 필수적인 면이 있다. 내 생각, 내 자질과 상관없이 대학을 나오지 않았다는 이유 하나만으로 당하는 불이익이 너무나 크기 때문이다. 당연히 이러한 편견이 빨리 깨지는 것이 진정한 선진국이 되는 것이다. 우리도 대학 나오지 않은 것이 아무런 제약, 나의 비용이 되지 않는 그 날을 기다리도록 하자. 곧 올 것이다.

내가 지불한 비용에는 내가 찾을 수 있는 이익이 들어 있다

서민들의 인기를 독차지하였던 TV 드라마 「서울의 달」에 나오는 장면 중 다음 내용이 있다.

> 방학이라고 즐거워하는 딸에게 선생님인 아버지는 웃으며 말한다.
> "너희들은 돈을 내도 방학이라고 좋아하는데, 우리 선생님들은 방학인데다 돈까지 받으니 얼마나 좋겠냐?"

우리는 내가 낸 비용의 가치인 이익을 당연히 스스로 찾아야 한다. 그렇지 않다면 사과 사러 가서 돈만 주고 사과를 가져오지 않는 것과 같다. 이렇게 돈만 내고 권리를 주장하지 않는 것은 비용을 과소평가하기 때문이다. 극단적으로 우리가 엄청나게 비싼 돈을 미리 주고 극장표를 샀다면 아무리 비가 와도 영화를 보러 가지 않을까?

우리가 내는 세금은 적지 않다. 많다. 생각해 보라 국회의원들이 받는 저 많은 돈과 혜택이 어디에서 나오겠는가? 그러니 정부에, 국회의원에 당연히 우리의 권리를 요구해야 한다. 그리고 정부가 제공하는 각종 혜택을 잘 챙겨서 받아야 한다. 현재 정부가 주는 혜택의 많은 부분을 약삭빠른 사람들은 찾아내어 심지어 몇 번을 반복해 받아 가지만 많은 사람들이 그 혜택을 받지 못하고 있다. 출산장려로 들어간 그 어마어마한 돈들은 도대체 어디로 간 것일까?

매일의 생활에서 비용을 정확히 계산해 들어간 만큼 내 이익을 주장하고 챙길 줄 아는 합리적 생활태도를 갖도록 하자.

그냥 밀려다녀도, 느려도 최강의 경쟁력을 가질 수 있다 - 고민보다 일단 천천히 시작하는 것이 비용을 낮추고 성공한다

6억 년 전에 등장하여 지구에서 가장 오래 된 생존 생물 중 하나가 해파리이다. 심지어 '투토프시스 누트리쿨라'라는 해파리는 잡아먹히거나 병들지 않는다면 죽지 않고 영원히 산다고 알려져 있다. 이렇게 생존력이 높은 해파리인데, 다양한 종류의 해파리 중 스스로 나아갈 수 있는 능력을 가진 해파리는 극소수에 불과하다. 즉, 지구 최강의 생존능력을 가진 해파리 대부분은 스스로 할 수 있는 것이 없이 그냥 물이 흐르는 대로 떠다닐 뿐이다. 또한 느린 동물의 상징인 거북이는 지구상에서 가장 장수하는 동물의 하나이며, 거북이 중 느린 거북이일수록 노화율이 낮다고 한다.

이 자연현상은 무엇을 말하는 것일까? 반드시 남보다 뛰어나야 생존력이 높아지는 것이 아니라는 것이다. 자연의 속도에 맞추어 순리대로 몸을 맡기고 천천히 사는 것도 잘 사는 것이고 경쟁력이 높아지는 것이라고 볼 수 있지 않을까? 그러니 본인이 능력이 없다고, 무슨 일이든 잘 모르고 더디다고 경쟁에서 질 것이라는 생각은 자연에 대한 무지가 된다.

발전한다는 것은 완전해질 때까지 신중히 기다리는 상태가 아니고 대충이라도, 느리더라도 일단 시작해 보는 것이라고 할 수 있다. 실제로 많은 증언에 의하면, 한국의 첫 국제경쟁력 1위로 올라선 조선공업은 충분한 준비 없이 대충이라도 만들어 보자고 출발함으로써 성공을 이룬 것이다. 완전할 때까지 연구하고 고민하고 신중했으면 한국의 조선공업은 출발하지도 발전하지도 못하였을 것이다.

그렇게 일단 시작하였다가 잘못되면 어떻게 하나라는 고민이 있는가?

문제가 없다. 잘못하여 몸이든 마음이든 아프고 상처가 나면 그것은 약점이 아니다. 상처는 방어를 하고 살아남아 나의 일부가 되고 경험이 되고 장점이 된다. 아프고 상처가 나야 그곳을 봄으로써 아픈 원인도 알 수 있고 치료제도 처방할 수 있다. 결국 아프고 상처가 나야 살아남을 수 있는 것이다. 이것은 예방주사를 맞으면 면역기제가 작동하여 몸을 건강하게 지킬 수 있는 것과 같은 것이다.

오히려 나의 약점은 멀쩡한 곳, 아직 한 번도 상처가 나지 않은 곳이고 그곳은 언제 어디서 어떻게 반응할지 불안한 상태이다. 이곳은 면역기제가 작용할지 아니면 바이러스 공격에 염증이 심해져 죽을지, 면역기제가 방어를 포기할지 전혀 알 수 없다. 실제로 오염되지 않은 깨끗한 환경에서만 사는 사람들은 면역성이 매우 낮다.

따라서 잘 생각하여 잘할 준비가 다 되면 하겠다는 것은 지금 안하겠다는 뜻이고, 결국 시간만 지나 아무것도 못하게 된다. 이것이 세상을 지배하는 원리이다.

잘난 척하라, 비용이 들지 않는다. 오히려 장기비용을 낮추어 준다

이 세상에서 잘 나간다는 사람들, 세계지도자, 장관, 국회의원, 회장님과 보통 사람들의 차이는 무엇일까? 그것은 잘 나가는 사람들은 자신을 믿고 자신을 잘난 사람으로 보이려고 애쓰며 그렇게 행동한다는 것이고, 보통 사람들은 잘난 척하려고 하지 않고 겸손하다는 것이다.

그러지 말자.

스스로 '나는 도덕성이 높고 법을 잘 지키고 착하게 살며 주위 사람들을 도와주고 열심히 내 일을 미리미리 한다'라고 생각하고 기회가 되면 그렇게 이야기하고 행동하는 등, 언제나 징그럽게 잘난 척해 보자. 스스로 예쁘다고 생각하고 거울도 자주 보고 양치질도 자주 하는 등 잘난 척해 보자. 술도 마시다가 취했다 싶으면 오늘은 그만 마시겠다고 말하고 집에 가서 책 좀 읽고 자야겠다고 잘난 척해 보자. 모르는 사람들을 만나면 잘난 척 이야기도 먼저 이끌어 나가 보자.

이 모든 잘난 척은 비용이 안 드는 것이다. 스스로 잘난 척하는 것은 돈이 들지 않는다. 정말 잘난 척 용기를 내 볼까 말까가 아니라 그렇게 해야 한다.

그렇게 계속 잘난 척하면 자신도 모르는 사이에 진짜로 그렇게 하려고 하게 되고, 우리의 얼굴이나 행동, 심지어 근육도 그렇게 변하게 된다. AI 면접으로 사람의 얼굴, 미세한 행동까지 세세하게 분석해 보겠다는 것은 바로 이러한 원리에 입각한 것이다. 그러면 사람들이 나를 함부로 대하지 않고 자신감과 자부심이 있는 사람이라고 평가해 나의 사회생활에서의 장기적인 비용도 낮아진다.

저자는 대학에서 강의하며 항상 학생들을 존경한다는 의미에서 넥타이를 맨다. 귀찮게 와이셔츠를 다려 입으면서 매일 넥타이를 매는 것은 나보다 젊은 학생들이지만 이들에게 나의 존경과 사랑을 보여 준다는 스스로의 작은 약속 때문이다.

그러나 사실 한국의 대학에서 이제 넥타이를 매고 강의하는 교수들은 거의 없다. 귀찮고 힘들기 때문이다. 그런데 재미있는 사실은 많은 실험 결과 학생들은 넥타이를 매고 면도를 잘하고 단정한 차림으로 강의하는 교수보다 허름한 옷을 입고 수염을 깎지 않은 교수들이 더 실력이 있고 지위가 더 높은 사람이라고 생각하는 경향이 있는 것으로 나타났다.

이는 단순히 교수들에게만 적용되는 것이 아니고 사회의 일반적인 경향으로도 나타난다. 예컨대, 일반대중들은 사회적 규범이나 도덕을 파괴하는 사람들 흔히 말하는 룰을 깨는 사람들(rule-beakers)을 더 지위가 높고 능력 있는 사람으로 평가한다는 것이다. 그 사람의 지위에 따른 일종의 자신감이나 혹은 규범이나 도덕을 지키지 않아도 될 정도로 높은 지위를 가지고 있기 때문이라고 생각한다는 것이다. 그렇다면 겉모습이 수수한 사람들이 오히려 자신을 더 과시하기 위해 그렇게 하고 다니는 것일 수도 있다. 혹은 거짓으로 지위가 높고 능력 있는 사람으로 보이려고 일부러 사람들이 보는 앞에서 사회적 규범을 어길 수도 있다.

보이는 것이 전부가 아닌 것이다.

재미있는 것은 실제로 실험과 조사 결과, 지위가 높은 상위층일수록 속임수와 편법을 많이 쓰고, 협상에서 유리한 점을 얻기 위해 거짓말을 많이 하며, 비윤리적인 결정을 더 많이 하고, 심지어 남의 귀중한 자산을 갈취하는 일이 더 많은 것으로 나타났다. 한때 기업 회장이 평사원으로 위장해 사원들을 평가하는 TV 프로가 유행한 적이 있다. 유명인이 거지로 변장하여 길거리에서 사람들을 만나 친절을 베푸는 사람에게 큰돈을 상금으로 주는 프로그램도 있었다. 그런데 대부분의 사람들이 겉모습만 보고 그 회장이나 유명인을 알아보지 못하였다. 보이는 것에 너무 의존해서는 안되며, 단순히 보이는 것만으로 판단하고 결정하면 나중에 큰 손실을 안겨 줄 추가적인 큰 비용을 치르게 될 가능성이 크다.

신은 나만 미워하고 불쌍하게 만들 정도로 부지런하지 않다

괴테가 쓴 『파우스트』는 인류에게 가장 많이 회자되는 소설 중 하나이다. 여기에서 늙은 철학자이면서 화학자인 파우스트는 인생에 대한 회의에 빠져 악마에게 영혼을 팔고 젊음과 쾌락을 얻지만 결국에는 지옥으로 끌려간다. 이 소설이 오페라로 만들어지고 인류에게 큰 울림을 준 것은, 바로 우리의 현실이 그러하여 누구나 공감하기 때문이다.

세상에는 공짜가 없다. 이해할 수 없는 도덕적 결함을 가지고 있음에도 주위에서 잘 나가는 사람들은 사실 악마에게 영혼을 판 사람과 같다. 그러니 결코 이들을 부러워할 필요가 없다. 현실이 고단해지면 주위에 출세한 사람들을 보며 부러운 마음이 드는 것은 당연한 일이지만, 출세한 사람들의 좋아 보이는 모습은 우리가 보는 그들의 일부이고 외형일 뿐 사실은 분명히 다를 수 있다. 실제로 저자는 모든 것을 가진 것처럼 보이는 소위 잘 나가는 사람들이 혼자서 울고 있거나 내면적으로 괴로워하는 것을 너무나 많이 보았고 보고 있다.

신은 모두를 공평하게 창조하였고 공평하게 대하고 있는 것이 맞다. 적어도 인류의 역사를 보면 신은 인간에게 차별을 줄 정도로 부지런하지 않은 것이 분명하다. 신은 그렇게 부지런하지 않다.

나만 왜 이럴까?

주위의 이야기를 들어 보면 모두 잘 살고 있다. 해외여행을 갔다 온 사람들이 넘쳐나고 인터넷을 보면 많은 사람들이 자신들의 삶을 자랑스럽게 보여 주고 있다. 결국 나만 왜 이럴까라는 생각이 자연스럽게 든다.

정말 그럴까? 아니다. 사람들은 기억을 끊임없이 바꾼다. 오래된 것은 물론이고 바로 조금 전에 있었던 생생한 일조차 바꾸기를 좋아한다. 너무나 많이, 어떤 노력도 없이 그냥 자연스럽게 그렇게 바꾼다. 물론 이는 인간의 괴로움을 잊게 만드는 기제가 작동하는 것으로 신이 내린 선물이라고도 한다. 그럼에도 이러한 기억의 왜곡과 과장은 심각한 문제이어서, 증인이라고 나와 이야기하는 사람들의 잘못된 말도 본인들이 그렇게 바꾼 기억을 사실로 믿고 하는 경우가 많다.

그러니 남의 멋진 이야기를 자신의, 나의 인생에 넣어 비교하지 말자. 나의 귀중한 인생은 그들의 거짓과 달리 진실이고 당연히 세상에서 가장 귀한 것이다. 어떤 경우에도 결코 거짓과 진실은 그 자체로 대비할 수 없는 것이다.

3) 거래비용 - 비싸도 구내식당을 이용한다?

어떤 거래를 할 때, 사전에 그 거래에 대해 조사를 하여야 하고, 그 거래가 나에게 정말 이익인가 생각하고 전략도 짜야 하며, 또 거래를 위해 찾아가고 만나야 하는 등 여러 가지 비용이 부수적으로 수반된다. 즉, 시장에서 거래가 일어나기 위해서는 지불해야 할 가격만이 아니라 부수적인 여러 비용이 들어가는 것이다. 이를 거래비용(transaction cost)이라고 한다.

예컨대, 구내식당의 밥값이 5,000원이고 15분 정도 걸어가면 있는 내가 아는 식당의 밥값이 4,000원이라면, 수요의 법칙에 의해 우리들은 당연히 4,000원에 밥을 파는 식당에서 밥을 사먹어야 하지만 그렇지 않은 경우를 자주 본다. 왜냐하면 4,000원짜리 밥을 파는 식당에 가기 위해서는 30분 정도의 시간을 더 투입하여 갔다 와야 하고, 이는 시간을 아껴 무엇인가를 해야 하는 우리들에게 큰 비용이다. 이것이 바로 거래비용이고 그 거래비용이 높기 때문에 구내식당에서 그냥 5,000원짜리 밥을 먹는 것이다.

거래비용은 왜 사회에서 무수히 많은 조직과 제도가 만들어져 있는가를 설명하고 있으며, 발전이란 바로 사람들이 사회에서 끊임없이 거래비용을 낮추기 위해 노력하고 그것을 실현시키는 것임을 보여 준다. 실제로 이 개념을 도입한 코스(Ronald Harry Coase, 1991년 노벨경제학상 수상)는 현재 시장의 가장 중요한 조직인 기업의 성립을 거래비용 때문이라고 설명하였다. 거래비용경제학(transaction cost economics)이나 신제도경제학(new institutional economics)은 바로 이 거래비용을 핵심으로 하고 있다. 최근 IT의 발전으로 거래비용이 대폭 낮아지면서 제도와 조직의 변화까지 나타나고 있다.

우리가 지금 중요한 지혜와 지식, 경험을 쌓아 두면 그것이 당장 어떤 일에 도움이 안되더라도, 사회의 변화와 요구에 잘 대응할 수 있는 자산, 즉 거래비용을 낮추는 자산이 된다. 자신을 변화하는 환경에 잘 대응할 수 있는 인간, 언제나 거래비용을 낮출 수 있는 인간으로 만들어 두면 어떤 조직이든 그런 나를 적극적으로 찾고 환영할 것이다. 경력자를 우대하고 인턴 등 경험을 중요시하는 것은 바로 기업들이 거래비용을 최대한 낮출 수 있는 인간을 찾기 위한 것이다.

공평하게 대하라: 이익이 손해로 느껴지게 해서는 안된다 - 최후통첩게임

사회에서 존경을 받고 필요한 도움을 받으려면 평소에 모든 사람에게 공평하게 비용을 물리도록 해야 한다. 즉, 공평하게 대하여야 한다. 그렇지 않은 경우, 내가 아무리 상대방에게 이익을 주더라도 상대방은 자신이 더 큰 비용을 지불하거나 손해를 입었다고 느껴 보복감을 가지게 되고 결국 나에게 해를 끼칠 수 있다.

이를 잘 보여 주는 것이 최후통첩게임(ultimatum game)이다.

한 사람이 2명의 거지에게 돈을 주면서 1명이라도 거부하면 둘 다 안 준다고 하였다. 먼저, 한 사람에게 10,000원을, 다른 사람에게 5,000원을 주었더니 둘 다 받았다. 당연한 일이다. 받으면 이익이기 때문이다. 그런데 한 사람에게 10,000원을 준 후 다른 사람에게 1,000원을 주었더니 1,000원을 받기를 거부하였다.

무슨 일이 일어났을까? 거부한 사람은 돈을 받으면 분명히 1,000원의 이익이 생기는데도 받지 않았다. 화가 난 것이다. 그리고 그 사람은 내가 분명 도와주었음에도 나를 원망하고 보복을 결심한다.

4) 외부효과 - 한국의 경제적 정의

이익을 얻은 사람이나 단체가 이익만큼 비용을 지급해야 함에도 정확히 이를 지급하고 있지 않을 때, 즉 이익보다 비용을 너무 많이 지급하거나 조금 지급하고 있을 때 외부효과(external effect)가 존재한다고 말한다. 외부효과에는 외부경제와 외부비경제의 두 경우가 있다.

왜 화를 내거나 짜증을 내면 안될까

왜 우리는 남의 행동에 짜증을 내거나 화를 내면 안될까? 그것은 "비용이란 이익을 가지는 사람이 그 대가로 지급해야 하는 것"이라는 경제학의 기본법칙에 어긋나기 때문이다.

다른 사람이 나에게 몰상식한 행동을 하거나 사기, 거짓말 등으로 나에게 피해를 입히는 것은 자기가 이익이 되기 때문이다. 이때 우리는 화가 나게 되는데 화를 내는 것은 화를 내는 사람 자신의 건강을 해치고 나아가 자신의 일을 제대로 못 하게 만드는 큰 비용을 만들어 낸다. 따라서 피해자인 내가 화를 내면 이익은 상대방이 보고 내가 비용을 지불하는 것이니 당연히 경제원칙에 위배된다. 남이 자기 이익 때문에 한 일에 내가 화를 내는 것은 그 사람이 미워서 죽이려고 독약을 탄 다음 내가 마시는 것과 똑같은 것이다.

(1) 공해 현상, 공해 인간

어떤 기업이 공업폐수를 발생시키면 그 기업이 폐수처리 비용을 전부 물어야 하는데, 그 기업과 관련 없는 사람들이 정수기를 사야 하고 세탁을 자주 해야 하는 비용을 물어야 한다면 이를 외부비경제(external diseconomics)라고 한다.

우리는 누구도 타인에게 자신의 기준으로 비난할 수 없다. 모든 인간은 자신에 대해 자연인으로서의 자유로운 선택의 권리를 가지며, 이것이야말로 인간을 규정짓는 근본적인 것이다. 인류의 역사, 발전이란 이 과정을 점점 더 확립하고 확인하는 과정 이상이 아니다.

모든 사람이 행동하고 사고할 자유를 갖는다면 남의 행동과 사고에 대해 "지나치다"라고 말할 수 있는 근거는 무엇일까? 그것은 그 사람이 어떤 행동이나 생각을 하였다는 것으로 말할 수 있는 것이 아니라, 다른 사람에게 '폐'를 끼치는 것인가 아닌가, 즉 타인에게 비용을 전가하는가 아닌가로 판단해야 한다. 자기 좋으라고 자기 자유라고 한 행동이 남에게 비용을 발생시키는 순간, 그것은 정상을 넘어선 나쁜 것이 되며 바로 외부효과, 외부비경제를 발생시킨다. 그렇지 않다면 우리는 누구도 비난해서는 안 되며, 어떤 행동도 지나친 것이 없다.

우리가 인생에서 하고 싶은 것을 자유롭게 선택하고 추구하며 살되 무엇을 하면 안되는지는 단순하고 명쾌하다.

(2) 공부하는 사람들은 진정한 애국자

우리는 각자 매우 비싼 비용을 들여 공부한다. 그러나 이 공부는 단순히 우리 자신에게만 도움이 되는 것이 아니라 사회 전체적으로 매우 유용하게 쓰인다. 이를 외부경제(external economics)라고 한다.

예컨대, 한국의 놀라운 경제발전은 높은 교육 수준에 입각한 인적자본이 중요한 역할을 하였다. 실제로 영국 등 선진국의 대학진학률은 50% 전후이지만 한국의 대학진학률은 70%를 넘는다. 15~19세의 취학률은 선진국 간 차이가 없지만 20~24세의 취학률을 보면 한국은 50% 전후인 데 비해 미국, 영국은 30%대이고 OECD 평균은 40%를 조금 넘어 한국이 매우 높다.

한국인은 노인이 되어서도 "무엇을 제일 하고 싶으냐? 무엇이 가장 후회되는가?"라고 물으면 공부라고 대답할 정도로 공부에 대한 집착이 강하다. 한국인들이 집 팔고 논 팔아서 자식 대학 보내는 것은 세계적으로도 유명하다.

그러나 이렇게 큰 비용을 들인 학교 교육이 사회에 이익이 됨에도 사회가 부담하는 사회적 비용은 적고 개인의 비용, 즉 자신이나 부모님들이 부담하는 사적비용이 굉장히 높다. 이러한 경우 교육은 외부경제가 작용한다고 말한다. 어떻게 해서든 학교에 자식을 보내려는 우리의 부모님, 괴롭더라도 공부를 하는 사람들은 그 자체로 이미 진정한 애국자인 셈이다.

(3) 집단이기주의와 교육비

결국 외부효과는 공정하지 못한 것이므로 바로잡아 주는 것이 경제적 정의(economic justice)와 일치하게 된다. 경제적 정의란 비용을 정확히 물리는 것이다. 이를 위해 우선 세금체계의 합리적 운용이 필요하다. 외부비경제의 경우 공해를 일으키는 기업에게는 그만큼 세금을 물려 이를 피해자들에게 나누어 주어야 한다. 강의 상류에 공장이 있어 강물이 오염되면 오염을 일으킨 자에게 세금을 물려 그 돈으로 강의 하류에 살고 있는 사람들이 공장으로 인한 손해를 보지 않도록 만들어야 한다. 최근에야 사회 전체에 이익을 주는 발전소나 대형 폐기물 처리장을 유치하는 지역에 정부가 상응하는 이익을 주는 제도가 시도되고 있지만, 이는 경제학적으로 볼 때 매우 당연하다. 고리원자력발전소 주변 지역들이 전기료 감면을 요구한 것 또한 정당한 것이다.

그렇지 않고 지금처럼 정부나 언론이 일방적으로 피해자들에게 님비

현상(Never In My Back Yard: NIMBY, 자기 뒷마당에는 자기에게 불리한 어떤 것이 들어오는 것을 용납하지 않는다) 혹은 집단이기주의라고 말하는 것은 옳지 않다. 오히려 그렇게 말하는 사람들이 자기 이익에 더욱 철저한 경우를 우리는 흔히 본다. 그렇게 남보고 님비라든가 이기주의자라고 말하는 사람들의 집에 쓰레기 소각장 등 사회적 기피시설을 지으면 될 것이지만, 그런 말을 하는 사람일수록 자기들에게 불리한 것은 용납하지 않을 뿐만 아니라 오히려 더 화를 낼 것이다. 이런 옳지 않은 생각과 비난 때문에 서울에서 공립 특수학교가 신설된 건 서울경운학교가 개교한 이후 17년 6개월 만에야 가능하였고, 환경부와 인천시·서울시·경기도는 새로운 수도권매립지를 찾으려고 하였으나 3번의 공모에도 실패하였다.

또한 외부경제가 큰 경우 정부의 적극적 보조가 필요하다. 따라서 대표적인 외부경제를 일으키는 교육에 대해 사회, 기업, 정부가 교육비를 부담하는 것은 당연하다. 많은 국가들이 무상교육을 실시하고 고등교육에 대한 학비 지원을 늘리고 있는 이유는 외부경제의 원리를 현실에서 작동시키려는 것이다. 한국 정부는 단순히 선거철의 공약만이 아니라 실질적으로 교육비 보조를 늘려 무료교육, 학자금 융자를 확대하고, 교육이익을 보는 기업들이 교육장려금을 내도록 유도하는 것이 필요하다. 이외에도 개인이 많은 돈을 들여야 하지만, 결국 사회경제 발전에 도움이 되는 경우, 정부, 사회가 비용을 부담하는 것이 옳다.

그러나 항상 정부는 교육비 절감에 대해 약속하지만 현재 한국에서 개인들이 부담해야 하는 교육비 비율은 미국의 1.5배, 일본의 2.2배로 OECD 국가 중 가장 높다. 미국 CNN 방송은 제퍼리스 금융그룹이 분석한 결과를 토대로 한국의 1인당 GDP 대비 양육비 비중이 세계에서 가장 높다고 밝혔고, 한국에서 자녀를 18세까지 기르는 데 드는 비용은 1인당 GDP의 7.79배로 독일 3.64배, 호주 2.08배, 프랑스 2.24배의 2~3배에 달하는 규모라고 밝힌 보고서도 있다. 한국경제신문이 여론조사업체에 의뢰해 조사한 결과 자녀가 성인이 될 때까지 필요한 예상 양육비는 2~3억 원으로 나타났다. 신한은행이 발표한 '금융생활 보고서'에 따르면 한국의 중고생 이상 자녀를 둔 가구의 교육비는 전체 지출의 30%에 달하였다. 서울과 경기도의 사교육 참여율은 80% 이상이며, 태권도도장, 음악학원, 산수학원 등에 대한 서울 초등학생의 사교육 참여율은 90%가 넘었다. OECD에 의하면 한국의 GDP에서 공교육비가 차지하는 비중은 OECD 평균과 비슷한 수준이지만, GDP에서 정부재원 공교육비가 차지하는 비율은 OECD 평균보다 낮다. 한국은 선진공업국 중 거의 꼴찌로 전면적인 고교 무상교육에 들어갔지만, 여전히 고교 무상교육 지원 범위는 북유럽 국가 등과 비교해 작다.

계속 늘고 있는 사교육비는 큰 부담이다. 고등학생 사교육비는 월 60~70만 원 수준이고, 중학생 역시 40만 원을 넘겼다. 한국의 연간 사교육비는 200억 달러 수준으로, 살기 좋은 나라 아이슬란드의 GDP 250억 달러에 근접한다. 통계청에 따르면, 상위 20% 가구 중 만 13~18세 자녀가 있는 집의 학원비는 가족 전체 식비, 주거비를 합한 금액과 비슷하였고, 의식주 소비 비중이 높은 서민가구의 경우 식비, 주거비보다 학원비에 더 많은 돈을 쓰는 것으로 나타났다.

한국의 부모들은 어려움이 와서 가계 지출을 줄여도 사교육비는 안 줄일 것이라고 언제나 밝히고 있다. 부모들은 교육이 자식들의 미래를 결정하는 주요한 요소라고 믿고 있고, 자식들이 성공한 인간으로 살기를 바라고 있기 때문이다. 이러한 사교육비 부담으로 한국경제인협회는 합계출산율 하락의 26.0%가 '사교육비 증가' 때문이라면서 사교육비가 오를수록 출산율이 감소한다고 밝혔다.

이렇게 개인이 교육비를 무겁게 부담함으로써 한국에서 돈 많은 사람들이 교육을 많이 받고, 돈이 적은 사람은 교육을 적게 심지어 제대로 못 받는 문제가 발생한다. 더 심각한 문제는 시간이 지날수록 이 격차가 벌어지고 있다는 것이다. 교육을 더 받은 사람이 상위계층으로 올라갈 가능성이 커진다는 점에서 교육은 미래에 대한 중요한 투자이다. 따라서 계층화의 고착화 내지 악화를 가져다줄 수 있는 이러한 소득 수준별 교육비의 격차 확대는 현재만이 아니라 미래 한국의 심각한 문제라고 볼 수 있다. 실제로 한국에서 의사나 변호사 등 고소득 전문직들의 일자리 대물림이 최근 20여 년간 심화되어 40% 수준까지 치솟았다. 근대시민혁명 이후 이룬 시민사회, 자본주의의 장점은 계층 간 자유로운 이동이 이루어질 수 있다는 점이다. 그러나 한국은 이 부분에서 심각한 문제를 갖고 있는 것이다.

한국의 출생률은 세계 누구도 이해할 수 없을 정도로 매우 낮다. 그 이유는 바로 아파트 가격과 교육비 때문이다. 경제적 신분이 세습되고 있어 그 세습군에 들어가기 위해 특정 학군으로 몰리고 교육비 지출을 늘리고 있는 것이다.

학력, 학벌 중시 그리고 망국의 병

저자는 세계에서 삶의 질이 가장 높다는 빈에 체류하며 오스트리아의 국민생활과 삶에 대해 연구한 적이 있다. 이들은 고등학교 교육과 직업교육만 잘 받아도 특정 인기 대기업, 인기 직종을 선택하지 않는 한 안정적인 직장을 구하는

데 큰 어려움이 없으며 삶에 필수적인 교육, 의료, 주택, 육아, 노년 관련 복지제도가 잘되어 안정적 생활은 단기시간만 일해도 가능하다.

반면, 한국은 OECD에 따르면, 고졸자와 대졸자, 대학원졸업자의 임금격차가 여전히 30% 이상, 70% 이상 크고 부의 격차가 존재하며, 교육, 의료, 주택, 육아, 노년에 대한 책임은 여전히 대부분 개인에게 맡겨져 있다. 그래서 좋은 학군을 찾아 집값이 상승하고 사교육비 증가로 교육비가 올라 교육비와 집값은 한국의 붕괴를 가져올 저출산으로 이어지고 있다. 한국의 학력, 학벌에 대한 차별과 집착이 한국의 미래를 붕괴시키고 있는 것이다.

지구온난화로 기상이변과 피해가 나타나고 있고 이는 점점 더 커지고 있다. 지구온난화의 주범으로 꼽히는 것이 탄소배출이다. 따라서 탄소를 줄이는 노력이 필요하지만 이를 줄이는 데에도 돈이 든다. 그렇다면 탄소를 줄이려는 사람은 사회에 도움이 되는 만큼 비용을 보상해 주고, 탄소를 많이 배출하는 사람에게는 사회에 해를 끼치는 만큼 비용을 더 물리도록 하는 제도를 만들면 좋을 것이다.

이 제도가 탄소배출권거래제(certified emission reductions)이다. 탄소배출을 줄이는 기업이 탄소를 많이 배출하는 기업에게 줄인 만큼의 배출권을 팔아 이익을 얻을 수 있는 탄소배출권거래제는 외부비경제를 줄여야 하는 비용의 원칙에 맞는 것이다. 한국은 탄소배출권 거래가 낮은 수준이다.

비용에서 또 한 가지 문제는 비용이 발생하는 시점에 차이가 있으면 누가 비용을 물어야 하는가이다. 즉, 어떤 일을 하였을 때 그 비용이 10년 내지 20년 후에 발생하는 문제이다. 이 예로 우리는 환경과 자원을 생각할 수 있다. 우리가 자연을 오염시키고 자원을 마구 써 버리면 후세들은 자원

고갈과 오염된 환경을 처리하기 위한 많은 비용을 물어야 한다. 만약 우리가 쓰레기를 마구 묻고 덮어버린다면 토양이 오염되어 후세인들은 자신들이 한 일도 아닌데도 그 처리비용을 물어야만 한다. 이런 비용 문제를 세대 간 문제(overlapping generation problem)라고 한다. 국가채무 확대와 원자력발전소 건설도 이와 관련된 문제라고 볼 수 있다. 우리 후손들에게 부담을 넘기는 것이기 때문이다.

그럼에도 확장 재정과 선심성 현금 살포 정책에 나랏빚이 눈덩이처럼 불어나고 있다. 한국은 매년 100조 원 안팎씩 국가채무가 늘어 1분에 1억 원씩 나랏빚이 늘어나고 있고, 세금으로 갚는 적자성 채무만 700조 원대이어서 앞으로 이자만 100조 원을 지불해야 한다. 국제통화기금(IMF)은 한국의 경제 규모 대비 국가채무 증가 속도가 선진국 반열에 오른 35개국 중 가장 빠를 것이라는 관측을 내놓은 바 있다. IMF는 한국의 국가채무 비율이 10개 비기축통화국 평균을 넘어섰다고 추정하였다. 한국경제연구원 역시 한국의 국가부채 비율 증가폭은 OECD 전체에서 1위가 될 것이라고 밝힌 바 있다. 국민이 부담해야 하는 공무원·군인연금의 부채는 매년 100조 원가량 증가하고 있다.

그러면 이 부채는 누가 갚아야 하는가? 저출산으로 인구가 급격히 줄어드는데 미래세대의 큰 부담이 우려된다. 그러나 정부의 국가채무 상환은 미미하다. 연금 개혁이 계속 논의되고 있지만 빚을 태어나지도 않은 미래세대에 떠넘기고 있다. 또한 원자력발전소의 사용 후 핵연료 처리 문제도 우려된다. 2030년 한빛원전을 시작으로 원자력발전소의 사용 후 핵연료 저장시설이 포화되면서 방사성 폐기물 처분이 문제가 될 것이다. 전기료 인하와 미세먼지, 수출을 핑계로 원자력발전소를 운용하면서 폐기물을 후손에 남기는 것은 경제원칙에 맞지 않다. 부끄러운 일이다. 그럼에도 세계적으로도 완공된 원전폐기물 영구처분시설은 아직 없다.

남의 것, 후손들의 것을 파괴하면 그것은 범죄이다

자연은 우리가 후손에게 물려주는 것이 아니라 우리와 후손들이 공평하게 사용하도록 우리에게 맡겨진 것임을 알아야 한다. 그렇게 생각하고 행동하는 것이 도덕적인 것이 아니라 비용에서 보면 공평한 것이다.

사실 자연은 우리 인간보다 먼저 지구에 나타났다. 그러므로 지구의 주인은 인간이 아니라 자연이다. 자연이 인간이 태어나게 환경을 만들었는데 이것을 인간이 파괴한다는 것은 맞지 않다. 자연을 만든 것은 자연이므로 당연히 자연에 의해서만 파괴될 수 있고 인간이 파괴할 권리를 갖지 않는다. 우리가 자신이 만든 집을 부술 수는 있어도 남이 건설해 놓은 집을 부수면 범죄로서 벌을 받아야 하는 것과 같은 이치이다.

가격은 변하는데 가격을 조정할 때 들어가는 비용을 메뉴비용이라고 한다. 음식점에서 나온 말로, 음식가격을 바꾸면 메뉴판을 바꾸어야 하고 직원들에게 다시 교육도 해야 하는데, 이 모든 비용을 메뉴비용이라고 하는 것이다.

길어지는 인생과 수정하는 비용

신중함은 필요한 주요 덕목이다. 신중함은 용기의 더 좋은 부분이다(Discretion is the better part of the valour). 그러나 신중함이 잘못을 수정하거나 계획을 수정하는 것을 방해해서는 안된다.

우리는 바꾸는 것을 어려워하지만, 사실 우리들의 수명이 자꾸 늘어남에 따라 앞으로 살아갈 날들을 생각하면 그 많은 날에 비해 수정하는 비용이 매우 적어지고 있다. 예를 들어, 수정하는 비용이 5,000만 원이라는 거액이라고 해도 그것을 50년으로 나누면 하루 비용이 2,740원밖에 안되는 것이다.

따라서 긴 인생에서 수정하는 것을 두려워할 필요가 없다. 과정과 결과에서 잘못된 것을 발견하면 과감히 수정하는 것이 맞다. 나아가 수정하는 것은 긴 인생에서 반드시 추가적이고 장기적인 다른 비용을 크게 낮추어 준다.

누구나 잘못을 저지르고 실수한다. 그럴 때마다 고민하지 말고 바로 수정하라. 선조들이 오랜 경험 끝에 찾아낸 진리, "장고 끝에 악수 온다"란 말을 생각하라. 길어지는 인생을 생각하여 수정하고 다시 나아가라.

성공의 역사는 망설여질 때 하는 것이 맞다는 것을 보여 주고 있다

하기 싫은 것은 안 하는 것이 맞다. 또 합리적 사고로 판단하여 실패가 확실하다고 판단되면 안 하는 것이 맞다. 그러나 인생이라는 것이 이렇게 확실히 판단되는 경우가 적다. 미래의 결과는 불확실하므로 확실하고 분명한 판단이 어렵다.

그래서 사람들은, 자신에게 특히 자기보다 젊은 사람들에게 어떤 일이든 조심하고, 신중하게 고민하고, 조금이라도 이상하면 피하는 것이 현명하다고 강조하고 있다. 얼른 듣기에 좋은 말이고 맞는 말 같지만, 분명히 이는 사실과 다른 것이다. 사실은 정반대로 세계적으로 성공한 인간들의 공통점은 불확실하였지만 시도함으로써 성공을 거두었다는 것이다. 즉, 인류의 오랜 경험은 정확히 판단할 수 없다면, 해야 할지 안 해야 할지 애매하다면, 하지 않는 것이 아니라 해야 하는 것이 성공의 길임을 보여 준다.

아주 간단한 우리 주변의 잘 아는 예를 하나만 들어 보자. 우리 생활과 가장 가까운 것의 하나가 노래이다. 수많은 노래 속에 누구나 아는 히트곡이 있다. 이들 히트곡의 가치는 매우 커서 그 노래와 연관된 가수, 작곡가, 작사가들은 평생 큰 수입을 얻게 된다. 그런데 이들 히트곡들도 대부분 처음에는 히트할까 판단되지 않는 것들이었다. 한국 가수 중 살아 움직이는 중소기업이라는 별명을 가진 장윤정이라는 가수가 그렇게 유명해진 것은 「어머나」라는 노래 때문이었다. 심지어 노래를 잘 모르고 듣지 않는 저자도 많이 들었을 정도로 유명하니 그 노래는 대성공이라고 할 수 있다. 그런데 이 노래는 가사가 어렵다거나 혹은 유치하다거나 심지어 아줌마 노래 같다는 이유로 많은 가수들이 부르기를 주저해 사장되다가 무명가수 장윤정이 불러 대히트를 기록한 것이었다.

남들이 주저하더라도, 판단이 서지 않을 때에도 선택하는 데 주저하지 마라.

2. 하면 할수록 힘들어지지만 결국 장기적으로 쉬워진다

1) 하면 할수록 힘들어지는 것은 나만 당하는 일이 아니다

총비용은 생산량에 따라 변한다. 변하는 비용을 알기 위해서는 실질적으로 생산을 진행하면서 비용이 어떻게 변하는가를 관찰하면 된다. 관찰해 보면 비용은 처음에는 완만히 늘다가 어느 순간부터 급속히 늘어난다. 즉, 〈그림 7-1〉과 같다. 이를 총비용곡선이라고 한다. 우리의 생활에서도 비용은 항상 이렇게 나타난다.

살아갈수록, 공부할수록, 무엇인가 할수록, 사람관계가 같이 지낼수록 힘들어진다는 것은 전혀 이상한 것이 아니다. 모든 사람이 그렇게 시간이 지날수록 힘들어지는 것이므로 자신의 힘듦을 자신의 무지, 건강, 운 때문이라고 생각하는 것은 잘못된 것이다. 원래 그런 것이다.

살기가 힘들어 미래를 포기하거나 삶을 포기하였다는 이야기를 듣는다. 그러나 정확히 이야기하면 힘들어서가 아니라 힘들다고 느끼면서 자신은 다른 사람보다 불행하다, 약하다, 부족하다 등으로 스스로 자신을 낮추었기 때문이다. 어떤 순간에도 생물학적 연구가 보여 주듯이, 모든 정치사회적 정의, 모든 체제가 그렇게 정의하고 있듯이 항상 인간은 동등하다는 것을 잊지 말고 한 걸음 한 걸음 나아가면서 스스로를 위한 일, 마음, 길을 찾으면 된다. 실제로 유전자정보 게놈 연구에 의하면, 인간과 동물의 차이

그림 7-1 생활의 비용 변화

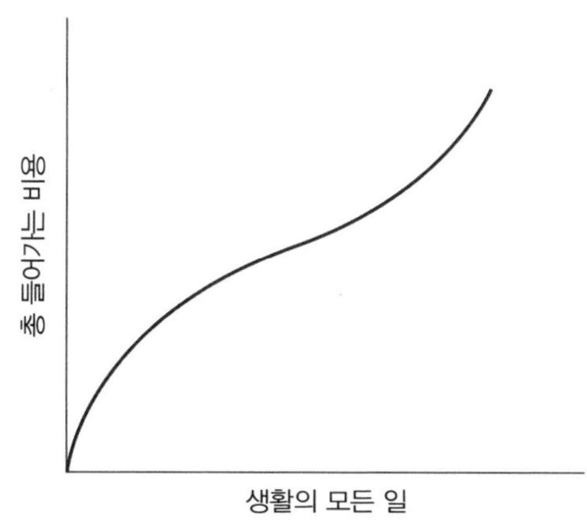

도 매우 적으며 하물며 인간 간 차이는 거의 없다. 잘 나가는 사람을 보면서 "아 나는 저렇게 잘 나지 않았어. 나에게는 하자가 있어"라고 생각하지만, 사실 하자(瑕疵)란 옥의 티라는 뜻으로 하자가 있는 사람이란 뛰어난 옥 같은 사람이지만 다만 티 정도가 다르다는 뜻이다.

그러니 이런 것을 정확히 알고 앞으로 어떤 일을 하면서 할수록 점점 어려워지고 효과가 점점 줄어든다고 느끼더라도, 이는 누구나 동일한 것이므로 조금도 실망하지 말고 계속 꾸준히 해 나가도록 하자. 발전은 조금씩 매일 일어나고 느껴지는 것이 아니라, 그렇게 하다 보면 어느 날 갑자기 크게 일어나게 된다. 어떤 새로운 틀이나 체계, 즉 패러다임(paradigm)의 변화가 일어나는 방식이 그렇다.

내가 가고자 하는 그곳은 언제나 그 장소에서 나를 기다리고 있다

인류 역사상 위대한 장소, 위대한 유산을 혼자 찾아 나서면 가까이 가서 찾아도 이상하게 발견하기가 쉽지 않다. 그래서 아직 남아 있는지도 모른다. 하지만 있는 것은 분명히 알고 가는 길이라 계속 찾게 되고 그러다 "도대체 어디 있는 거야?" "내가 잘못 찾아온 것은 아닌가"라고 의심하고 포기하고 싶은 순간, 그 장소나 유산이 갑자기 내 눈앞에 나타난다. 세계의 유명한 곳은, 내가 가고자 하는 곳은 언제나 그렇다. 그렇게 헤매다 어느 모퉁이를 도는 바로 그 순간 내 눈앞에 펼쳐지는 것이다. 그리고 그곳은 내가 빨리 오든, 헤매고 있든, 불평을 하든 상관없이 그곳에 변함없이 있다.

그렇다. 우리가 바라고 있는 것, 원하는 것은 모퉁이를 돌아서 지금도 서 있다. 모퉁이 옆 꺾어진 길에서 나를 기다리고 있는 것이다. 따라서 지금 아무리 멀리 보려고 하여도 직선만을 볼 수 있는 우리에게는 보이지 않는다. 인간의 시각은 직선으로 볼 수 있을 뿐이며, 그것도 볼 수 있는 거리가 한정되어 있다. 그러니 우리는 그 모퉁이가 있는 길까지 가야 꺾어져 있는 모퉁이 길을 볼 수 있다. 그런데 가는 도중에는 그 모퉁이가 있는지, 얼마만큼 떨어져 있는지, 얼마나 걸리는지 알 수 없다. 하지만 영원한 직선길은 없으며 반드시 모퉁이가 있다. 결국 우리가 그곳에 도달하기 위해서는 언젠가 우리가 마주치게 될 그 모퉁이가 보일 때까지 그냥 가는 것 외에 방법은 없다. 그것이 맞는 것이다. 가지 않으면 보이지 않고 찾을 수 없는 것이다. 인간이 계속 불행한 것은 사실 그 모퉁이 바로 앞에까지 갔음에도, 한 걸음만 더 가면 꺾어지는 길이 보임에도 모퉁이가 보이지 않는다고 포기하기 때문이다. 다 간 바로 한 걸음 앞에서 말이다.

2) 우리는 비용을 줄이기 위해 끊임없이 무엇인가를 하고 있다

총비용은 계속 상승하지만 새로운 기술이 계속 도입되면서 어떤 일을 하는 평균비용, 생산 1개당 비용은 이전에 비해 하락한다. 나를 믿고 천천히 나아가면 어느 순간부터 숙달 되어 요령이 생기고 기술이 늘어나 결국 이전보다 쉬워진다.

그러나 역시 어느 시점을 지나면 다시 평균비용이 올라가는 비용의 법칙이 작동하기 시작한다. 경제가 발전할수록 공해에 대한 규제도 심해지고 인건비도 올라가는 등 비용이 다시 올라가기 시작하고, 이 비용이 기술개발 속도를 초과하기 때문이다. 그래서 많은 기업들이 이때가 되면 해외로 떠나기 시작한다. 우리 주위에서 이런 예는 쉽게 볼 수 있는데, 예컨대 한국에 있던 그 많던 신발공장들은 이제 동남아시아로 옮겨 갔다.

습관이라는 것은 무엇일까? 모든 것에는 이유가 있다. 습관은 장기간에 걸쳐 반복함으로써 형성된 것으로, 이를 통해 점차 그 행동의 기술을 터득하게 되어 비용을 낮추는 행위를 말한다. 이것은 합리적 선택이고 좋은 것이다. 그런데 문제는 아무리 좋은 습관이라도 그것을 계속 그대로 가지고 가면 언젠가는 그 습관이 나를 옭아매는 타성이 된다는 것이다.

밤늦게 공부하는 습관은 뇌와 몸이 그 시간에 공부하는 것이 가장 방해받지 않고 가장 낮은 비용으로 많은 공부를 할 수 있어 효율적이라고 찾아낸 것이다. 그러나 그 좋은 습관도 점점 고착화되어 장기간 잠을 줄이게 되면 다음 날 생활을 방해하는 것이 될 수 있다. 즉, 습관을 들여 비용을 낮추던 우리의 합리적 행동은 어느 순간에 그것이 다시 비용을 높이는 것으로 작동하게 된다. 그래서 자신의 습관을 항상 점검해 볼 필요가 있다. 습관은 분명히 좋은 의도로 시작하고 만들어진 것이지만, 시간이 지나면서 시대에 뒤떨어진 것은 아닌지, 그만 타성으로 굳어져 오히려 나의 합리성을 방해하고 있는 나쁜 습관으로 바뀌고 있는 것은 아닌지 등을 살펴야 한다. 경제학적으로 보면 좋은 습관과 나쁜 습관은 차이가 없다. 우리가 스스로 점검해 좋은 습관으로 계속 바꾸어야 한다.

넓게 해석하면 점점 숙달되어 가던 일들도 나이가 들어가면 자꾸 실수가 잦아지게 되고 이를 다시 바꾸고 새롭게 시작하는 일이 어려워진다. 늙어갈수록 비용이 더 드는 것이다. 따라서 우리는 실패와 상관없이 바로 지금 하루라도 더 젊은 날에 다가올 인생의 다양한 일들을 스스로 경험할 필요가 있다.

늙어서도 일하는 것이 행복한 것?

"늙어서도 일하는 것이 행복한 것"이라는 것은 정확히 말해 우리 사회에 존재하는 잘못된 인식, 최면으로 만들어진 거짓말에 가까운, 별로 좋은 이야기가 아니다. 젊은 시절에 노년생활비를 국가와 함께 준비해 두고 늙어서는 젊은이들에게 좋은 일자리를 양보하고 자유로운 시간에 자신의 경험을 바탕으로 봉사하면서 하고 싶었던 취미생활 등 인생의 보람찬 생활을 만드는 것이 맞다. 인생은 무한한 것이 아니고 늙을수록 남은 시간은 더욱 소중하다. 특히, 젊은이들은 점점 더 똑똑해지고 현명해지고 있으므로 걱정 없이 그들에게 일을 넘겨주는 것이 더 좋다. 좋은 일일수록 젊은이들에게 맡기는 것이 더 효율적이다. 그래서 복지가 잘되어 있는 국가에서는 은퇴연령을 높이는 것에 대해 당연히 국민들이 반대하고 있다.

한국은 노인빈곤이 OECD 1위일 정도로 심각하다. 그래서 노인들은 스스로 일을 해야만 하고, 또 우리 사회가 노인 문제에 책임을 지지 못하므로 이렇게 노인들의 노동을 부추기는 말이 당연시되고 있다. OECD 통계에 의하면, 한국의 65세 이상 고용률은 30%를 넘어 OECD 1위로 집계되었다. 75세 이상 고용률로 늘려도 한국이 OECD 1위였다. OECD 평균은 5% 이하이고, 일을 좋아하는 독일도 2% 이하이다. 유럽을 다니면 언제나 느끼는 것이 여유로운 노인들의 행복한 하루이다.

늙어서 일을 해야만 하는 것은 행복한 것이 아니다. 물론 우리 사회에서 많이 보이듯이 노인들이 "나만이 할 수 있어," "내가 해야 해," "다른 사람은 못 해"라는 오만으로, 젊은이들에게 자리를 양보하지 않고 자리를 차지하고 있는 것도 행복한 선택이 될 수 없다.

이제 우리는 두 가지를 생각해야 한다.

첫째, 장기적으로 우리 인생에서 평균비용이 낮아지다가 다시 높아지므로 가장 평균비용이 낮아지는 점이 존재하게 되는데 이를 적정 규모, 최소효율 규모(minimum efficiency scale: MES)라고 한다.

세상은 우리에게 "아무리 싫어도 이것만은 꼭 해야 한다"고 말하는 것이 있다. 그러나 우리들은 꼭 해야 되는 일이 아니라 하고 싶은 일이 따로 있다. "친구와 만나 즐거운 이야기를 나누며 놀고 싶다," "내가 하는 일을 하고 살고 싶다" 등등이다. 그렇다. 사회의 요구와 개인의 욕구는 항상 충돌이 생긴다. 그것은 누구나 겪는, 사회와 개인이 함께 하는 이상 존재하는 당연한 현상이다. 이러한 충돌이 존재하는 것에 대해 장기적으로 평균비용이 낮아지다가 다시 상승한다는 것과 그래서 장기적으로 가장 비용이 낮아지는 적정 규모, 최소효율 규모가 존재한다는 것은 우리가 세상에서 어떻게 대처해야 하는지를 알려 준다.

우리는 인생을 잘 살기 위해서는 가장 저렴한 비용을 찾아야 한다. 그것은 바로 장기적으로 볼 때 가장 비용이 낮아지는 적정 규모, 최소효율 규모이다. 따라서 우리는 아무리 싫어도 최소한 해야 하는 최소효율 규모 지점, 즉 최소한 그 점까지는 하여야지 인생의 비용을 최소화시킬 수 있음을 알 수 있다. 아무리 어떤 일이 하기 싫고 내가 하고 싶은 것을 하고 싶어도 사회가 보는 최소한도의 지점까지 우리가 해야 하는 일을 해야 한다는 것이다. 그것은 바로 기본적인 예의, 기본적인 경제적 사고, 기본적인 건강 유지 등이 된다. 이 기본적인 지점에 최소한 도달하지 않으면 우리는 여전히 비용이 높은 곳에 머물러 있어 행복이라는 경쟁력을 가질 수 없는 것이다. 기업들도 마찬가지이다. 예컨대, 자동차기업은 연 800만 대를 생산해야 일단 세계경쟁에서 살아남을 수 있다고 하는데, 이것이 바로 적정 규모, 최소효율 규모를 말하는 것이다.

둘째, 장기적으로도 인생을 보면 점점 살아가면서 익숙해지고 비용이 줄어드는 것이지만, 지치고 나이가 들면서 다시 어떤 일이든지 어려워진다. 모든 것을 포기하지 않는 이상, 시간이 지날수록 새로운 도전과 시련이 다시 찾아오기 마련이다. 그로 인해 또다시 비용이 늘어나고 힘들어지는 순간이 오게 되는 것이다. 이것은 자연법칙에 가깝고 바로 경제법칙이다. 그것을 정확히 직시하고 장기적으로 잘 준비해 나가면 스스로 더 나은 삶, 행복을 찾을 수 있다.

여자가 지불하는 비용

통계청에 의하면 여성의 출생 비율이 높아지고 있지만 현재 전체적으로 남성과 여성 비율은 균형을 이루고 있다. 그러나 60대 이상에서 여성은 남성에 비해 많은데 고령층으로 갈수록 그러하다. 한국 여성들은 더 오래 살고 따라서 그만큼 비용이 더 필요하므로, 남성보다 더 장기적인 계획과 대책이 필요하다. 여성들은 이를 잊어서는 안된다.

그러나 현실은 이를 어렵게 만들고 있다. 통계청에 의하면, 고용률이나 고용 형태, 임금 수준 등에서 남녀격차가 여전한 것으로 나타났다. 여성 고용률은 남성 고용률보다 낮다. 비정규직 근로자와 저임금 근로자 비율도 여성이 더 높다. 여성 임금근로자의 시간당 임금은 남성의 70% 수준이다. 70세 이상과 10대 여성의 저임금 노동자 비율은 80% 이상으로 매우 높다.

어느 나라나 마찬가지일까? 하긴 미국도 비슷하다.

그러나 한국의 성별 임금격차는 OECD 회원국 중 1위를 차지하고 있다. 전체 임금근로자 중에서 여성이 차지하는 비중이 40%를 넘고 있지만, 성별 임금격차는 OECD 평균인 10%대와 비교해 한국은 30% 정도에 달한다. 흔히 남녀차별로 악명 높은 이스라엘, 일본, 미국의 임금격차도 15~25% 수준인데, 한국은 이를 크게 웃도는 상황이다.

한국의 저임금 여성 노동자 비율은 줄어들고 있지만 여전히 OECD 회원국 가운데 1위를 차지하고 있다. 세계은행이 190개국을 대상으로 법적 권리 토대를 분석한 결과 한국 여성의 경제적 기회는 세계 65위로 나타났으며, 최대 문제는 임금이었다. 영국 이코노미스트가 발표한 남녀격차를 나타내는 '유리천장 지수'(The glass-ceiling index)에서 한국은 조사 대상 29개국 중 29위를 기록하였다. 한국은 12년 연속으로 꼴찌에 오르는 불명예를 안았다.

한국에서는 여성의 노력이 더 필요한 것이다. 실제로 한국의 여성은 이에 맞추어 노력하고 있다. 신규 혼인 건수 중 여성이 연상인 부부는 '동갑내기 부부'보다 비율이 높았다. 인생 길이를 맞추고 있는 것이다. 여성의 대학 진학률은 남성보다 높아졌다. 성차별이 가장 적다고 하는 교사와 공무원에서 여성 비율이 급속히 높아져 왔다.

한국에서 여성들이 지불해야 하는 비용은 더 높지만 여성들은 이를 극복하고 있는 것이며, 이 책을 보는 여성들은 이런 사실을 새겨야 하고 남성들도 이를 이해하고 동감해야 한다. 차별은 어떤 경우에도 나쁜 것이고 사회적 비용으로 나타난다. 여성들은 남성을 비판할 필요가 없다. 정부를 비판하고 기업들을 비판해야 하고, 무엇보다도 이를 침묵하고 있는 정치인, 사회지도자들을 비판해야 한다. 편 가르기는 나쁜 것이다. 그리고 그 점을 동감할 수 있을 때 나도 존경받는다.

사람 위에 사람 없고 사람 밑에 사람 없다 -누구도 특정한 어떤 요소로 사람을 평가해서는 안된다

우리는 기본상식으로 누구나 하는 말이 있다. "사람 위에 사람 없고 사람 밑에 사람 없다"는 말이다. 누구나 잘 안다. 그런데 우리는 어떠한가?

모든 인간이 평등하다는 것은 모든 인간이 똑같아야 한다는 것을 의미하는 것이 아니다. 우리는 이런 점에서 오해에 빠져 있고 많은 문제와 불행이 여기에서 발생한다.

인간은 모두 다르다. 남자와 여자도 다르다. 누구를 사랑하느냐도 다르다. 모든 인간이 다르다는 것은 그런 이유가 있는 것이다. 그렇게 다를 때 그 생명체가 가장 환경에 적합하고 생존력을 갖기 때문에 다르게 만들어진 것이다. 즉, 다른 그것이 그 인간을 가장 강하고 행복하게 만들어 주는 것이다.

영국(당시 잉글랜드)의 헨리 8세(Henry VIII, 1491~1547)는 강한 잉글랜드를 만들고 싶어 하였고, 그래서 왕자를 낳아 강력한 왕으로 키워야 한다고 생각하였다. 그래서 왕자를 얻기 위해 6명의 왕비를 얻었다. 첫째 왕비 캐서린을 사랑하였지만 메리 공주만을 낳자 아들을 낳아 줄 두 번째 왕비를 새로 맞이하기 위해 영국 국교회를 설립하는 종교개혁까지 단행하며 앤 불린을 두 번째 왕비로 맞이하였다. 그러나 앤 불린 역시 아들을 얻지 못하였고 반역죄와 근친상간죄로 처형되었다. 이후 메리 공주는 왕위에 올라 어머니의 복수로 수만 명을 처형하여 '피의 메리'라는 이름을 얻었다. 그리고 헨리 8세가 영국을 부흥하기 위해 그렇게 아들을 원했지만 영국을 강국으로 부흥시킨 사람은 아들이 아니라 바로 앤 불린이 나은 딸 엘리자베스 여왕이었다.

프로이센 왕 프리드리히 빌헬름 1세는 국가를 부강하게 만들어 줄 아들을 원하였고, 그렇게 얻은 아들 프리드리히 2세를 강한 힘있는 남자로 키우려 하였다. 그러나 프리드리히 2세는 전쟁보다 예술을 좋아하였고 동성연애자이었다. 분노한 빌헬름 1세는 아들 프리드리히의 남자 연인을 아들이 보는 앞에서 공개처형하였고 아들을 감금하였다. 그러나 변방국가에 불과했던 프로이센을 유럽 강대국으로 만든 사람은 바로 그 프리드리히 2세(프리드리히 대왕, Friedrich der Große)이었다. 나폴레옹도 두려움을 표시하였고, 아돌프 히틀러까지도 칭송하였으며, 현재까지도 독일 역사에서 가장 위대한 군주로 칭송받는 이는 전쟁과 힘을 내세우는 강한 남성이 아니라 예술을 사랑하고 동성애에 빠진 프리드리히 2세이었던 것이다.

인간은 모두 다르다는 것을 있는 그대로 인정하고 받아들여 그 인간을 있는 그대로 가장 잘 하게 만들어 주는 것을 우리는 평등이라고 부를 수 있다. 평등은 당연한 것이다.

08

힘과 조화

시장과 조직

• • • •

1. 아이에게 돈을 주며
'메이커 제품 과자를 사 먹어라'
2. 인생에서 성공하고 싶다면 먼저 해야 한다
3. 일등만 기억하는 나쁜 세상 독점
4. 지배자들의 계략
5. 항상 정해 놓고 가는 나의 중국집
6. '재벌'은 영어로도 재벌이다

1. 아이에게 돈을 주며 '메이커 제품 과자를 사 먹어라'

시장에서 기업의 수에 따라 많을 때를 경쟁, 소수일 때를 과점, 2개일 때를 복점, 그리고 1개일 때를 독점으로 구분하며, 이를 시장구조라고 한다. 여기에서 경쟁은 다시 상품의 차별성에 따라 차별성이 없을 때를 완전경쟁시장, 차별성이 있을 때를 독점적 경쟁시장이라고 한다.

결국 기업수가 무수히 많고 그들 기업들이 만드는 상품이 전혀 차이가 없는 경우는 있을 수 없으므로 완전경쟁시장이란 존재할 수 없게 된다. 설사 실질적으로 상품에 전혀 차이가 없다고 하더라도 사람들이 대기업 제품이 뭔가 좋을 것이라고 생각하기 때문에 이미 그들 마음속에 상품의 차이가 있는 것이다. 공급자가 아니라 수요자가 상품에 차이가 있다면 차이가 있는 것이다. 따라서 완전경쟁은 존재할 수 없다. 아이에게 돈을 주며 "메이커 제품 과자를 사 먹어라"라고 하는 엄마들의 자식 사랑 때문에 완전경쟁이 존재하지 못하는 것이다. 물론 여기에서 메이커란 원래 의미의 기업이 아니라 대기업을 의미하는 것이다. 실제로 한국의 독과점 결정 요인을 조사해 보면 소비자들의 대기업 선호도가 가장 크게 영향을 미치고 있는 것으로 나타난다.

우리는 자신의 실력을 잘 쌓아야 하지만, 동시에 수요자가 차이를 결정하듯이 그 실력을 남들이 잘 알아보고 인정해 주어야 비로소 경쟁력을 가지게 된다. 내가 잘난 것이 실력이 아니고 남이 나를 알아주는 것이 실력이다. 왜 모든 일에 모든 사람에게 최선을 다하고 도덕을 지키며 살아야 하는지 알 수 있을 것이다. 항상 이 점을 명심하고 평소에 의식하며 자신을 잘 보일 수 있도록 연습을 많이 하도록 하자. 나를 알아주지 않는다며 슬퍼하거나 화를 내지 말고 나를 알아주도록 항상 노력하고 준비하라.

2. 인생에서 성공하고 싶다면 먼저 해야 한다

1) 우리는 완전경쟁 속에 살고 있다고?

완전경쟁은 제품의 질이 같아야 하고 많은 기업이 존재해야 한다는 일반적 조건 외에 통상적으로 다음의 중요한 두 조건이 충족되어야 한다.

① 가격순응자(price taker)이어야 한다.

완전경쟁일 경우 어떠한 기업도 시장의 가격을 마음대로 조정하거나 바꿀 수 없다. 만약 어떤 기업이 가격을 마음대로 움직일 수 있다면(price maker) 이는 독점이나 과점이 된다.

② 항상 기업의 진입과 퇴출이 자유로워야 한다.

이윤 추구를 위한 새로운 기업의 진입이 정부나 어떤 법률 혹은 기존 기업들의 단합에 의해 제약을 받지 않아야 한다. 정부가 특정 기업의 새로운 시장에의 진입을 의도적, 비의도적으로 억제하는 경우 이는 완전경쟁이 아니다.

이 밖에도 완전한 정보의 공유, 동일한 가격 등 여러 조건을 들 수 있지만 경제적으로 가장 중요한 의미는 이 두 가지가 된다. 그런데 위의 완전경쟁이라는 두 조건을 보면 한국의 경우 완전경쟁이 아님을 알 수 있다. 대기업들은 가격을 마음대로 정하고 있으며, 기업의 진입 역시 새로운 창업이

기존 기업들의 교묘한 담합과 각종 억제로 어렵고 나아가 대기업들의 특정 분야 진입을 정부가 간접적으로 막으려고 하는 경우도 있다. 물론 국민경제나 투자자 그리고 대외경쟁력에 대한 고려도 없이 무조건 사업을 벌려 놓으려는 대기업들이 문제이지만, 기업별로 일관성 없게 대처하는 정부도 큰 문제가 아닐 수 없다. 사실이 아니라고 주장하지만 가끔 정부가 특정 기업에게 혜택을 주고 있는 것으로 보이는 점은 정책신뢰도에 큰 문제를 제기하여 결국 국가경제의 손실(비용)로 나타나게 된다.

그러나 우리는 현실분석에 있어 완전경쟁을 중요한 분석틀로 쓰고 있다. 왜냐하면 우리가 공부하고 있는 경제분석 논리는 현실을 가장 기초적인 형태로 일반화시킨 것이기 때문이다. 동시에 현실이 완전경쟁은 아니지만 계속 완전경쟁으로 회귀하는 힘이 작동하고 있으므로, 완전경쟁의 원리는 여전히 시장을 움직이는 중요한 힘이 된다. 따라서 이를 이해하면 현실과 미래의 움직임을 이해하는 데에도 도움이 된다. 우리도 동일하다. 현실은 완전경쟁이 아니지만 완전경쟁이라고 생각하고 준비하는 것이 큰 도움이 된다. 어차피 불공평한 세상이라고 생각하는 것은 해결책을 찾지 못하게 만드는 나의 나쁜 적이 될 수 있다.

불공평한 세상, 그런 것이 인생이다?

살다 보면 인생이 불공평하다고 느낄 때가 있다. 그리고 세상을 원망하고 자신을 포기하는 경우도 있다. 그러나 이는 잘못된 것이다.

두 가지를 명심하자.

첫째, 이미 현실이 불공평, 부조화 상태에 있다는 것을 분명히 알고 있으니 우리는 매일매일의 경험과 배움을 통해 그 불공평, 부조화스러운 것을 어떻게 받아들이고 어떻게 대처해야 하는지 생각하고 대응책을 세워나갈 수 있다.

둘째, 불공평이 일반적으로 존재하는 사회이므로 우리는 작은 일에서부터 항상 공평성을 추구하고, 그에 따른 균형 잡힌 행동을 하면 그것이 당연한 것임에도 불구하고 훨씬 높은 평가를 받을 수 있다. 존경받는 인간이 되기가 쉬운 것이다.

불공평한 세상을 작은 것부터 내가 바꾸어 보자. 얼마나 멋지고 보람찬 일인가? 우리 세상이 조금씩 이렇게 나아진 것은 위인이 아니라 바로 나와 같은 이름 없는 한 사람 한 사람이 이룬 것이다. 분명하다.

2) 위험해도 앞서서 해야만 한다

어렸을 때부터 윗사람들은 항상 말하였다. "먼저 잘난 척 나서지 말고 남이 하는 것을 잘 보고 신중하게 나중에 해라." 과연 그럴까? 이것은 인생에서 패배하는 주요한 원인이 된다. 남보다 나중에 하면 안전한 것이 아니라, 항상 2인자로 취급되며 소심한 사람으로 평가받고 심지어 최종적인 모든 책임을 마지막에 관여한 사람이라는 이유로 뒤집어쓸 수 있다.

단기적으로 아직 다른 기업들이 하고 있지 않을 때 먼저 하는 기업은 위험도 있지만 높은 이윤을 얻을 수 있다. 대성공은 먼저 하는 기업에게만 나타난다. 이를 블루오션(blue ocean)이라고 하고 반대를 레드오션(red ocean)이라고 한다.

우리의 인생도 마찬가지이다. 위험해도 우리는 앞서서 해야만 하는 것이다.

3) 당황하는 치킨생맥주집의 주인들

이윤이 있으면 그 이윤을 노리고 다른 기업의 신규 진입이 일어난다. 그래서 치킨생맥주점이 잘된다, 노래방이 잘된다, PC방이 잘된다, 게임방이 잘된다 하면 골목마다 이런 집들이 새로 생긴다. 그러나 이들은 높은 시설비만 들이고 이전에 이런 영업을 하던 사람들이 큰돈을 벌던 것과 달리 거의 이익이 없어 당황한다. 이들 사업은 기술이 별로 필요하지 않고 상품에 차별성이 적어 완전경쟁에 가깝기 때문에, 이익이 높으면 쉽게 진입자가 들어오고 그 결과 계속 가격이 떨어져 시간이 지나면서 이윤이 점점 떨어지고 마침내 초과이윤이 0이 되기 때문이다.

언제나 원망 섞인 사람들이 하는 말, "하늘은 나만 미워해"라는 것은 존재하지 않는다. 남이 하는 것을 보고 "나도 해야지" 하고 따라가는 사람에게는 언제나 시련이 오는 것이다. 언제나 강조하고 있지만 남을 따라가는 사람은 항상 비용만 쓰고 고생만 하다가 이익은 제대로 챙기지 못하는 실패자가 될 수밖에 없다. 위대한 성공은 똑똑한 사람에 의해서가 아니라 먼저 한 사람에 의해 이루어졌다. 역사적으로 그리고 경제학자들에 의해 이론적으로 분명히 증명된 것이다.

과학과 신은 인간이 먼저 하는 것에 가장 큰 은혜를 주었다

인간은 계속 질병에 시달린다. 그중 가장 치병적인 질병이 암이다. 그러나 신과 과학은 인간에게 이 치병적인 질병을 이길 은혜를 주었는데, 그것은 먼저 검사하여 먼저 발견하는 자에게만 주었다. 현대 의학은 '암은 일찍 발견하면 100% 치료 가능하다'고 밝히고 있다. 결국 인간이 근본적 약점을 없애고 치명적 질병을 막으며 행복한 삶을 살 수 있는 혜택도 먼저 하는 사람에게만 주어진 것이다.

무엇이든 먼저 하는 자만이 이익을 얻을 수 있다는 것은 기본법칙이다.

3. 일등만 기억하는 나쁜 세상 독점

1) 후진국과 어울리는 독점의 결혼

독점은 항상 나쁜 것인가. 여기에 대한 답으로 먼저 자연스럽게 독점이 될 수밖에 없는 자연독점을 보자. 자연독점이 생기는 원인은 다음의 세 가지가 있다.

① 규모의 경제(economics of scale)란 같은 제품의 생산량을 늘릴수록 평균비용이 줄어드는 것을 말하며, 범위의 경제(economics of scope)란 기술적으로 관련된 다른 재화들을 동시에 생산하는 데 따른 평균비용의 하락을 말한다. 규모의 경제나 범위의 경제로 생산량 증가에 따라 평균비용이 계속 감소하고 있는 경우에는 여러 기업이 나누어 생산하는 것보다 한 기업이 생산하는 것이 가장 낮은 비용으로 생산 가능하므로 독점은 효율적이고 불가피한 것이 된다.

② 기술개발 등을 촉진하기 위해 만들어진 특허권으로 독점이 형성되면 자연독점이 된다. 이는 기술개발을 촉진시키기 위해 필요불가결한 조치이다.

③ 무기, 비철금속 등 방위산업인 경우 국방상, 국가안보상의 이유로 독점이 형성된다. 이것 역시 불가피한 경우가 된다.

여기에서 특히 ①번의 이유 때문에 시장 규모가 작은 발전도상국의 경우 초기 발전단계에서 전략적으로 독점을 채택하는 경우가 있다. 즉, 후진국이고 시장 규모가 작은 나라일수록 자연히 독점이 형성될 수 있는 근거가 많이 있는 것이다.

혹시 누군가가 싹쓸이해 가는 불합리한 현실을 보면 원인을 찾아보자. 세상의 모든 일에는 이유가 있듯이 만약 어떤 합리적인 면이 있어서 그런 것이고 나만 몰라서 화를 내고 있는 것이라면 당연히 나의 무지가 잘못된 것이며, 결국에는 화를 내는 나만 손해를 보게 될 것이다. 동시에 그런 현실이 후진 현실 때문이라면 나부터 고쳐 개선해야 하고, 개선을 요구해야 한다.

노력하여 앞선 자를 질투해서는 안된다 - 개미와 베짱이

개미와 베짱이 이야기를 잘 알 것이다.

추운 겨울날, 개미는 잘 살고 베짱이는 굶어 죽는 것이 불합리하다고 하여 여름에 열심히 일한 개미에게서 식량을 빼앗아 베짱이에게 나누어 주면 어떤 일이 생길 것인가? 개미는 이제 더운 여름에 노력하여 식량을 비축하지 않을 것이다. 그래서 다시 닥쳐온 추운 겨울날, 개미나 베짱이나 모두가 굶어 죽게 될 것이다.

명심하라. 열심히 일한 개미를 미워해서는 안된다. 동시에 누구도 게으른 베짱이가 되어서는 안된다. 노력하는 베짱이가 되어야 한다. 노력하였는데도 가난한 개미나 베짱이가 있다면 도와주어야 한다. 그러면 그들은 감사하는 마음으로 다음 여름에 더욱 열심히 일해 추운 겨울에는 모두 행복하게 지낼 수 있을 것이다.

2) 왜 한 사람이 다 가지는 것이 문제인가

독점자는 자기만이 알고 있고, 자기만 가지고 있으므로 이를 제공할 때 비싼 값을 매긴다. 사람들의 삶을 어렵게 만드는 것이다. 천재, 노력 등의 그럴싸한 이름으로 말이다. 또 독점자는 경쟁일 때보다 공급량을 줄인다. 사람들이 필요물품을 구하기 어렵게 만드는 것이다. 나아가 독점자는 자기 것을 남에게 다 보여 주려고 하지 않는다. 비밀주의로 자기 것을 감추어야 오랫동안 독점을 유지할 수 있기 때문이다. 그래서 독점은 항상 관련된 모든 내용을 은폐하여 사람들의 노력과 성장을 막는다. 결국 독점은 사회적 순손실(social net loss)을 발생시킴을 알 수 있다.

우리는 가끔 권력을 독점한 독재자가 민주주의에는 나쁘지만 높은 성과를 가져오며 효율적이라는 말을 한다. 그리고 그런 사람을 미화하기도 한다. 그러나 그렇지 않다. 독점 권력자가 높은 성과를 가져온 것은 바로 다수의 희생을 전제로 한 것이니 당연히 그 사람의 능력일 수도 없으며 거짓이다. 세계 제일의 소득을 가진 미국과 세계에서 가장 낙후된 나라들의 공통점은 놀랍게도 소수의 소득이 매우 높고 다수가 가난하다는 것이다. 또한 뒤에서 다시 언급하겠지만, 모두 투명하게 될 때 비용이 가장 낮아지고 가장 좋은 결과가 만들어진다.

높은 소득을 얻는 운동선수나 연예인들을 우리 주위의 사람보다 존경하고 치켜세우는 것은 잘못된 것이다

프로야구나 농구, 축구에서 특정 운동선수가 받는 연봉이나 연예인들의 높은 출연료를 보면 정말 어이가 없다. 그런데 많은 사람들이 이들을 좋아하고 칭송하고 심지어 존경한다. 옳은 것일까?

그렇지 않다. 그들은 자신들의 능력에 대해 일종의 독점력을 발휘하고 있는 것이다. 그런데 그 독점이 정말 그들이 노력하여 얻는 것일까? 우리가 열심히 운동을 하면 마이클 조던이나 오타니 쇼헤이같이 될까? 아니다. 물론 그 성공한 운동선수나 연예인들이 열심히 노력하고 있지만, 그들보다 더 노력한 사람들이 가난한 것을 우리는 주위에서 흔히 볼 수 있다.

결론은 간단하다. 그렇게 높은 독점력을 자랑하고 높은 연봉과 출연료를 받는 사람들은 물론 많은 노력을 하였겠지만 사실 타고난 재능이 뛰어나거나 운이 좋아 그렇게 된 것이다. 99%의 노력보다 필요한 1%의 천재성 혹은 기회가 그 사람에게 주어졌기 때문이다. 따라서 좋은 환경에서 태어났다는 이유로 그 사람들을 칭송하거나 특별대우를 해주거나 많은 돈을 주어야 하는 것이 아니듯이, 그들이 그렇게 필요 이상의 높은 대우를 받아야 할 이유는 없다.

오히려 그들 소수가 그렇게 높은 연봉과 출연료를 받음으로써 수많은 운동선수와 연예인들이 적은 돈밖에 받을 수 없는 것이고, 많은 어린이들이 높은 입장료 때문에 경기장에 갈 수 없는 것이며, 열심히 일하는 많은 보통 사람들이 비싼 구독료를 내지 못해 스포츠를 볼 수 없고 영화관에 갈 수 없는 것이다. 이렇게 보면 높은 연봉과 출연료를 받는 운동선수와 연예인들은 비록 그것이 그들의 의지가 아니라고 해도, 우리 사회가 공정해지지 못하는 주요한 원인을 제공하고 많은 사람들의 행복을 빼앗아 가는 자들이라고 볼 수 있다.

그러니 주위 사람을 돕는 분들, 주위를 깨끗하게 청소해 주시는 분들, 부모님들, 누구보다 부지런하게 일하는 보통 사람들보다 그들을 존경하고 치켜세우는 것은 잘못된 것이다.

3) 나만의 독점을 만들어라

소수 과점자, 과점기업이라고 하더라도 그들은 암묵적인 담합을 통해 독점처럼 움직인다. 그래서 독점과 과점을 함께 묶어 독과점이라고 부른다. 이들 독과점자, 독과점기업은 현실의 시장을 마음대로 움직일 수 있는 왕이다. 이들은 서비스든 상품이든 자신들이 당연히 제공해야 할 공급량을 줄이고 가격을 올린다. 따라서 겉으로는 안 그런 척해도 속으로는 오만함을 갖게 된다. 세계의 유명 정치가, 기업가들의 독단과 오만함은 사람들에게 고통을 주고 있다.

왜 독과점 정치인과 독과점 대기업이 계속되는 국민들과 소비자들의 불만을 그렇게 무시하고 있는지 이제 이해가 될 것이다. 그러기에 기업의 자유가 많다는 미국에서도 정부가 직접 나서서 독과점을 엄격히 제한하고 있다. 예컨대, 미국 정부와 사법부는 마이크로소프트나 구글이 미국 경제에 공헌함에도 불구하고 이들 회사의 영업활동을 감시, 제한함으로써 경쟁을 유지하려고 노력하고 있다.

독과점은 무수히 많은 폐단을 낳고 인간 삶의 질을 악화시킨다. 그러므로 독과점을 줄이고 없애는 것과 경쟁을 촉진시키는 것이 필요하고 중요하다. 그런데 우리는 독과점을 욕하면서도 항상 비싼 독과점 대기업 제품을 사고 있지 않은가? 독과점을 비판하면서도 계속 같은 정치인, 정치집단을 지지하지 않는가? 같은 인간이면서 인간을 지배하려는 거만한 사람들과 기업을 선택하지 말자.

나에게 함부로 대하는 사람이 있다면 나도 작지만 나만이 가진 독점적인 무엇인가를 만들어라

현실 세계에서 독과점 세력들의 힘이 크다면 우리도 똑같이 독점력을 만들어야 한다. 한 명 한 명은 힘이 약하지만 주위 사람들과 뭉치면 된다. 나쁜 정치인이나 기업에 대해 단결된 힘을 보여 주면 된다. 개인도 그렇다. 타인이 내가 가지고 있지 못한 지위나 힘 등 어떤 독점력으로 나에게 다가온다면, 나에게 함부로 대하는 사람이 있다면 나도 작지만 나만이 가진 독점적인 무엇인가를 만들어야 한다. 먼저 남을 돕는다든가, 먼저 나서서 주위를 정돈한다든가, 어떤 일에 대해 먼저 미리 정보를 잘 조사해 제공한다든가 등 사소한 것에서 출발해도 좋다. 남이 주저할 때, 하기 싫어할 때, 안 할 때, 내가 먼저 하는 것은 언제나 나의 독점을 만드는 것이다. 타인의 거만한 독점에는 나만의 독점으로 대항하라.

4) 조조할인과 쿠폰할인

사회적 손실을 줄이기 위해 공급을 늘리고 가격을 낮추는 방법은 없을까? 있지만 불행하게도 독과점자들이 이 방법을 이용하고 있다.

독과점자는 이익을 최대한 얻으려고 노력한다. 그래서 구입자에 따라 가격을 다르게 매기는 가격차별을 실시한다. 가격차별은 우리 생활의 모든 부분에서 존재하고 있다. 극장에서 일찍 오는 사람에게 조조할인을 해 주거나, 마트에서 끝나는 시간에 오는 손님에게 할인을 해 주는 등 특정 시간에 싸게 해 주는 시간별 가격차별, 단골손님이나 할인쿠폰을 모아 오는 사람에게 가격을 낮추어 주는 고객별 가격차별 등 우리 생활 곳곳에 있다.

이 가격차별은 물론 기업이 가격을 시간에 따라, 사람에 따라 마음대로 조정하는 것이므로 완전경쟁이 아닌 독과점 행위이다. 즉, 가격차별이 가능한 것은 이용지역, 이용고객, 이용상품 등에 대해 기업이 지배력을 확보하고 있기 때문이다. 또 가격할인이 가능한 것은 고객을 가격할인을 받기 위해 특정 시간에 오는 고객, 단골이 되는 고객, 혹은 쿠폰을 모아 오는 고객과 그렇지 않은 고객으로 나눌 수 있기 때문이다.

이렇게 고객시장을 나눌 수 있고 독과점적인 지배력을 가지고 있다면, 기업은 그 시장을 세분화하여 가격을 다 다르게 매김으로써 이윤을 극대화할 수 있다. 그냥 아무 때나 물건을 잘 사는 사람들에게는 보통 비싼 가격으로 팔고, 평소에 돈을 아껴 잘 사지 않지만 할인해 주면 더 많이 사겠다는 사람에게는 특정 시간, 특정 할인쿠폰을 통해 깎아 주어서 결국 사게 만듦으로써 독과점기업은 모든 사람에게 물건을 팔아 전체적으로 이익을 올릴 수 있는 것이다. 극단적으로 모든 사람에게 가격차별을 실시하면 모든 이익을 생산자가 가져갈 수 있다.

우리는 스티브 잡스나 간디 같은 사람을 영웅으로 말할 것이 아니라 가격을 낮추고 모든 것을 최대한 공개하고 제공함으로써 세상을 이롭게 만든 사람들을 영웅으로 기억하고 그들을 본받아야 한다. 우리들의 부모님, 페니실린을 발견하고 특허 없이 공개하여 사용하게 한 알렉산더 플레밍, 공개 소프트웨어를 만든 사람들, 기술을 공개하여 산업혁명을 만든 사람들이 그들이다. 영웅은 우리 주위에 있지, 인위적으로 과장되게 만들어진 위인

전이나 교과서에 있는 것이 아니다.

4. 지배자들의 계략

현실에서 우리가 필요로 하는 것들은 대부분 소수의 사람, 기업들이 지배하는 과점을 형성하고 있다. 예컨대, 우리가 필기도구 1개 혹은 TV 1대를 산다고 해도 우리는 주요한 몇 개 회사가 대부분 그 상품시장을 지배하고 있음을 알 수 있다. 우리가 아끼는 제품의 공급은 대부분 과점 상태에 있는 것이다.

이러한 상태에서 과점기업들은 죄수의 딜레마에서 보듯이 자신만을 위한 이기적인 선택을 하면 기업 모두에게 손해가 된다는 것을 깨닫고 서로가 이익을 더 높이기 위해 암묵적으로 협조한다. 그래서 과점시장에서는 카르텔이나 특정 기업에 의한 가격선도(price leading) 등 소수기업 간의 협조가 계속 암묵적으로 이루어지고 있고, 정부는 이를 막는 데 심혈을 기울이고 있다. 우리 현실과 가장 가까운 과점시장에서 기업들의 담합이 완전히 성공하면 사실상 독점과 같아지게 되므로 이를 엄격히 규제하고자 하고 있는 것이다.

5. 항상 정해 놓고 가는 나의 중국집

미장원은 다 같다. 중국집 자장면은 다 같다. 이렇게 생각하면 완전경쟁이 된다. 그러나 미장원과 중국집은 누구나 차릴 수 있지만, 서비스나 품질은 다 차이가 있다. 그래서 사람들이 '어떤 미장원이 좋다'라거나 혹은 '어떤 중국요리점이 좋다'라고 생각하고 그곳만을 찾아간다면, 그 가게는 사실상 그 사람에게 독점가게와 유사하게 되므로 이를 '독점적 경쟁시장'이라고 한다. 이렇게 보면 사실 우리 주위의 대기업이 아닌 대부분의 동종 중소가게들은 독점적 경쟁시장 상태에 있음을 알 수 있다.

독점적 경쟁시장의 독점적 요소는 역시 소비자의 판단에 따른 것이다. 따라서 독점적 경쟁시장에서는 차별화 전략이 매우 치열하게 이루어진다. 소비자들의 선택에 차이를 주어 자기 쪽으로 끌어당기기 위해서이다.

포장마차로 성공하고 싶다면 작더라도 남과 다른 차이를 만들고, 차이가 있다는 것을 고객에게서 인정받아야 한다

남과 다른 차이를 만들어 그 차이를 고객들에게 인정받지 못하면 같은 자장면을 만들어도 망한다. 그러므로 항상 남이 가지지 못한 작은 차이점을 만들어야 한다. 바로 틈새시장(niche market)인 것이다. 포장마차를 차리고 싶다면 가격이든, 품질이든, 종류이든, 모양이든, 서비스이든 무엇인가 다른 곳과 다르다는 것을 보여 주고 자랑하고 그것을 인정받아야 한다. 비슷한 포장마차이면 실패한다.

독일과 일본 자동차는 미국 시장에 수출할 때 미국 시장에서 경쟁력이 높은 미국 차를 이기기 위해 무엇인가 다른 차이를 보여야 하였다. 하지만 새로운 혁신적인 차를 만든다는 것은 쉽지 않았다. 그래서 독일은 미국의 직사각형 모양 자동차와 다르게 둥그런 차, 바로 비틀 자동차를 수출하였고, 일본은 미국의 긴 자동차 모양과 다르게 장난감 같은 작은 차를 수출하였다. 이 차이로 미국인들은 기존 자동차와 다른 자동차라고 판단함으로써 대성공을 거두었다.

6. '재벌'은 영어로도 재벌이다

1) 소비자가 만드는 한국의 싹쓸이

현실적으로 완전경쟁은 존재하지 않는다. 아무리 이윤이 높고 생산기술이 일반화되어 있어도 누구나 새로 시장에 진입하여 생산을 하는 것이 어려운 것이 현실이다. 일부 대기업, 특정 유명인이 품질, 가격, 서비스 등에서 실질적으로 뒤떨어짐에도 불구하고 소비자들이 특정 기업, 특정 유명인을 선호하기 때문이다.

그 결과 가장 기술이 일반화된 가전제품 산업에서도 3~4개의 대기업만 존재하고, 중소기업들은 자신의 상표로 시장에 진입하지 못한 채, 계속 대기업의 하청기업으로 남아 있다. 오랫동안 많이 들어 본 사람은 계속 정치인으로 뽑히고, 심지어 미국 등 선후진국을 막론하고 대를 이어 한 가족이 대통령 등 유명정치인이 되는 경우도 많다. 그러니 금수저 소리도 나오게 된다. 그 결과 너무나 착하고 똑똑한 사람들이 대우받지 못하는 멍청한 일이 너무 자주 일어난다.

그러나 그것은 일반 소비자들인 우리가 선택한 것이다. 정부의 일관성 없는 정책도 특정 기업, 특정인에게만 유리한 경우가 많아 완전경쟁이 이루어지지 못하고 있지만, 그런 정부를 선택하는 것도 우리들이다.

그대를 세상은 너무나 몰라준다

「배트맨 비긴즈」(Batman Begins)에서 나오는 대사이다. "내 안에 있는 무엇으로 내가 누구인가가 결정되는 것이 아니라, 바로 내가 하는 것 그것이 바로 나를 결정해 주는 것이다"(It's not who I am underneath but what I do that defines me). 세상은 내가 하는 것으로 나를 어떤 인간이라고 판단한다. 내가 아무리 착하고 성실함에도 사람들은 그것으로 나를 평가하는 것이 아니라 나의 행동으로 나를 평가한다.

그러니 우리는 남에게 나를 정당하게 평가받을 수 있도록 행동해야 한다. 그렇지 않다면 정말 억울하지 않겠는가? 따라서 우리는 하루하루 생활에서 나를 제대로 보여 주기 위한 연습이 필요하고, 그것이 행동으로 자연스럽게 나타나도록 몸에 배도록 할 필요가 있다. 왜 초록색 신호등 앞에서 서서 기다려야 하는지, 왜 길거리에서 쓰레기를 버리지 말고 침을 뱉지 말아야 하는지, 왜 술자리에서 실수하면 안되는지 이제 알 것이다.

2) 왜 집중이 문제가 될까

한국의 '독점규제와 공정거래에 관한 법률'은 우리가 흔히 '재벌'이라고 부르는 것을 '기업집단'이라고 하고, '독과점업체'를 '시장지배적 사업자'로 정의하여 사용하고 있다. 우리는 신문에서 이 말들이 사용되고 있는 것을 자주 보고 있다. 여기에서 시장지배적 사업자는 한 시장에서 결정되는 것이므로 당연히 시장의 정의상 한 상품마다, 즉 단일품목별 시장집중률(market concentration ratio)을 의미한다.

그런데 한국에서 문제가 되는 것은 이것이 아니다. 소위 '재벌'로 불리는 대기업집단들이 한 품목에서 독과점을 형성하는 것이 아니라 가능한 많은 분야에 진출하는 '문어발식' 확장을 보여 주었다는 것이다. 흔히 신문에서 쓰이는 '문어발식 확장', 즉 현재 그 기업의 사업과 수직적, 수평적 관계가 전혀 없는 분야로의 기업확장 혹은 통합을 혼합결합이라고 한다. 이렇게 대기업집단이 모든 분야에 진출하여 전체 한국 경제를 지배하는 비율을 일반집중률(overall concentration ratio) 혹은 총산업집중률이라고 하는데, 바로 이 비율이 매우 높은 것이 한국의 문제이다. 즉, 독과점보다 기업집단(재벌)의 전체 경제에서의 경제력 집중(concentration of economic power)이 문제인 것이다. 경실련은 삼성·SK·현대자동차·LG·롯데 등 국내 5대 재벌 총자산액이 15년 새 4배 가까이 늘어나 GDP의 60%를 넘었고, 이들의 토지자산은 70조 원이 넘는다고 밝혔다. 우리나라 대기업집단들의 무분별한 영역 확장은 국제경쟁력 관점에서 볼 때 우려되는 수준이다. 재벌 내 복잡한 지배구조도 세계에서 유례가 찾기 어려워 영어로도 한글 발음 그대로 '재벌'이라고 하고 있다.

코미디언들이 웃기려고 "1등만이 기억되는 더러운 세상"이라고 소리치지만, 이는 우리가 바꿀 수 있다. 현재 한국에서 심각하다고 하는 반(反)대기업 정서는 물론 옳다고 할 수 없다. 그러나 이러한 정서가 생긴 것에는 대기업의 책임이 있다. 그래서 한국은 일정 조건에 해당하는 대기업집단은 계열사 간 신규 순환출자를 금지하는 내용의 독점규제 및 공정거래법 개정안을 현재 시행 중에 있다.

정부의 역할에 문제가 있는 것은 아닐까? 대한상공회의소 보고서에 따르면, 국내 규제 건수는 큰 변화가 없지만 지난 5년 동안의 신설·강화 규제 법률 중 거의 절반이 기업에 부담이 되는 경제적 규제에 해당되었다. 이 중

기업의 자유로운 시장진입을 저해하는 진입규제가 70%를 넘어 꾸준히 증가하는 추세이다. 독과점 및 불공정거래 관련 경쟁규제와 가격규제도 10% 수준으로 조사되었다.

대기업집단(재벌)이 나쁘다고? 한국을 발전시킨 것이 재벌인데?

우선 분명히 이야기하지만 대기업집단, 즉 재벌이 한국의 경제발전에 중요한 역할을 한 것은 맞다. 하지만 재벌만큼, 아니 더 중요한 역할을 한 것이 바로 우리들의 부모님, 즉 일반인들이었다. 어떤 면에서 보면 한국의 재벌만큼 무임승차자(free rider)이었던 기업은 세계에 유례가 없다. 가장 중요한 연구개발과 인력자본 개발에서 한국의 대기업집단들은 발전 초기에 거의 비용을 지불하지 않고 그 비용을 국가, 즉 국민의 세금으로 충당하였다. 교육비용은 오늘날까지도 거의 대부분 개인에게 넘기고 있다.

한국이 이렇게 놀랍게 성장한 것은 누구 덕분일까? 해외에서 자주 저자가 듣던 질문이었다. 실제로 한국의 경제성장은 정부의 역할 덕분이었다는 정부역할론이 그동안 세계 학계의 일반적인 설명방식으로 제시되어 오기도 하였다. 그러나 그렇지 않다. 한국의 경제성장은 정부, 특정 대기업, 나아가 어떤 특정 인물 때문에 이루어진 것이 절대 아니다. 한국의 경제성장은 절대빈곤에도 불구하고 세계에서 유례를 찾기 어려울 정도의 교육열을 가지고 모든 분야에서 헌신적이었던 노동자, 기능인력 그리고 부모들에 의해 이루어졌다. 한국의 현대경제사를 진지하게 연구하였다면 이것을 자연스럽게 알게 되는데, 아쉽게도 많은 국내외 연구자들이 그렇지 못하다.

한편 한국의 압축된 경제성장에서 대기업의 역할이 다른 나라에 비해 컸다. 그래서 앞에서 이야기하였듯이 대기업이 한국의 경제성장에 큰 역할을 하였다는 점은 긍정적으로 말할 수 있지만, 그 반대급부도 분명히 있다. 한국은 대기업 중심으로 성장하였기에 단축된 성장도 가능하였지만, 그만큼 불안정한 경제구조를 가지고 있다. 대기업 중심 성장은 필연적으로 내수를 약화시키고 수출에 과도하게 의존하여 불안정한 경제구조를 만들어 내었다. 그래서 한국은 대외의존성이 높은, 세계에서 큰 양면성을 가진 국가가 되었다.

특정 부문, 특정 사람 그리고 외부에 의존한 성장이 불안정할 수밖에 없다는 것은 우리 개인에게도 명심해야 할 교훈이다.

지금 하고 있는 일에 집중해야 성공한다고?

부족하면 집중해야 한다. 자원은 유한하고 인간의 시간도 유한하므로 선택과 집중을 해야 하고, 그래서 항상 우리는 선택을 해야 하는 인생을 살게 된다.

그런데 주위에서 항상 하는 이야기가 우리가 성공하려면 지금 하고 있는 일, 현재 상태에 집중해야 한다고 말한다. 심지어 현재 하고 있는 일에 집중하지 않는, 집중하지 못하는 사람을 산만하다고 걱정하고 끈기가 없다고 하고 그래서 그런 사람들은 성공할 수 없다고까지 진단하고 단정한다.

그렇지 않다. 세상은 한쪽으로 너무 집중되어 있고 개개인의 경우를 보아도 그렇다. 이런 상황에서 개인에게 집중만을 강조하는 것은, 개인들이 새로운 것을 할 수 있는 능력과 시간이 부족하다는 잘못된 전제에서 말하는 오류인 것이다.

집중하라고 말하는 기성세대의 소위 출세한 사람들은 자신들이 이룬 그 성취 과정의 어려움을 의도적으로 과장하고 있다. 심지어 그들은 일반 사람들이 자신들의 일에 관심을 가지고 자신들만이 하던 일에 자꾸 진입함으로써, 일반 사람들이 '자신들이 중요하고 어려운 일을 하는 것도 아니면서 큰 이익을 챙기고 있다'는 것을 알게 될까봐 두려워하고 있고, 나아가 자신들의 독점적 지배력, 수익률이 낮아질까 봐 걱정하고 있다. 그래서 자신들을 스스로 차별화, 우상화하며, 다른 사람들에게는 다른 일에 신경 쓰지 말고 현재 하고 있는 일에 집중하라고 강조하고 있는 것이다.

언제든 자신의 선택이 정답이 아니라고 느끼면 현재의 일에 집중하라는 말을 무시해도 좋다. 언제나 폭넓은 시야를 갖고 새로운 것에 도전하는 것은 인간이 가진 최대의 행복이다.

한국은 세계에서 가장 살기 좋은 나라 아닌가?

세계를 많이 다니게 되면 깨닫는 것이 있다. 한국이 살기 좋은 나라라는 것이다. 이 말은 어느 정도 사실이다.

하지만 이렇게 느끼는 이유에는 사람들이 외국에서 느끼는 불편함에 기인하는 것도 있고, 또 외국을 잘 모르기 때문인 것도 있다. 예를 들어, 학교에서 갑자기 총 맞아 죽는 나라, 정전이 되면 시민들이 강도로 급변할 수 있는 나라, 대중교통 수단이 발달되어 있지 못해 여행을 평생소원으로 사람들이 생각하는 나라는 적어도 OECD 국가 중에서는 미국 외에 생각하기 어렵지만, 그럼에도 미국인은 미국이 가장 살기 좋다고 느끼고 있다. 심지어 다수의 북한 사람들은 북한이 가장 살기 좋다고 느끼고 있을 것이다.

한국은 살기 좋았던 나라가 맞다. 아니 앞에서도 지적하였듯이 지금도 어느 정도 그렇다. 우리가 국내에서 불편하게 여기는 것들도 외국과 비교해 보면 그래도 국내가 나은 편인 것이 많은 나라가 한국이다.

그러나 점점 그렇지 않게 되어가는 모습이 보이니 걱정이다. 한국은 이제 세계에서 가장 나쁜 지표를 뽑아도 다수에서 1위를 차지하고 있다. 왜 이렇게 되었을까?

여러 원인이 있지만 한국은 다른 나라에 비해 집중에 따른 불균형 문제가 너무 커지고 있기 때문이다. 정규직과 비정규직, 남성과 여성, 주연급과 조연급, 좋은 인기직종과 일반직종 사이의 임금격차가 이렇게 심한 나라는 찾기 힘들다. 서울 등 특정 지역과 다른 지역의 주택가격 격차도 그렇다. 한쪽으로 자원이 집중되고 불평등이 확대되면서 평균은 계속 급상승하는 나라, 그것이 바로 대한민국이다. 이런 환경에서 자살률, 출생률은 세계 다른 나라들과 비교해도 현저히 큰 격차를 보이며, 자살률은 가장 높은 수준을 기록하고 출생율은 가장 낮은 수준으로 떨어졌다. 여전히 높은 비율의 빈곤층이 존재하며, 힘이 없고 소외된 노인들이 아닌 한창 경제적 활동이 왕성한 30대가 본인의 고독사 가능성을 40% 가까이 보고 있는 무서운 현상이 나타나고 있다.

이러한 현상은 개인의 문제가 아니다. 그러므로 본인이 평균에서 한참 뒤떨어져 있다고 하여도 자신을 원망해서는 안 되며 그럴 필요도 없다. 집중에서 나오는 이러한 불평등과 뒤따르는 제반 문제들은 사회의 문제이며 대한민국의 문제이다. 국가가 책임이 있는 것이고 우리는 그것을 고치도록 끊임없이 선거 등을 통해 요구하고 책임을 물어야 한다.

09

발전 속의 빈곤

한국은 발전하는데 왜 내 취업은 더 어려워지지?

1. 나를 필요로 하는 곳과 사람
2. 모두가 잘 사는 꿈은 어디 가고 우리는 여기 서 있을까?
3. 경제는 발전하는데 왜 더 살기 어렵다고 느껴질까

1. 나를 필요로 하는 곳과 사람

대학을 졸업한 젊은이들에게 한국의 현실은 혹독하다. OECD 교육지표에 따르면 한국의 대졸자 고용률은 75~80% 수준으로 OECD 평균보다 5~10%포인트 낮다. 심지어 한국교육개발원이 발표한 4년제 대학 졸업자의 취업률은 한국이 60~65%이고, 일본은 95% 이상으로 한국의 대졸자취업률이 얼마나 취약한지 알 수 있다.

상황은 이렇지만 우리는 살아가기 위해 노동이라는 생산요소를 공급하는 취직을 해야 한다. 물론 아르바이트(part-time job)도 동일하다. 반면 기업은 이윤을 추구하면서 생산을 위해 노동을 수요한다. 공급과 수요가 존재하므로 여기에서 취업시장, 즉 노동시장이 형성된다. 노동시장은 일반 상품시장과 기본구조가 동일하다.

노동의 가격과 내가 고용되는 고용노동량은 노동의 수요와 공급에 의해 결정된다. 노동의 공급은 노동가격 즉 임금이 비쌀수록 공급을 늘리는 일반적인 형태가 될 것이다. 그러면 우리가 관심있는 기업이 결정하는 노동의 수요, 즉 나에 대한 수요는 어떻게 결정될까?

기업이 노동을 새로 고용하여 추가로 버는 돈은 새로 추가한 노동의 한계생산량에 새로 만들어진 물건의 가격을 곱한 것이 될 것이다. 예를 들어, 모자공장에서 사람을 1명 고용할 때 그 고용된 사람이 더 생산하는 한계생산량이 모자 10개이고 모자의 가격이 5,000원이라면, 그 사람을 고용함으로써 기업이 새로 벌어들이는 돈은 10개×5,000원=50,000원이 된다.

이제 기업은 어떤 사람을 새로 채용하여 더 버는 돈이, 지불해야 하는 임금을 초과하면 이익이므로 당연히 그 사람을 채용할 것이다. 임금이 변할 때마다 결정되는 노동의 수요는 그 사람이 벌어주는 돈의 양에 따라 움직이게 되는 것이다. 노동수요는 그렇게 결정되는 것이다.

어디에 취업하고 싶다면 그 곳에, '당신이 나에게 지불할 비용, 내게 주는 돈보다 나는 더 이익을 줄 수 있다'는 것을 보이면 된다. 이는 취업만이 아니라 모든 사회생활, 인간관계에서 똑같이 적용된다. 만나는 모든 상대방에게 당신이 나와 같이 지내면 당신은 나로 인해 지불해야 하는 비용, 손해보다 이익이 더 크다는 것을 확실히 보여야 한다. 적어도 나와 관련된 일에 대해서는, 이 이외의 자비와 동정, 인연 등은 기대하지 않는 것이 맞다. 그러므로 언제나 남에게 폐를 끼치지 않도록 주의해야 하고 내가 새로이 합류함으로써 생길 수 있는 좋은 점이 있도록 해야 한다. 그러기 위해서는 항상 주위를 잘 살피고 현실 시장의 요구와 새로운 변화에 관심을 가져야 한다.

기업이 주겠다는 임금보다 낮은 임금을 희망하는 취업희망자

일반적으로 기업이 제시하는 임금 수준은 내가 바라는 수준보다 낮다. 이렇게 기업이 제시한 임금보다 당연히 높던 대졸자 희망임금이 역전되는 이상 현상이 가끔 나타나고 있다. 심지어 이 이상격차가 확대되어 나타나기도 한다. 취업난이 심화되면서 '일단 취업하고 보자'는 생각 때문이다. 아니 그보다 자기 자신을 자꾸 과소평가하기 때문이다.

높은 수익을 달성하는 기업들은 분명히 임금을 더 줄 생각이 있고, 우리는 거액의 성과급(보너스)제도가 많이 운용되고 있음을 실제로 보고 있다. 따라서 우리는 임금을 더 받도록 준비해야 한다. 지금부터 많이 웃고 자신이 더 멋있게 보이고 긍정적으로 보이도록 혼자 있을 때 매일 거울 앞에서 연습하도록 하자.

우리가 연봉을 더 달라고 하여도 기업이 응하도록 그들이 바라는 것이 무엇인지 생각하며 나 자신의 가치를 올리자.

기업은 내 생산성을 정확히 평가하지 못한다 - 메라비언의 법칙

말할 때 상대방에게 가장 큰 영향을 미치는 것은 무엇일까?

당연히 전달하고자 하는 내용이라고 생각하기 쉽지만 목소리다. 메라비언의 법칙(The Law of Mehrabian)은 메시지 전달에서 목소리가 차지하는 비중이 38%이고, 다음으로 표정 35%, 태도 20%이며, 대화의 내용은 겨우 8% 비중에 불과하다는 법칙이다.

별 중요하지도 않은 이야기를 홈쇼핑 판매자들은 높고 빠른 목소리로 말한다. 시청자들에게 긴장감을 유발해 구매를 촉진하려는 전략이다. 전화 안내나 텔레마케터들은 상쾌한 느낌을 주기 위해 목소리 톤을 살짝 높인다. 그러면 불만사항 처리에서도 불평이 확 준다.

언제나 자신을 자랑스럽게 생각하고 크게 똑똑하게 밝은 목소리로 말하자.

나는 왜 가고 싶은 대기업에 취직하지 못하지?

'대기업이 여러 가지 좋다는데 왜 나는 가고 싶은 대기업에 취직하지 못하지?'라는 생각을 할 수 있다. 내가 공부를 안 해서 그런가? 내가 노력을 안 해서 그런가? 내가 자격증이 없어서 그런가? 등 여러 가지 생각을 하게 되고 슬프게도 자꾸 자신을 탓하게 된다.

그러나 그렇게 나를 원망하지 마라. 내가 가고 싶은 대기업에 취직하지 못하는 데에는 나 자신의 문제 이전에 우리나라에 문제가 있기 때문이다. 한국과 달리 250인 이상 기업을 대기업으로 분류하는 OECD 기준에 의하더라도 한국에서 대기업 일자리 비중은 10~15%로 OECD 32개국 중 가장 낮다. KDI에 의하면, 한국은 근로자의 절반이 30인 미만 기업에서 일하고 있다. 한국의 대기업은 가능한 고용을 늘리지 않고 자동화를 추구하여 일자리 자체가 적으니 당연히 들어가기 어려운 것이다.

대기업에 들어가지 못한다고 자신을 한탄하는 것은 극소수만 뽑히는 복권을 사놓고 왜 나는 복권에 당첨 안되느냐고 한탄하는 것과 같은 것이다.

2. 모두가 잘 사는 꿈은 어디 가고 우리는 여기서 있을까?

내가 노력하여 더 높은 월급을 받을 수 있다. 이것이 기능별 소득분배이다. 기능별 소득분배는 회사와 나 사이의 수요와 공급에 의해 결정되고 우리는 수요와 공급에 대해 계속 보아 왔다. 그러면 이제 계층별 소득분배를 보자.

계층별 분배를 가장 잘 보여 주면서 세계적으로 많이 사용되는 것이 로렌츠 곡선(Lorenz curve)이다. 이 곡선은 가로축에 가난한 가구(사람)부터 시작하여 잘 사는 가구(사람) 순으로 배열하여(잘 사는 가구부터 못 사는 가구 순으로 배열해도 결과는 동일하다) 더해 가고, 세로축에는 그 비율에 따른 소득점유율을 표시하여 연결한 선으로 〈그림 9-1〉과 같다. 즉, 하위 몇 %가 전체 소득의 몇 %를 가져가는가를 찾아 계속 연결한 선이다.

만약 완전히 똑같이 소득분배가 이루어진다면, 하위 10%가 10%의 소

그림 9-1 로렌츠 곡선

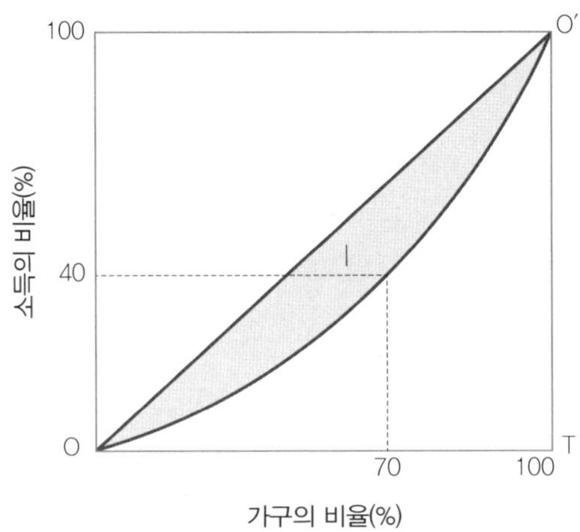

득을 가져가고 50%가 50%의 소득을 가져가게 되므로 로렌츠 곡선은 가로축과 세로축이 똑같아져 이등변삼각형, 즉 기울기 45도의 완전 대각선이 된다. 그러나 하위 70%가 전체 소득의 40%만을 가져가는 불평등이 존재하면 〈그림 9-1〉과 같이 포물선이 그려질 것이다. 따라서 그림에서 색 부분이 불평등도를 나타내게 된다.

로렌츠 곡선에서 색 부분이 불평등도이므로 전체가 평등할 때 그려지는 45도선의 삼각형에서 불평등도가 차지하는 비율을 찾아낼 수 있는데, 이것이 뉴스에서 자주 듣는 불평등도 지수인 지니계수(Gini coefficient of concentration)이다. 즉, 지니계수를 그림에서 구해 보면 다음과 같다.

지니계수 = 불평등한 면적(I면적) / 완전 평등한 45도 면적(OTO′면적)

지니계수는 불평등을 나타내는 면적을 평등할 때의 면적으로 나눈 것이므로 지니계수가 크다는 것은 불평등도가 크다는 것을 의미한다. 완전평등한 소득분배라면 불평등을 나타내는 면적이 0이므로 지니계수는 0이 된다.

한편, 10분위분배율이 있는데, 이는 10%씩 10개의 집단으로 나누어 최하위 40%의 소득점유율을 최상위 20%의 소득점유율로 나눈 것이다. 따라서 10분위분배율은 작을수록 하위 40%의 소득이 적다는 뜻이므로 지니계수와 반대로 작을수록 소득불평등도가 커진다. 이는 5분위분배율, OECD에서 주로 사용하는 하위 10%의 경계소득(P10) 대비 상위 10%(10분위) 경계소득(P90)의 배율인 P90/P10 비율 등 여러 방법으로 응용되어 사용되고 있다. 소득 10분위 혹은 5분위 최상위 고소득층 가구와 최하위 저소득층 가구의 소득격차가 벌어지는 현상이 자주 등장하고 있는데, 이는 소득분배가 악화되고 있는 것이다.

능력에 따라 잘 사는 것이 공평한 것일까, 아니면 모든 사람이 똑같이 나누어 사는 것이 공평한 것일까? 한번 생각해 보자. 그렇게 오랫동안 인류가 꿈꾸어 왔고 여러 번 시도되었던 "능력만큼 일하고 필요한 만큼 공정하게 나누자"는 이상은 왜 모두 실패하고 우리는 지금 여기에 서 있는 것일까?

오언(Robert Owen) 등 공상적 사회주의자들은 사회변혁에 의해 개혁을 하려고 하였고, 리카도(David Ricardo), 맬서스(Thomas Robert Malthus) 등 고전학파 경제학자들은 이들 개혁을 비판하였다. 18세기 이래 이미 세계는 수요, 공급의 시장원리가 지배하고 있었고, 따라서 이를 무시한 비현실적인 사회변혁 노력은 모두 실패하였다. 20세기의 사회주의도 결국 모두 실패하였다.

3. 경제는 발전하는데 왜 더 살기 어렵다고 느껴질까

재미있는 사실은 한국인들에게 한국의 소득분배는 어떠냐고 물어보면 거의 모두가 나쁘다고 말한다는 것이다. 정말 그럴까?

20세기 후반 한국의 소득분배는 나쁘지도 좋지도 않았다. 우리나라의 소득분배를 앞에서 이야기한 지니계수와 10분위분배율로 볼 때, 전반적으로 선진국보다는 나빴지만 미국과 대부분의 발전도상국보다는 좋았다. 우리는 가까운 동남아 국가들만 방문해 보아도 한국의 소득분배가 나쁘지 않다는 것을 금방 느낄 수 있다. 왜 그럴까? 한국은 해방 후 농지개혁, 높은 교육열, 부에 대한 문화적 전통 등 한국 현대경제사에 나타난 여러 특징들로 소득분배가 나쁘지 않은 나라로 되었다.

우리는 나를 포함한 우리를 너무 낮추어 보는 습관이 있다. 우리는 자부심을 가질 정도로 경제성장에 성공하였고, 그 과정에서 소득분배도 후발국 가운데에는 좋은 국가를 유지해 왔다는 것을 잊지 않도록 하자.

그러던 한국이 언제부터인가 집중, 불평등의 병을 앓기 시작하였다. 그리고 그 병은 심각해지고 있다. 미국의 예에서 보듯이 경제가 발전하면서 오히려 빈부격차가 벌어질 수 있다. 미국 산별노조총연맹(AFL-CIO)의 자료와 미정책연구소(IPS)의 자료에 의하면, 미국의 기업경영자들은 점점 고액의 연봉을 누리는 반면 근로자들은 항상 해고에 시달리면서 임금 상승이 정체되는 것으로 나타났다. 또한 미 의회 자료에 의하면, 경제가 장기적으로 호황이던 시절에도 미국의 상위 1%의 소득은 하위 38%의 소득과 똑같은 것으로 나타났다. 이러한 미국식 정의가 바로 한국에도 나타나고 있는 것이다.

OECD에 의하면, 한국의 노동자 연간 실질임금은 OECD 평균의 80% 수준을 받는 것으로 나타났다. 한국 노동자는 미국과 일본 노동자보다 연간 40% 이상 더 일하고 실질임금은 그들의 75% 정도를 받는다. 여기에 차별까지 심해 중소기업과 비정규직은 훨씬 낮은 임금을 받아야 한다. 고용노동부 조사 결과에 따르면, 300인 이상 사업체 정규직 근로자의 시간당 임금총액을 100으로 하면 비정규직의 임금은 70% 정도, 중소기업인 300인 이하 사업체에서 일하는 근로자의 임금은 40~60% 수준이었다. KDI 조사 결과는 조금 나았지만 300인 이상 기업 노동자 임금 대비 100~299인 기업의 임금은 70~75%, 5~9인 기업의 임금은 50~55%에 불과하였다.

생산성 차이가 있다면 임금이 차이가 있을 수 있지만 대기업 노동자, 정규직 노동자가 더 생산성이 높다는 증거도 명확하지 않으며 특히 그 임금격차만큼의 생산성 차이가 있다고는 절대로 말할 수 없다. 다행스럽게도 그 격차가 줄고 있지만 앞으로 더 줄여야 한다.

임금소득도 그렇지만 한국의 건물, 토지 등 부동산 자산의 불평등도는 더욱 커서 자산분배의 불평등도가 매우 심각하고 또 악화되고 있는 것으로 나타나고 있다. 소득구간별 자산의 변화를 보면, 최상위 4분위(상위 20~40%)와 5분위(상위 20%) 자산은 증가하지만 최하위 1분위(하위 20%) 자산은 감소하고 있다. 최상위 5분위 가구 평균 자산은 최하위 1분위 가구 평균 자산의 7배가 넘는다. 한국인들 자산의 75% 이상을 차지하는 게 부동산이다.

통계청에 의하면, 전국 무주택 가구와 다주택 가구가 증가하고 있다. 어디에서든 사방을 보면 계속 집을 짓고 있지만 주택소유율은 여전히 60% 아래에 머물러 있고, 주택을 소유하지 못한 가구는 40%가 넘는다. 많은 부자들이 주택을 복수로 소유함으로써 한국인들의 실제 주택보급률은 40%

에 불과하다는 추정도 있다.

주택을 소유한 등록취업자 가구의 주택소유율은 비임금근로자 가구가 임금근로자 가구보다 10%포인트 이상 높았다. 임금근로자 가구의 주택소유율은 지역별로 큰 격차를 보이며, 서울이 50%에도 미치지 못하여 17개 지자체 중 최하위이었다. 서울은 주택가격의 급등으로 급여생활자가 내 집 마련하기가 어렵기 때문이다.

부동산 임대소득을 신고한 사람들 가운데 부동산을 많이 소유하고 있는 최상위 0.1%의 평균 임대소득은 8억 원이 넘었고, 상위 1%로 범위를 늘려도 평균 임대소득은 2억 원이 넘었다. 부동산 임대소득 상위 1%가 거둔 총소득은 전체 임대소득의 15%를 넘고, 상위 10%가 얻은 임대소득은 전체 임대소득의 45%를 넘는다.

1990년대 중반 70%이던 한국의 중산층은 이제 50%대로 내려갔다. 특히, 불황이 오면 하위 소득자일수록 타격이 커 소득분배가 급속히 악화되고, 경기회복이 진행되어도 그 혜택이 상위층에 집중되는 현상이 나타나고 있다. 세계적인 위기가 오면 구제금융이 쏟아져도, 돈이 상위 부자와 대기업으로 쏠리며 오히려 부의 불평등이 심화된다. 가디언은 코로나19 사태가 터지자 미국에서 2,600만 명이 일자리를 잃는 사이 억만장자 계층들은 코로나19 발발 1달 만에 3,080억 달러, 약 377조 7,000억 원의 부를 늘렸다고 보도하였다. 한국에서도 한국은행 보고서에 의하면 코로나19 사태 대응으로 정부가 60조 원을 뿌렸지만 한국의 하위 10% 대비 중위소득 배율은 상승하여 소득 불평등이 심화되었다. 상위 0.1% 근로소득자의 1인당 평균소득은 9억 원을 넘었고 상위 1% 근로소득자의 평균소득은 3억 원이 넘었지만, 근로소득이 높을수록 소득이 더 빠른 속도로 증가하면서 부의 편중은 더 심화하는 추세가 나타나고 있다.

돈에서 소외된 서민들과 젊은이들의 금융 악순환

제1금융권인 은행에서 대출을 받지 못하는 서민들과 젊은이들이 저축은행 등 제2금융권에서 돈을 빌리는데, 이들은 신용이 낮으므로 대출이자율이 높다. 이렇게 금리가 높아도 낮은 신용으로 은행에서 돈을 빌리지 못하는 서민들과 젊은이들은 제2금융권의 고금리 대출에 의존할 수밖에 없고, 결국 이들은 고금리 때문에 원리금 상환이 더 어려워지고 신용불량자로 몰리는 악순환이 일어나고 있다.

자영업자만 보아도 원리금을 갚지 못해 빚을 추가로 내는 다중채무 자영업자가 전체 개인사업 대출자의 50% 이상을 차지하며 매년 늘어나고 있다. 특히, 원리금 상환 연체자를 연령별로 보면 연체율은 29세 이하가 최고였고 30대가 두 번째로 높았으며, 연체율 상승폭도 똑같이 29세 이하와 30대가 1위와 2위를 차지하였다. 젊은이들이 대출 원리금 상환에 가장 어려움을 겪으면서 더 큰 파산의 위험에 빠지고 있는 것이다.

정부는 「국민기초생활보장법」이 시행된 후 한국의 소득분배 구조는 나아질 것으로 생각하였지만, 그렇지 못하고 있다. 특히, 상위 10%의 지출 중 교육비는 하위 10% 계층 교육비 지출의 7배에 달해 빈곤이 재생산되는 구조로도 나타나고 있다. 신한은행의 보고서에 따르면, 중고생 이상 자녀를 두고, 소득이 높은 가구일수록 교육비 비중도 높았다.

통계청 발표를 보면 월 200만 원 임금 미만 근로자가 전체의 1/4에 달하고, 250만 원 미만이 절반에 달하였다. 대기업과 중소기업의 임금격차는 배가 넘었다. 15~29세 청년층 조사 결과 첫 일자리가 임금근로자인 경우 졸업 혹은 중퇴 후 첫 취업까지 평균 10개월 이상 걸렸고, 특히 고졸 이하는 1년 이상 걸려 말과는 달리 실제로는 한국이 여전히 학력중시 사회임을 보여 주고 있다. 첫 취업에서 임금 혹은 수입이 월 200만 원에 미치지 못하는 경우가 70%를 넘었고, 100만 원이 되지 않는 경우도 15%가 넘었다.

나만의 문제가 아니다. 빨리 취직이 안되어도, 적은 임금을 받아도 내 능력이 모자라 그런 것은 아니니 절대 실망할 필요가 없다.

데이비드 그레이버 교수가 『불쉿 잡』(*Bullshit Job*)에서 지적하였듯이 자본주의 사회에서 노동의 사회적 가치와 임금은 오히려 반비례 관계로 존재할 수 있다. 그레이버 교수는 다른 사람들을 이롭게 하는 것이 확실한 직업일수록 정당한 보수를 받을 확률은 더 낮아지는 일반 원칙이 있는 것 같다며, 필수적이지 않은 허풍 직업이라는 불쉿을 붙인 직업의 예시로 인사관리 컨설턴트, 커뮤니케이션 코디네이터, 홍보조사원, 금융전략가, 기업법무팀 변호사 등을 들었다. 현대사회에서 높은 소득으로 각광받으며 부러움을 사고 있는 직업들이 많은 경우 불쉿 잡인 것이다.

OECD에 따르면, 한국의 청년층 고용률은 OECD 중 28위로 매우 낮았지만, 75세 이상 고용률은 OECD 1위였다. 청년들은 일을 못 하고 있고, 고용주들은 월급을 조금 주려고 노인들의 일자리를 자꾸 늘리고 있으며, 정부는 이런 현실을 눈감고 고용인수, 실업률 숫자에만 초점을 맞추고 있다. 그 결과 정부 추계 고용률은 늘고 있지만, 제대로 된 고용인 전일제 고용률(full time equivalent: FTE)은 50%대로 떨어지고 있다.

최저임금은 어떻게 해야 할까? 전경련은 한국의 최저임금 액수와 인상률이 아시아 최고라고 주장하고 있고, 노동단체는 OECD 국가에서 가장 낮은 수준이라고 반박하고 있다. 시각이 완전히 다르다. 실제로 한국의 최저임금은 장기간 디플레이션이 계속된 일본을 제외하면 프랑스, 영국, 독일 등에 비해 낮다. 물론 이에 대한 반박도 존재하는데, 한국의 최저임금수준은 프랑스와 함께 풀타임 근로자 임금 중간값 대비 61%로 높다는 것이다. 우리는 어디에 기준을 두어야 할까?

정치와 나의 행복

한국은 임금에서 격차가 심하고 우리는 한국에서 무엇이 문제인지 알고 있다. 한국 자영업자의 90%가 세를 얻어 영업하고 있는 현실은 의도적으로 무시되고 있다. 한국의 건물주들은 누구이고 어떤 사람들과 연관되어 있을까?

이 문제를 해결해야 할 정치인들은 어떤 사람들이기에 이렇게 무관심할까? 나 개인의 빈곤과 외로움은 분명히 한국 사회의 문제이고 사회가 잘못하고 있는 것이기에, 그런 점에서 본다면 한국 사회를 바꾸지 못한 우리가 잘못한 것이고 내가 잘못한 것이다.

결국 조금 더 공정하고 살기 좋은 사회를 만들기 위해서는 우리가 잘 생각하여 투표를 통해 정치인들을 잘 걸러낼 수밖에 없다. 계속되는 선거마다 우리는 투표권을 행사할 수 있으므로, 그들이 우리를 두려워하고 우리를 위해 최소한의 노력이라도 하게 해야 한다. 그래야 내가 행복해질 수 있다. 그렇지 않고 어떤 정당을 무조건 좋아하거나 어떤 정치인을 무조건 밀어주면 우리의, 나의 행복은 그만큼 멀어진다.

한국의 소득을 10분위로 나누어 정리하면 고소득층에서 소득 증가율이 급속히 상승하고 있어 불평등도가 높음을 확인할 수 있다. 그럼에도 여러 추계에서 한국의 지니계수는 전체적으로 개선되는 추세를 보이고 있다. 그러나 이러한 지수의 기초가 되는 통계들이 대부분 방문조사로 이루어져 한계가 있으며, 상당수 상위소득자가 빠져 있고 근로소득 외의 소득이 제대로 파악되지 않고 있다는 결정적인 단점이 있다. 실제로 방문조사인 「가계동향조사」를 보면 우리나라 상위 5%의 월평균 소득이 800만~900만 원 정도라고 나오지만, 국세청 기준으로 보면 상위 5%의 소득은 이보다 3~4배 높게 나타나고 있다.

어쨌든 개선되고 있다는 지니계수를 기준으로 보아도 한국의 소득불평등도는 OECD 회원국 가운데 매우 나쁜 30위권 밖이다. 한국보다 소득불평등도가 높은 국가는 멕시코, 칠레, 터키, 미국 정도이다. 한국은행 조사에 의하면, 현재 한국의 취업자 근로소득의 지니계수는 0.452로, 분석대상국 28개국 가운데 2위를 기록하였다. 그만큼 불평등이 심하다는 이야기다.

수준별, 지역별 심각한 소득격차로 사람이 가장 많이 모여 사는 서울에서 종합소득 상위 20%와 하위 20% 간의 소득격차는 65배로 나타났고, 서울에서 종합소득 상위 0.1%에 해당하는 사람의 연소득은 평균 60억 원이 넘었다. 최상위소득자들의 소득은 하늘 높은 줄 모르게 치솟고 있는 가운데 임금체불액은 늘어나고 있고, 그중 임금체불 미청산액도 증가하고 있는 것이 현실이다. 나만 재수 없는 인생을 살고 있는 것이 아니라, 정치인들의 무관심 속에 인류애에 반하는 일들이 지금 대한민국에서 벌어지고 있는 것이다.

망국병과 일반인, 젊은이들의 절망

대외경제정책연구원(KIEP) 보고서는 망국병으로까지 되고 있는 집값 상승이 한국의 불평등을 심화시키고 있으며 부동산 세금을 강화해야 한다고 주장하였으나, 정치인들은 공약 외에는 부동산 가격 억제에 관심이 낮다. 보고서에 따르면, 한국은 자산 상위 10%가 전체 순자산의 40% 이상을 차지해 소득보다 자산 불평등이 심각하며, 상위 10%가 보유한 실물자산이 금융자산보다 훨씬 많아 부동산 가격의 변화가 부의 불평등을 확대하는 데 큰 영향을 미치고 있다. 그럼에도 여전히 한국에서 부동산, 특히 서울 일부 지역의 아파트 가격이 폭등하여 일반 사람들, 특히 젊은이들은 정상적인 생활과 방법으로는 살 수 없는 집이 되고 있다.

누구 책임일까?

미국에서도 앵거스 디턴(Angus Deaton)과 앤 케이스(Anne Case)가 『절망의 죽음과 자본주의의 미래』(*Deaths of Despair and the Future of Capitalism*)에서 절망이라는 질병으로 인한 사망이 큰 문제임을 지적하였지만, 한국에서 사람들의 절망과 분노가 커지면서 자살률이 OECD 국가 중 계속 1위이다. 인구 10만 명당 자살률은 OECD 평균 2배 이상이며, 한국이 유일하게 20명을 넘기고 있다.

송파 세 모녀 자살로 기초생활보장법과 긴급복지지원법이 개정된 데 이어, 사회보장급여법이 만들어졌지만, 여전히 불합리한 규정들로 빈곤층이 기초보장제도에서 소외되고 있을 뿐만 아니라 가난으로 인한 죽음이 끊이지 않고 있다. 심지어 젊은이들의 자살 문제는 심각하여 10~30대 사망원인 1위가 자살이다. 그럼에도 이를 막아야 할 정치인들, 사회 상위층의 관심은 부족하다.

열심히 일하더라도 부의 자연스런 이전, 확대가 되지 않고, 좋은 집을 장만하거나 바라는 소득의 직장을 얻기도 어려워 젊은이들은 결국 결혼과 출산을 포기한다. 이미 영국의 데이비드 콜먼 교수가 "한국은 세상에서 사라지는 첫 번째 나라가 될 것이다"라고 경고하였지만 한국은 그 심각성을 깨닫지 못하고 있고, 한국의 여성 1명이 평생 낳을 것으로 예상되는 평균 출생아 수인 합계출산율은 OECD 회원국 중 꼴찌이자 평균의 절반 정도의 수준이 되었다.

흔히 우리는 노력하면 성공한다는 강요된 가르침에 젖어 있다. 어렸을 때부터 그렇게 부모님과 주위 사람들, 선생님이 말한다. 그래서 우리는 자신의 뒤쳐짐이, 외로움이 내가 살면서 노력을 안 해서 그런 것이라고 자신을 탓하며 원망한다.

그러나 이는 맞다고 할 수 없다. 우리가 노력을 찬양하면서 자주 인용하는 것이 에디슨의 "천재는 1%의 영감과 99%의 노력으로 이루어진다"라는 말인데, 사실 이 말도 1%의 영감이 중요하다는 말이 와전된 것이다. 심지어 잭 햄브릭 미국 미시간주립대 교수가 사례연구를 통해 밝힌 바에 의하면, 한국에서 성공의 가장 중요한 요소로 꼽히고 있는 '공부 잘하는 것'과 노력의 관계도 4%에 불과하였다.

흔히 잘못되고 있을 때, 바라는 바를 이루지 못하고 있을 때 무기력하게 자신을 생각하면서 "그래 젊었을 때 내가 공부를 안 해서 그래," "내가 공부를 싫어해서 그래"라고 생각한다. 그러나 이는 잘못 생각하는 것이다.

잘 생각해 보라. 내가 어렸을 때, 젊었을 때 못 하거나 안 한 것은 '공부를'이 아니라 '공부만'이다. 조금만 깊이 생각해 보면, 공부를 제외하고 나는 노는 것을 잘하였거나 게임을 잘하였거나 영화나 만화 보는 것을 잘하였거나 혹은 운동하는 것을 잘하였다는 것을 알 수 있다. 그런데 보라. 현실에서 가장 성공하였다는 정치인이나 큰돈을 벌고 있는 연예인, 스포츠

선수는 정말 노는 것만 잘하거나, 말만 잘하거나, 게임만 잘하거나, 운동만 잘한 사람들이 많다. 나처럼 공부를 잘 못하고 다른 것을 좋아하고 잘한 사람이 절대다수이다. 즉, 알고 생각하는 것과 달리 현실은 이 세상에서 성공이 공부와 상관이 없다는 것을 분명히 보여 준다. 오죽하였으면 행복은 성적순이 아니라는 말이 있겠는가? 그러니 지금부터라도 공부가 싫다면, 공부에 집착하거나 공부를 못 한다고 다 포기하지 말고 나 자신이 좋아하는 것을 찾아 더 잘하도록 하라.

분명한 것은 경제는 발전하는데 하위 계층의 삶은 나아지지 않고 있고, 더 나아가 많은 사람들, 나는 상대적으로 살기가 더 어려워지고 있다는 것이다. 우리는 그런 냉정한 현실에 살고 있으므로, 결국 우리 스스로 현실을 이겨나가야 하는 요구에 직면하고 있다. 국가가 발전한다고 해서 반드시 개인이 더 잘 살고 행복해지는 것이 아니다. 물론 "가난은 나라님도 해결 못한다"라는 오래된 속담에서 보듯이 이것이 오늘날의 문제나 한국만의 문제는 아니지만, 그렇기 때문에 우리는 경제적 사고를 공부해 두어야 한다. 스스로 설 수 있어야 하는 것이다. 물론 이와 동시에 우리는 국가에 대해 개선을 끊임없이 요구해야 한다. 이미 디턴과 케이스가 지적하고 있듯이, 권력, 정치, 사회 변화가 죽음의 전염병과 극심한 불평등을 동시에 초래하고 있는 더 근본적인 힘이기 때문이다.

나는 게으른 것 같다. 내가 발전하지 못하는 것은 내 탓 아닐까?

생각해 보면 나는 참 게으르다. 방송에 나오는 사람들은 자신들이 얼마나 치열하게 열심히 살았는가를 항상 이야기한다. 그리고 모든 사람들이 열심히 노력해야 성공한다고 말한다. 그런 이야기를 계속 듣다 보니 결국 게으른 내가 발전하지 못하는 것은 너무나 당연한 것 같다.

정말 내가 게을러서 발전이 없는 것일까? 나는 지금보다 일을 더 많이 해야 하는 것일까?

피타고라스, 소크라테스, 플라톤 등을 배출한 그리스의 철학과 수학은 유명하다. 그리스의 민주주의 발전 역시 동일하다. 하이든, 베토벤, 모차르트 등을 배출한 오스트리아의 음악 역시 유명하다. 과학에서 가장 유명한 이는 누가 뭐라고 해도 우선 뉴턴(Sir Isaac Newton)을 들 수 있다. 그런데 이들은 어떻게 비슷한 시기에 비슷한 장소에서 인류의 위대한 대업적을 이룰 수 있었을까? 갑자기 그 시기에 천재들이 어떤 지역에 몰려 태어난 것일까?

이유는 여러 가지 있겠지만, 기본적으로 이들은 노동으로부터 자유로워질 수 있었기 때문이었다. 그래서 노동을 안할 수 있었던 귀족, 부자, 그리고 철학자, 수학자, 음악가, 과학자들은 남는 시간을 때울 게으름의 산물로 민주주의, 철학, 수학, 음악, 과학을 발전시킬 수 있었던 것이다. 만약 그들의 상황이 게으름을 피울 수 없이 계속 노동을 해야 하는 상황이었다면 당연히 이런 인류의 큰 유산을 창조할 수 없었다.

역사는 생산력의 증진과 대체노동력의 활용을 기초로 인간이 노동에서 해방되어 게으름이 가능한 시기가 오고, 그럼으로써 인간들이 그 게으름의 산물로 발전을 이루었음을 보여 준다. 데카르트의 철학은 데카르트가 누워 게으르게 천장을 보며 시간을 보내다 만들어졌고, 뉴턴의 이론도 일하지 않고 쉬며 사과나무 등 주위를 보면서 만들어 내었으며, 모차르트의 음악도 게으르고 방탕한 시간 속에서 만들어졌다. 중국의 공자 철학도, 제갈량의 놀라운 사고도 모두 그들이 일하지 않아도 되는 게으른 시간의 확보가 가능한 속에서 만들어졌다. 그들이 모두 열심히 일해야 살 수 있는 환경에 있었다면 당연히 위대한 철학도,

음악도, 사고도 불가능하였다.

인간은 게으르게 될 때 비로소 자유롭고 창의적이게 된다. 인간을 노동으로부터 해방시킨다는 인류의 4차 산업혁명이란 바로 그런 것이다. 어쩌면 내가 행복하지 못하고 발전하지 못하는 것은 너무 먹고 사는 문제에만 집착해서 그런 것이 아닐까? 오히려 너무 많이 일해서가 아닐까? 그러니 내가 게으르다는 생각이 들면 걱정할 것이 아니라 게으른 시간을 잘 활용해야 한다. 무엇이라도 좋다.

10

매일 만나는 용어 속의 경제적 삶과 지혜

1. 우리가 사는 구조와 체계
2. 소득만 높아지면 잘 살게 되나
3. 돈으로 평가된 환상
4. 실질이 아닌 명목의 마술에 걸려 있는 보통 사람들
5. 외국산 농산물이 범람하는 이유
6. 한국은 후진국인가 선진국인가

1. 우리가 사는 구조와 체계

우리는 어떻게 하면 나를 효율적으로 만들 수 있을까?

장기판을 생각해 보라. 장기판 앞에 바짝 붙어 앉아 있는 사람보다 뒤에 서서 멀리 떨어져 장기판을 보는 사람이 흐름과 효율적인 수를 더 잘 본다. 그렇다. 나를 효율적으로 만드는 첫걸음은 거시적으로 나를 보는 것이다. 즉, 내 주위에서 일어나는 많은 작은 일들은 작은 일임을 알아야 한다. 그리고 작은 일보다 내 주위의 모든 일을 크게 넓게 멀리 보는 것이 중요하다. 이제부터 보다 거시적인 문제에 관심을 가져보자. 그렇게 하면 나를 효율적으로 볼 수 있을 뿐만 아니라 나아가 나의 문제에도 보다 합리적 사고로 접근할 수 있기 때문이다.

어떤 것이든 우리는 성장과 안정을 목표로 한다.

개인도 마찬가지이고 전체로서도 마찬가지이다. 여기에서 성장은 소득을 상향시키는 것이며, 안정은 지금 상태로도 흔들림 없이 잘 사는 것이다. 한국은 성장을 잘 이루어 온 나라이고 그 점에서 성공하였지만, 자살률과 출산율 등으로 대변되는 안정성에서 세계 최하위 수준에 있다. 전체만이 아니라 개인의 경우도 마찬가지일 것이다. 물론 안정을 위한 중점 대상은 시간에 따라 변하고 있으며 달라진다. 미래의 한국이 추구하는 것은 현재의 것과 같을 수도 다를 수도 있다.

세상은 수요와 공급으로 이루어져 있으므로 우리가 현실을 전체, 거시적으로 보기 위해서는 총수요와 총공급으로 보면 된다. 우리는 거시적인 문제를 단순히 경제적 용어로서가 아니라 나의 경쟁력과 시간, 변화 등 나의 문제를 염두에 두고 보아야 한다.

총공급은 총생산액, 즉 국민총생산 GNP나 국내총생산 GDP를 말한다. 총수요는 세 가지가 있는데, 첫 번째는 현재 쓰는 소비, 두 번째는 미래를 위해 하는 투자, 세 번째로 정부가 쓰는 정부지출이 있다. 경제의 3주체인 가계, 기업, 정부가 쓰는 것이다. 이 밖에도 외국인이 우리가 공급한 것을 쓰는 것이 있는데, 이는 우리가 한 수출이 된다. 즉 총수요는 소비+투자+정부지출+수출로 이루어진다.

먼저 총공급을 국민총생산 혹은 국내총생산이라고 하고, 이를 우리는 국민소득이라고 부른다. 국민소득이 높아지면 잘살게 된다는 믿음은 사실일까?

국민총생산을 구해 보자.

농부가 밀을 제분업자에게 1,000원에 팔고 제분업자는 밀가루를 만들어 1,200원에 제과점에 팔고 제과점 주인은 이 밀가루로 빵을 만들어 동네 마트에서 1,500원에 팔았다면, 이때 총생산은 1,000+1,200+1,500원이 아니다. 1,200원 속에는 재료비 1,000원이 포함되어 있어 이중계산이 되기 때문이다. 새로이 만들어진 것은 재료를 빼고 새로이 가치가 더해진 것이라는 뜻의 부가가치, 즉 밀 1,000원(씨앗은 공짜라고 하자), 제분업자의 부가가치 200(1,200－1,000)원, 제과점의 부가가치 300(1,500－1,200)원의 합 1,500원이 된다. 이는 결국 최종재화, 즉 빵의 가격 1,500원과 동일함을 알 수 있다. 따라서 국민총생산은 부가가치만 더하거나 최종재화의 가격만을 다 더하면 된다. 이를 생산국민소득이라고 한다.

덩치가, 외부에 보이는 것이 진짜 가치가 아니다. 내 스스로 만들어 내는 것, 남이 준 것이 아니라 내가 만든 것, 그것만이 나의 소득이고 행복을 주는 것이다.

어쨌든 부가가치로 더하든, 최종재화만을 더하든, 이 정의에 의하면 많이 생산하는 것이 국민소득이 높은 선진국이 되는 것이므로 공장을 만드는 것, 즉 '공업화만 되면 잘 살게 된다'고 그렇게 오랫동안 믿어 왔던 것이다.

보이는 것이 전부가 아니다. 타인을 대할 때 항상 보이지 않는 더 넓고 깊은 것이 있다는 것을 잊지 마라

사람들은 보이는 것으로 판단한다. 그래서 남에게 보이는 모습이 중요하다. 언제, 어디서, 누가 나를 볼지 모르므로 이것저것 따지지 말고 그냥 누가 보든 말든 항상 예의를 갖추고 예절을 지키고 자신을 깨끗하게 하고 다니는 것이 중요하다.

그러나 보이는 것이 중요하다고 하여도 우리는 남을 보이는 것으로 판단하는 일반적인 사람들의 오류에서 벗어나야 한다. 저자가 만난 진정한 지식인들은 하나같이 겉모습이 초라하고 허름하였다. 거의 모두 그러해서 겉모습이 멋진 학자들을 보면 이제는 거꾸로 그들의 내면이 의심까지 든다.

더 나아가 사람들은 당연히 이제까지 자신들이 보았던 사실, 자신이 경험한 세계로 남을 판단한다. 세계를 다니다 보면 공항이나 관공서, 대학 등 여러 곳에서 자신의 권한을 남용하여 과민하게 반응하거나 과도한 것을 요구하는 담당자들을 보는데, 그것은 그들이 더 넓은 세상을 알지 못하는 우물 안 개구리임을 광고하는 것이다. 미국, 영국, 프랑스, 독일, 일본, 오스트리아 등 어느 나라를 가도 이런 사람은 꼭 있었다. 이렇게 좁은 세계에 갇혀 있는 사람들의 경험과 지식은 매우 단편적이어서, 도둑의 눈에는 모든 사람들의 행동이 도둑으로 보이고, 사기꾼의 눈에는 모든 사람들의 행동이 사기로 보인다.

따라서 항상 자신이 아직 만나지 못한 더 넓은 세계의 더 많은 지식과 관용,

관습, 인내가 있음을 생각하고 겸손하게 최선을 다해 타인의 이야기를 듣고 그 말을 존중해 주는 것이 맞다. 그렇게 함으로써 우리는 스스로 존경받는 사람이 되고 세상을 더 밝게 만들 수 있다.

그런데 생산국민소득, 즉 생산된 모든 것은 이윤이나 임금, 지대 등으로 자본가, 노동자, 지주 등에게 모두 분배되므로 이를 합하면 총생산량과 같을 것이다. 이를 분배국민소득이라고 한다. 그리고 분배된 모든 국민소득, 혹은 생산된 모든 물건은 어떤 형태로든 누군가에 의해 지출되어 전부 소모될 것이다. 이를 지출국민소득이라고 한다. 이 세 가지 양은 동일할 것이다.

2. 소득만 높아지면 잘 살게 되나

1) 중동 사막과 전쟁지 베트남에 간 이유

우리나라 국민(National)이 어느 나라에서든 상관없이 생산(Product)에 참여해 얻은 총액(Gross)이 글자 그대로 국민총생산(GNP)이다. 이는 장소와 상관없이 '한국 사람'이라는 것이 기준이다. 중동 건설에 한국인이 적극 참여하고 전쟁지 베트남에 한국인이 간 것은 가난한 한국이 국민소득(GNP)를 올리기 위한 몸부림이었다.

세계에서 가장 빠르게 성장한 나라 - 한국을 자랑스럽게 생각하자

우리나라(남한)는 1970년대까지만 해도 못 사는 나라였다. 당시에는 브라질 등 남미 국가나 필리핀, 태국 등 동남아시아 국가와 비교가 불가능할 정도로 못 살았으며 그들을 부러워하였다. 1972년까지는 북한보다도 못 살았다. 그러나 세계은행 발표에 의하면, 1965년 이래 30년간 한국(남한)은 천연자원 개발국을 제외하고 세계에서 가장 경제성장을 빨리한 나라였다. 국민소득 자체가 가지는 한계는 분명히 있지만 한국은 세계에서 가장 단시간 내에 가장 성장한 기적의 국가인 것이다.

경제 악화와 빈곤 문제를 겪고 있는 남미나 남아시아 국민들이 게으른 민족이 아니다. 그들은 찬란한 역사를 가지고 있고, 지식 수준이 높고 근면하며 노력도 하고 있다. 그럼에도 우리가 그들을 추월하고 더 경제적 성과를 이룬 것은 그들이 잘못하였다기보다 우리가 매우 잘하였기 때문이다. 세계 역사상 유례가 없는 발전을 이룩해 낸 우리 자신을 자랑스럽게 생각하도록 하자.

그런데 우리의 성장목표는 성장과 안정에 있다. 경제적으로 성장은 일자리를 늘려 고용을 늘림으로써 실업을 없애는 것이고, 안정은 물가가 큰 변동 없이 잘 유지된다면 우리는 적은 소득으로도 불안감 없이 살 수 있으므로 물가를 안정시키는 것이 중요하다. 그러면 우리가 중동지방에 가서 돈을 벌면 어떻게 될까? GNP는 분명히 올라간다. 그러나 중동지방에서 생산을 하니 고용은 중동지방에서 일어난다. 생산도 중동지방에서 하니 국내에서는 물건이 부족해 물가가 오르고 또 중동지방에서 돈을 벌어오니 물가는 오른다. 결국 GNP는 우리의 성장과 안정, 즉 우리의 행복을 결정짓는 실업, 고용, 물가안정과 관련성이 낮다.

그러니 당연히 중요한 것은 국내에서 생산과 고용이 일어나는 것이다. 이것이 국내총생산(GDP)이다. 우리에게, 우리의 안정과 성장에 중요한 것은 바깥이 아니다. 내가 사는 곳, 나아가 우리 내부 바로 나 자신이 중요한 것이다.

2) '웰컴 투 코리아'를 부르는 대통령

GDP은 국내에서 발생한 생산 총액이다. 이는 사람의 국적과 상관없이 우리나라 내에서의 총생산이 어떻게 되었는가를 말해주는 생산지표이다.

이제 국제적으로 GNP보다 GDP가 중요하게 쓰이고 있고, 한국은행도 기존의 GNP 방식에서 GDP 중심으로 변경하여 국민소득 생산지표를 발표하고 있다. 즉, 우리가 통상적으로 보는 경제성장률은 실질 GDP 증가율이다. GNP보다 GDP가 더 널리 쓰이게 된 이유는 국내에서의 고용, 생산활동, 물가 등 국내 경제동향이 우리 생활과 연관성도 더 크기 때문이다. 이제 국제화 시대에서 누구 돈이든 우리에게 이롭게 쓰면 되지, 그 돈이 어느 나라 돈이냐 하는 것은 점점 의미가 적어지고 있다는 의미이다. 왜 대통령이 외국 투자가를 유치하기 위해 직접 광고에 나와 '웰컴 투 코리아'를 부르는지 알 수 있을 것이다. 외국인투자촉진법이 시행되는 것도 이런 이유 때문이다.

GDP는 이제 국가 간 비교, 그리고 한 국가의 어떤 국제적 순위가 적정 순위인가를 평가하는 기준이 되고 있다. 한국의 GDP는 세계 10~13위 사이를 오가고 있다. 한국과 비슷한 순위의 국가로 브라질, 러시아, 호주, 멕시코, 스페인이 있다. 한편, 1인당 GDP로는 한국은 세계 25~30위 수준으로 평가되고 있다. 우리가 살기 좋다고 말하는 나라들은 대부분 1인당 GDP가 높은 국가들이다.

미국의 발전은 GDP의 발견 때문이다

미국 상무장관이 미국의 상무성이 20세기에 이룩한 최대 업적은 바로 GDP의 개념을 정립하고 사용한 것이었다고 말하였다. 이는 국내에서 일어나는 모든 생산을 더하는 GDP 개념을 사용하면서 정확하게 과연 국내에서 어떤 일이 일어나는지 알 수 있고, 그 결과로 효율적인 정책을 펼 수 있었기 때문이다. 미국의 번영은 네 돈, 내 돈을 따지지 않고 미국 내에서 생산하면 무조건 좋다는 GDP 개념을 가장 긍정적으로 활용하였기 때문이라는 것이다. 지금도 미국의 기본 정책은 한국을 포함한 세계의 주요 기업들이 미국으로 와서 생산하라는 것이다. 이웃 나라를 가난하게 만들어 자신들만 잘 살겠다는 전형적인 '상대국 빈곤화 정책'(beggar neighbourhood policy)이다.

3) 내 손에 들어오는 돈

국민처분가능소득(national disposal income: NDI)은 국외로부터 들어온 소득을 더하고 국외로 나간 소득을 차감하여 우리 국민이 실제로 소비나 저축으로 자유로이 처분할 수 있는 소득의 규모를 나타내는 것이다. 따라서 이는 국민경제에서 중요한 의미를 가진다. 마찬가지로 개인처분가능소득(personal disposal income: PDI)은 개인소득에서 세금이나 사회보험금, 이자비용 등을 빼고 개인이 실제로 자유롭게 소비하거나 저축할 수 있는 소득을 말한다. 즉, 내 손에 들어오는 소득인데, 결국 이 개인처분가능소득에 따라 개인은 저축과 소비액을 결정할 수 있다.

가구당 처분가능소득은 40대가 가장 높았다. 50대만 되어도 사용할 수 있는 소득이 주는 것이다. 60세 이상의 처분가능소득은 50대의 절반 이하로 줄어 한국은 OECD 국가 중에서 노인빈곤 문제가 가장 심각한 나라로 꼽히고 있다. 노인 인구 중 사람들의 소득순위 중간에 위치하는 중위소득의 50% 이하인 사람의 비율로 나타낸 한국의 노인빈곤율은 OECD 평균보다 3배 정도 높다. 그러다 보니 노인들이 돈을 벌기 위한 근로활동에 나서 근로소득이 노인 소득의 50% 이상을 차지하고 있는데, 이 비중이 50% 이상인 나라는 OECD 국가 중 1~2개 국가밖에 없다. 한국에서 잘 살려면 30, 40대까지 꾸준히 저축을 늘려야 한다. 그때가 처분가능소득이 가장 높기 때문이다. 그럼에도 불구하고 OECD 국가 중 한국의 40대 고용률은 30위권 밖으로 최하위권에 있다.

3. 돈으로 평가된 환상

국민소득을 나타내는 GNP나 GDP는 한계를 가지고 있다. 예컨대, 이들 수치는 국민들의 고통, 즉 교통 문제, 공해, 무기위험, 장기간의 근로시간, 주택난, 부동산 가격 폭등 등의 요소를 고려하지 않고 있으며, 또한 생활에 중요한 가정주부의 역할, 의료혜택, 교육혜택 등과 생활의 질도 고려하지 않고 있다. 그 결과 한국의 경우 GDP 지수와 삶의 질 지수 간의 간극이 오히려 벌어지고 있는데, 이는 타국의 경우 일시적으로 벌어지더라도 다시 수렴되고 있다는 점에서 문제가 심각함을 보여 준다.

이러한 문제점을 일부나마 극복하기 위해 고안된 것이 국민후생지표이다. 대표적으로 토빈(James Tobin)과 노드하우스(William Nordhaus)의 경제후생지표(measure of economic welfare: MEW)와 새뮤얼슨(Paul Samuelson)의 신경제후생(new economic welfare)지표가 있다. 이들은 기존 GNP나 GDP에서 공해, 환경파괴, 교통혼잡 등 비용 요인을 빼고 여성주부 노동, 여가 등 중요하지만 현재 빠진 것을 포함시켰다. 출퇴근비용, 수질오염, 환경, 개인의 교육비 지출 등을 감안해 산출한 우리나라 '복지 GDP'는 GDP의 1/3 수준에도 미치지 못 하는 것으로 나타난다.

현재 사용되고 있는 GDP 등 총량 경제지표는 분배와 안정성 그리고 복지 문제 등을 제대로 반영하지 못하고 있어 GDP가 높다고 삶의 질이 높은 것은 아니다. 똑같은 1인당 국민소득 1만 달러 시기를 보아도 한국의 경우 주택보급률이 84.2%였지만, 일본은 111%, 미국은 110%, 대만은 99%였고, 주당 근로시간은 한국 47.7시간, 일본 43.1시간, 대만 43.3시간, 미국 40.7시간이었다.

한국의 GDP는 세계 10~13위 수준으로 높지만 공공사회지출 비중 등 사회통합 수준을 보여 주는 지표 대부분이 OECD 회원국 가운데 최하위 수준이다. 한국의 결핵환자 수는 지속적으로 감소하였지만 10만 명당 발생률은 OECD 평균의 4.5배로 OECD에서 가장 높다. 스위스 아이큐에어(IQAir)의 세계 117개국 초미세먼지 농도 조사는 한국이 개선되고 있지만 여전히 60~70위대라고 발표하였다. 공식 임시계약직 비율은 30%에 가까워 OECD 1위이다. 네덜란드 등도 높다고 하지만 차별이 적은 반면 한국은 큰 차별이 존재한다. 고용노동부의 『고용노동통계』에 따르면, 종사자 1인 이상 사업체 한국 근로자들의 근로시간은 10년 사이 연간 200시간 가까이 감소하였지만, 여전히 주요 선진국들보다는 150시간 이상 많아 OECD 회원국 중 역시 최하위 30위권에 있다. 한국의 여성임시직 비율, 노인빈곤율은 OECD 국가 중 가장 높다. 원인불명 사망 역시 OECD 최고 수준으로 한국의 사망자 중 10% 정도는 사망 원인을 알 수 없다. 0에서 10까지를 척도로 주요 국가의 삶의 만족도를 색으로 표시해 보면 〈그림 10-1〉과 같은데 한국은 34~35위로 OECD 평균 6.7보다 낮은 5.8에 불과해 OECD 국가 중 거의 최하위권이었다. GDP 순위와 행복 순위는 다르다.

GDP 지수가 행복의 객관적 지표가 될 수 없는 것은 다른 여러 지표에서도 확인된다. UN SDSN(지속가능발전해법네트워크)의 『세계행복보고서』는 한국을 60위권에서 50위권으로 높였지만, 여전히 2010년대보다 오히려 낮다고 보았다. 갤럽월드폴(Gallup World Poll)의 한국 행복 수준 역시 OECD 30

그림 10-1 삶의 만족도

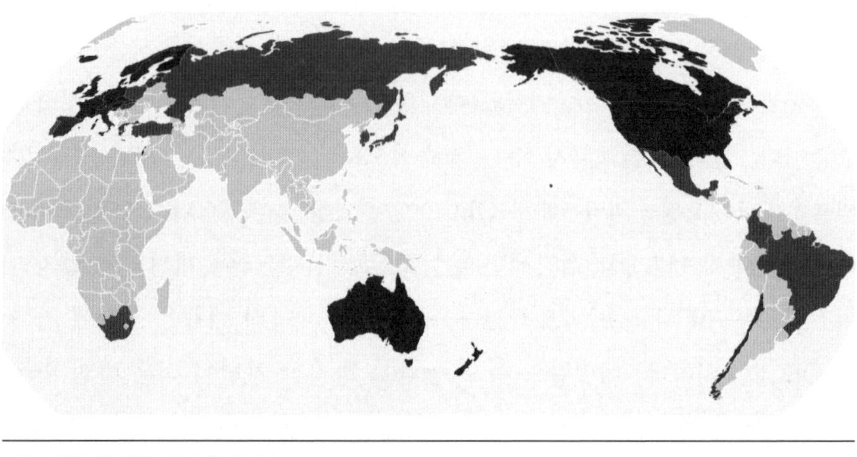

주: 진할수록 만족도가 높은 것이다.
자료: 통계청.

위권에 머물러 있다.

국가별 GDP와 실질적인 국민후생과는 차이가 있는 것처럼 개인도 마찬가지이다. 돈은 중요한 것이지만 결국 돈으로만 평가해서 행복과 그 사람의 삶의 질을 매길 수 있을까? 우리들 중 누군가 그렇다고 확실하게 답할 수 있다면 그것도 행복일 수 있다. 다수의 한국인은 그렇게 생각하고 있으므로 혹시 우리 중에 그렇게 생각하는 사람이 있다고 해도 정상적인 한국인이라는 뜻이니 이상할 것은 없다. 미국 퓨리서치센터는 17개국의 성인에게 "삶을 의미 있게 만드는 게 무엇이냐"고 질문하였는데 1위로 '물질적인 풍요'라고 답한 나라는 한국이 유일하였다.

정말 돈이 최고라면 로또복권에 당첨된 많은 사람들은 그 이후 행복하게 살고 있을까? 이 문제에 대해서는 뒤에서 계속 보자.

얼마나 벌어야 행복할까

미국과 영국, 브라질 등 7개국에서 1만 달러를 받는 사람과 그렇지 못한 사람에게 삶의 만족감 그리고 행복·슬픔 같은 감정빈도를 각각 기입하게 하는 실험을 진행하였다. 6개월간의 실험 결과 1만 달러를 받은 실험군은 대체로 더 높은 수준의 행복도를 보였다. 그러나 12만 3,000달러 이상의 고소득자는 행복도가 더 높아지지 않았다. 이전 미국 조사에서도 소득이 높아질수록 삶에 대한 만족도는 높아지지만, 행복감은 어느 수준에서 더 높아지지 않는다는 실험 결과가 있었다.

한국은 어떨까? 한국의 노동시간은 OECD 국가 중 네 번째로 길다. 한국인들은 보통의 외국인보다 더 일하고 있는데 이렇게 하니 만성피로 등 건강이 파괴되고 불안하고 행복감이 떨어지고 있다. 돈을 더 벌기 위해 더 노력하면서 오히려 행복감이 떨어지는 것이다.

돈은 중요하다. 그러나 돈이 행복의 전부가 아니고 가장 중요한 것도 아니라는 것을 잊지 말자. 심지어 미국인의 행복감은 소득이 증가함에 따라 커졌다는 결과를 발표한 카너먼 연구팀도 소득이 전반적인 행복감에 미치는 영향이 다른 요인에 비해 크지 않다고 강조하였다.

열심히 노력하면 행복해질까?

열심히 일하고 공부하고 노력하면 행복해질까?

경제학자들은 열심히 공부하고 일하고 노력하는 것과 행복의 상관계수가 높지 않다는 것을 찾아내었다. 즉, 흔히 사람들이 말하듯이 열심히 공부하고 열심히 노력하고 열심히 일한다고 해서 행복해지지 않는다는 것이다.

행복은 철저한 노력에 의해 만들어지는 것이 아니다. 행복은 만들기 전에 이미 존재하고 있다. 존재하고 있기에 우리는 알고 있는 것이고 행복을 추구하는 것이다. 다만 현재 내 길 위에 보이지 않고 있을 뿐, 언제나 주변에 있는 가로등과 같이 항상 있는 것이다. 그러니 우리는 행복이 있는 그곳까지 가야만 행복을 찾을 수 있다. 찾아가는 과정에서 행복하지 않다고 느끼는 것은 당연하거나 주관적인 것이며, 결코 자신이 게을렀다거나 노력을 안 하였다거나 공부를 안 하였기 때문이 아니다. 세상에서 가장 열심히 공부하고 일하는 한국은 OECD 행복순위에서 국가적 문제가 있는 2~3개 국가를 제외하면 꼴찌이다. 그러니 분명히 다시 말하지만 행복하지 않은 것은 한국 전체의 문제이고, 한국 사회의 구조적 문제이다. 주위에서 "못난 인간들이 자신 탓은 안 하고 모두 국가, 사회 탓으로 돌린다"고 말하는 것은, 그렇게 말하는 사람들이 진실을 감추고 자신들의 잘못을 감추려고 노력하기 때문이다. 그들의 말에 속지 말아야 한다.

보통 사람이란?

한국의 한 대통령은 보통 사람들의 시대를 만들겠다고 선거공약을 내걸었고 당선되었다. 그러면 보통 사람이란 무엇일까? 당연히 보통 사람이란 실수도 많이 하고 많은 순간에 잘못된 결정을 내리고 나중에 후회하는 그런 사람이다. 그래서 보통 사람들은 살기가 어렵다. 하지만 이것이 인간이고 보통 사람인 것이다.

그러므로 우리는 실수를 많이 용납해 주어야 하고 또 중요한 순간에 결정적 실수를 하여 쓰러진 사람이 다시 일어나도록 해 주어야 한다. 왜냐하면 그들의 실수는 극히 소수의 사람만이 아니라 보통 사람들이 항상 겪는 일이기 때문이다.

보통 사람은 다수이며 중간 정도, 중간값을 갖는 사람들이다. 가장 대표적인 중간값이 반, 즉 5할이다. 저자는 스포츠 중에서 야구와 유도를 좋아하는데 이유는 간단하다. 야구는 3할 즉 10번 중에 3번만 치면 최우수 선수가 될 수 있고, 2할 5푼 즉 4번에 한 번만 쳐도 우수한 성적이라고 평가받기 때문이다. 얼마나 좋은가? 4번의 기회가 계속 오고 그 중 한 번씩만 성공해도 우수하다고 평가받는 세상이 된다면 얼마나 좋겠는가? 이런 의미에서 유도도 좋아한다. 유도는 스포츠 중 패자부활전을 가진 종목이다. 즉, 한 번 실수해도 다시 도전할 기회를 주는 경기이다. 역시 우리 인생이 항상 이렇다면 얼마나 좋겠는가? 실패해도 다시 도전할 기회를 준다면 말이다. 올림픽을 보니 양궁의 규칙이 바뀌었는데 점수 누진제가 세트별 평가제로 바뀌었다고 한다. 누진제란 한 번 잘못 하면 그것을 계속 안고 가야 하는 것이지만, 세트제는 어떤 세트에서 잘못 하더라도 다시 새로운 세트에서 시작할 수 있으니 얼마나 좋은가?

소수의 잘하는 사람을 본받으라고 하는 사회보다, 소수의 돈 많고 힘 있는 사람들이 부러움을 받는 그런 사회보다, 실수를 많이 하고 나아가 조금 못해도 "나도 그렇다," "보통 우리 모두 그렇다"라고 말해 주고 패자에게 기회도 다시 주는 그런 사회를 만들자. 우리는 바꾸어야 한다. 나를 위해서, 우리 모두를 위해서.

4. 실질이 아닌 명목의 마술에 걸려 있는 보통 사람들

만약 1년 전과 총생산량이 같고 물가만 100% 오르면 국민소득은 실질적으로 2배로 된 것이 아니고 전년과 같다. 이렇게 물가변동을 없앤 통계를 실질경제통계라고 한다. 이때 이를 우리는 기준년 가격, 즉 가격이 변하지 않은 불변가격으로 보았다고 한다. 예를 들어 GDP를 어떤 연도를 기준으로 하여 그때부터의 물가상승분을 제외하고 생산량 변화만 측정한 것을 '실질GDP'라고 하고, 바뀌는 그때그때 가격으로 측정한 것을 '명목GDP'라고 한다.

우리들은 급여가 얼마만큼 올랐는가를 말할 때 받은 급여 자체, 즉 명목임금에 관심을 갖고 말하고, 자식들의 교육비가 얼마나 올랐는지, 내가 가는 식당의 설렁탕 값은 얼마나 올랐는지를 비교해 보지 않는다. 즉, 실질임금을 계산해 보지 않는 명목임금의 마술에 걸려 있는 것이다. 이를 화폐의 환상(money illusion)에 빠진다고 말한다.

모든 변수에서 물가는 빼 주어야 진짜 실질변수가 된다. 모든 생활에서 사람도 포함하여 겉으로 부풀어지는 변수, 즉 부풀어 오르는 허상에 속으면 가짜에 속는 것이다.

이제 국가 간의 경계가 거의 의미가 없어지고 있다. 모든 물건이 개방되어 우리나라에 들어오고 우리 물건도 세계 각국으로 나간다. 취업도 마찬가지이다. 그러다 보니 이전처럼 단순히 각국의 소득을 비교하는 것이 문제가 생겼다. 예컨대, 똑같은 액수를 생산해도 물가 차이가 크면 실질적인 소득이 변동하기 때문이다. 한국 돈을 환전해서 태국에 가서 쓰면 돈의 가치가 높다고 말한다. 물가가 다르기 때문이다.

일본에 취업해 볼까?

취업포털 사이트 사람인이 구직자 500명을 조사한 결과 78.5%가 해외취업 의사가 있었고, 그 취업희망지역으로 일본을 비롯한 아시아 지역을 56.8%가 꼽았다. 일본은 장기불황을 탈출하면서 최근 구인난을 겪고 있어 한국인들의 취업지로 인기가 부상하고 있다. 일본 기업들 역시 똑똑하고 자신들과 문화적으로 비슷한 점이 많은 한국의 젊은이를 선호하고 있다. 그러면 일본에 가서 취업해 볼까라는 생각이 들 것이다. 일본의 취업 직장인 연봉은 3,500만 원 정도이다.

그런데 이것만으로 비교하면 안된다. 모든 경제변수는 물가를 제외한 실질로 계산해야 하고, 따라서 우리는 실질소득을 고려해 보아야 한다. 세계 최대 물가 데이터베이스 플랫폼 넘비오에 따르면, 서울의 생활물가는 주거비를 제외하고 도쿄보다 25.1% 높고 주거비를 포함해도 19.4% 높다. 그렇다면 똑같은 연봉을 받아도 일본에서 저축할 수 있는 돈이 더 많아진다. 일본에 취직하는 것이 나쁘지 않다는 것이다.

5. 외국산 농산물이 범람하는 이유

물가에는 여러 가지가 있다. 우선 1차 단계인 생산자의 출하 단계에서 재화 및 서비스의 평균적인 가격변동을 측정하기 위한 '생산자물가지수'(producer price index: PPI), 최종소비 단계의 일반 소비자들이 쓰는 가격변동을 나타내는 '소비자물가지수'(consumer price index: CPI)가 있다. 그리고 '명목GDP/실질GDP'로 측정되는 GDP 디플레이터가 있는데, 명목GDP는 물가변동을 그대로 포함하고 있으므로 이를 물가변동이 없는 실질GDP로 나누어 빼 주면 물가변동 부분만 남을 것이기 때문이다. 이외에 수출입 관련 '수출입물가지수', 농가 관련 '농가판매 및 구입 가격지수' 등도 있다.

생산자물가지수는 정의상 국내에서 생산한 것만을 대상으로 하므로 수입품은 제외하고 추계된다. 이는 초기 첫 단계에서 나오는 모든 재화와 서비스를 조사 대상으로 하고 소비자물가의 선행지수 역할을 한다. 소비자물가지수는 일반 소비자가 지급하는 것을 추계하므로 수입품도 포함한다. 추계방법은 동일재화군을 기준으로 얼마나 가격이 변하였는가를 측정하는 방식이다. 통계청은 매달 상품과 서비스 가격을 조사한 뒤 품목별로 소비자물가지수를 산출하는데, 가계지출 비중이 높은 품목은 그만큼 가중치를 주어 많이 반영한다. 조사 품목과 가중치는 과거 5년마다 조정하였는데, 통계청은 빠른 변화속도를 고려해 이 주기를 3년으로 줄였다. 예를 들어, 생산자물가지수 품목에 스마트폰, 무선망 접속, 시스템에어컨 등의 신제품을 새로 넣고 스타킹, 온도계, 유선전화기 등을 품목에서 제외하였다.

정부는 소비자물가지수가 오르면 긴급 수입을 늘려 물가를 억제한다.

계란 공급이 줄고 가격이 크게 오르면 정부는 미국산 계란을 수입하고 양파 가격이 폭등하면 중국산 양파를 긴급 수입한다. 이러다 보니 많은 농산물이 외국산이다. 농협 대표가 중국산과 국산을 구별하는 방법을 강조하는 우스운 현상도 일반화되었다.

세계화가 확대되면서 중국은 세계의 공장이 되어 전 세계에 싼 물건을 공급하였으나 미국의 봉쇄, 중국의 저임금 퇴치 등으로 이제 중국의 싼 물건이 세계에 공급되지 못하여 세계적인 물가폭등이 나타나고 있다. 세계의 번영을 가져다주던 세계화의 혜택이 이제 사라지고 있는 것이다.

생활물가지수 - 피부로 느끼는 물가

정부가 발표하는 물가와 일반인들이 체감하는 물가는 다르다. 실제로 현대경제연구원이 조사한 바에 의하면, 보통 사람들이 느끼는 물가는 정부 발표 물가의 2배를 넘는 것으로 나타났다. 정부는 물가가 안정되어 있다고 말하지만 우리들은 물가가 계속 오르고 있다고 느낀다. 결국 물가통계에 대한 불신이 높다.

그래서 통계청은 일반소비자들이 가장 많이 사용하고 직접 체감하고 있는 품목, 예컨대 쌀, 두부, 라면 등 생활필수품과 과일류, 운동화, 중고등학교 수업료 등만 따로 뽑아 물가지수를 만들어 발표하고 있다. 이를 생활물가지수라고 한다. 장바구니 물가라고 하는 것은 바로 이 생활물가와 가장 가까울 것이다. 결국 물가는 기준에 따라 달라질 수 있다는 말이다.

따라서 정부 발표 물가가 엉터리라는 이유에는 크게 두 가지가 있을 수 있다. 첫째, 포함 대상과 중요도에 대한 평가가 다른 것이 원인이 될 수 있다. 둘째, 물가 추계는 대상에서 과거에 많이 쓰던 물건을 기준으로 하는 방법과 현재 많이 쓰는 물건을 기준으로 하는 두 가지 방법이 있는데, 어느 방법을 택하는가에 따라서도 물가는 달라질 수 있다. 과거를 기준으로 하는 방식을 라스파이레스지수(Laspeyres index), 현재를 기준으로 하는 방식을 파셰지수(Paasche index)라고 한다. 물론 물가지수가 개편될 때면 물가가 내려가는 것으로 나오는 이상한 현상도 원인일 수 있다.

한국의 물가는 언제 이렇게 올랐을까

저자가 유학생 시절 한국이 그리웠던 이유 중 하나는 한국은 물가가 싸다는 것이었다. 필기구도 학교 매점에서 묶음으로 싸게 파는 것이 메이드 인 코리아 제품이었다. 세계 어디에서도 싼 것을 고르면 그것은 메이드 인 코리아 제품이어서 한국을 한 번 더 생각하고는 하였다.

그러나 놀라운 현상이 나타났다. 소비자시민모임이 한국, 미국, 중국, 일본, 독일, 프랑스, 호주 등 세계 10개국 주요 도시의 24개 품목 물가를 조사한 결과 국내산 소고기, 수입산 소고기, 국내산 돼지고기, 바나나, 파인애플, 자몽, 망고, 코카콜라, 칠레산 와인은 한국이 가장 비싸게 판매되는 것으로 나타났다. 국내 소비자들은 일본·미국·프랑스 등 다른 나라보다 소고기는 2.8배, 망고는 2.6배 비싸게 먹었고, 축산물과 수입 과일은 물론 코카콜라도 가장 비싼 값에 사고 있었다.

저자는 영국의 대학에서 1년 지냈는데, 갈 때 영국 물가가 비싸다고 걱정하였지만 더 큰 걱정은 오히려 돌아올 때 한국의 물가이었다.

한국은 세계 IT강국이고 스마트폰 사용 비율이 전 세계에서 가장 높다. 그렇다면 한국의 스마트폰 요금은 어느 수준일까?

한국은 세계에서 두 번째로 스마트폰 사용료가 높다. 저자가 영국에서 지낼 때 10파운드(15,500원)를 주고 8개월간 사용하였다. 물론 프랑스, 네덜란드 등 유럽을 가지고 다니면서 썼다. 이렇게 물가가 비싸지면 당연히 문제가 되는 것이 있다. 소득이 높은 사람은 물가에 크게 영향을 받지 않는다. 연봉이 4억 이상 받는 사람에게 가장 좋은 점이 무엇이냐고 물으니 "어디 가서 가격을 안 보게 되는 것이다"라고 답하였다. 그렇다.

하지만 우리는 어떠한가? 그냥 평범하게 남과 비슷한 소득을 벌고 있는 우리는 물가가 오르면 크게 생활이 어려워진다. 실질소득이 계속 내려가 결국 생활을 포기해야 될 수도 있다. 벌어 보아야 오르는 물가를 감당할 수 없으면 일하는 것 자체도 포기할 수 있다. 집 사기도 포기하고 결혼과 출산도 포기할 것이다. 그러면서 자신과 달리 마음 놓고 소비하는 부자들을 보면서 빈부격차에 큰 불만을 느끼게 될 것이다. 결국 어렵게 쌓아 올린 사회적 구조와 신뢰가 무너지고 사회는 갈등으로 치닫게 된다.

선진 국가들이 무엇보다 물가안정을 우선으로 하는 것은 이 때문이다. 물가가 오를 경우, 다수의 보통 사람들이 붕괴되고 사회적 갈등이 커지며 사회의 안정이 붕괴될 수 있기 때문이다.

우리를 돌아보자. 우리는 지금 보이지 않는 성장을 목표로 우리 사회의 안정을 포기하고 있는 것이 아닌가? 과거도 아닌 지금 이 시점에 말이다.

6. 한국은 후진국인가 선진국인가

1) 펌프효과

총수요 소비, 투자, 정부지출, 수출 중의 한 변수가 생산에 다시 주입되어 총공급, 즉 국민소득이 얼마나 변하는가를 나타내는 정도를 승수(multiplier)라고 한다. 이를 다르게 이야기하면 총수요가 변하면 이에 따라 총공급이 얼마나 늘어나는가를 보여 주는 정도라고 볼 수 있다. 따라서 승수효과는 수요 증대로 국민소득을 끌어올린다는 의미로, 이는 양동이로 물을 부어 넣어 지하수를 끌어올리는 펌프와 같다고 하여 펌프효과라고 불린다.

이와 반대로 돈을 국내에서 생산된 물건을 소비하거나 투자하는 데 쓰지 못하고 정부에 세금으로 내거나 해외물건을 사는 데 써 버리면 승수효과가 없어져 경제에는 나쁜 영향이 나타난다. 그래서 높은 세율은 세금을 내는 개인에게만이 아니라 국가 전체로도 나쁜 것이고, 소비재 수입품을 좋아하는 것은 개인만이 아니라 국민경제 전체로 볼 때에도 문제인 것이다.

2) 가난한 사람이 가난한 이유는 가난하기 때문이다

승수이론은 소비하면, 즉 총수요가 증가하면 생산이 늘어나 소득향상, 즉 경제성장이 이루어진다는 것으로 여기에는 절약의 모순(the paradox of thrift)이 존재한다. 즉, 선진국의 경우 소비를 줄이고 저축을 늘리는 것이 오히려 승수효과를 없애서 소득을 떨어뜨리고, 소득이 떨어져 나중에는 저축마저도 떨어뜨리게 되는 모순이 존재한다는 것이다. 이 경우 소비가 미덕이 된다. 그러나 이는 충분히 공급능력이 남는 선진국을 가정한 것이다. 생산능력이 적은 경우 소비를 늘려도 생산이 따라갈 수 없을 것이다.

후진국은 왜 가난할까?

여러 이유가 있겠지만 가장 근본적인 대답은 가난하기 때문에 가난한 것이다. 이를 설명해 주는 것이 빈곤의 악순환이다. 후진국에는 〈그림 10-2〉와 같은 전형적인 빈곤의 악순환이 존재한다.

가난하면 저축을 못하고, 저축을 못하면 돈이 없으니 투자를 못하고, 투자를 못하면 공장을 세울 수 없으니 사람들이 취직도 안 되고 또 생산도 못해 소득은 더 낮아지게 된다. 가난하기 때문에 다시 더 가난해지는 악순환이 되는 것이다. 개인도 완전히 동일하다. 그들의 능력이나 마음가짐이 떨어져서가 아니라 가난하기 때문에 가난한 것이다.

따라서 후진국의 경우 소비를 줄여야 한다. 후진국의 경우 자본이 부족하므로 소비를 줄이고 저축을 늘려 투자재원으로 활용해야 하는 것이다. 개인의 경우에도 동일하다. 후진국의 경우 완전고용하에서도 총수요가 총공급보다 많은, 즉 물자가 모자라는 상태이고 더 이상 생산을 늘릴 수 있는 능력도 없기 때문에 소비를 늘리면 물가만 오르는 악성 인플레이션이

그림 10-2 빈곤의 악순환

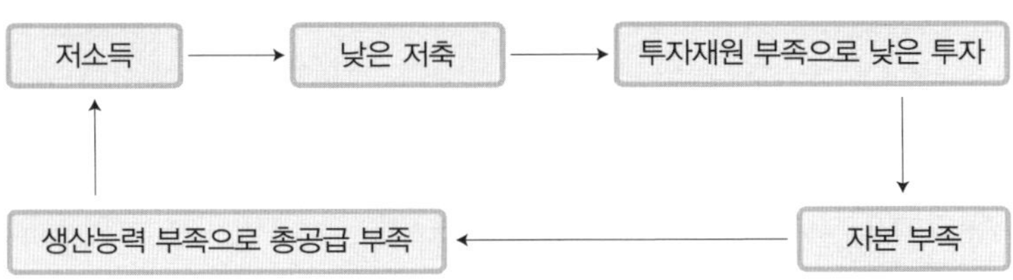

나타난다.

한국은 해방 후 오랫동안 빈곤의 악순환과 투자재원의 부족이 문제가 되었다. 그래서 외국자본을 끌어들여야 하였고, 저축을 늘리기 위해 예금 이자를 올려 대출이자를 넘어선 역금리(逆金利) 체계도 유지된 적이 있다. 최근 한국은 불안감이 커지면서 가계저축률이 상승하였다. 이에 따라 소비가 줄어들면서 한국의 평균소비성향이 떨어져 OECD 평균보다 낮아졌다. 한국은 선진국인가, 후진국인가?

정부가 돈을 나누어 주어라
-왜 전 세계가 양적 완화라고 하여 돈을 마구 푸는 것일까

케인스는 정부가 적극 나서 돈을 국민들에게 나누어 주어 실질적으로 수요가 실현되도록 해야 한다고 주장하였다. 그래야 승수효과에 의해 총생산이 늘어나고 고용이 늘어 실업 문제가 해결된다는 것이었다. 이렇게 손에 들어온 돈을 가지고 구매를 할 수 있는 수요를 케인스는 '유효수요'라고 불렀다. 즉, 그냥 '무엇이 갖고 싶어'라는 욕망은 아무런 소용이 없고 돈이 있어야 실제로 수요를 한다는 뜻에서 이를 유효하다고 명명한 것이다.

케인스의 주장이 정책으로 옮겨진 것이 유명한 테네시강 종합개발 사업이었다. 당장 필요해서가 아니라, 정부가 적극 나서 국민들에게 돈을 지급할 수 있는 방법을 찾은 것이다. 물론 이러한 투자는 미국의 중요한 사회시설 기반이 되었다.

이후 공황이 극복되고 경제학자들은 왜 공황이 왔는가에 대해 연구하였다. 그리고 많은 연구들이 얻은 공통적인 결론은 케인스의 말대로 돈이 필요할 때 충분히 돈을 풀지 않았기 때문에 공황이 왔다는 것이었다. 이후 세계적인 불황이 오면 각국은 일단 돈을 마구 푼다. 돈의 양, 양적 완화에 나서는 것이다. 어차피 우리는 장기적으로 모두 죽을 것이므로 나중을 생각하지 말고 일단 돈을 풀어 우선 불황을 극복해야 한다는 것이다.

어려운 상황이 오면 자신을 위해 돈을 쓰는 것을 아끼지 마라

주위에서 가끔 듣는 이야기가 "그렇게 돈을 모으더니 쓰지도 못하고 저렇게 되었네"이다. 많은 경우 사실이 그렇다. 우리는 항상 어려운 상황을 만나면, 참고 그것을 극복해야만 하며 미래를 생각해야 한다고 말한다. 이렇게 의지를 강조하는 사람일수록 현재의 자신을 위해 돈을 쓰는 것을 아까워하며, 어려운 상황은 지나갈 것이고, 따라서 미래를 위해 돈을 모아야 한다고 생각한다.

하지만 간단하다. 인간은 죽는다. 그것이 언제가 될지는 아무도 모른다. 당연히 내일일 수도 있다. 따라서 어려운 상황이 오면 멀리 보지 말고 당장 자신을 위해 돈을 쓰는 것을 아껴서는 안된다. 어려운 상황이 오면 일단 자신의 육체적, 정신적 건강을 좋은 상태로 바꾸기 위해 어떤 것도 아껴서는 안된다. 그래서 육체적, 정신적 건강을 확실히 챙긴 다음, 건강해진 몸과 마음으로 어려운 상황을 하나씩 천천히 바꾸어 나가면서 다시 돈을 모으면 된다.

돈 모으기가 어렵다고 하지만 육체적, 정신적 건강이나 삶보다 중요한 것도, 구하기 어려운 것도 결코 아니다. 그리고 항상 늦게 분명히 깨닫게 되는 것이지만, 육체적, 정신적 건강을 잃으면 돈은 나에게 아무런 의미가 없게 된다.

11

삶의 목표와 좌절, 행복

1. 평생 하는 공부는 투자가 아니라 즐거운 소비다
2. 현실과 소비의 만남
3. 인생과 세상 모든 것은 오르막과 내리막이 있다
4. 어려운 인생의 연착륙 – 굴곡이 적은 인생을 설계하라

1. 평생 하는 공부는 투자가 아니라 즐거운 소비다

인생의 목표는 단순하다. 결국 잘 먹고 잘 살기 위한 것이다

대공황이 오기 전까지 소비는 중요한 관심 대상이 아니었다. 관심은 어떻게 하면 많이 생산할 수 있을까라는 공급에 있었다. 그러나 대공황이 오면서 케인스는 경제 문제의 핵심은 수요라고 보고 소비를 강조하였다. 그 이후로 소비는 경제현상에서 가장 중요한 문제가 되었다. 사실 경제행위의 최종 목표가 소비라는 점에서 소비가 가장 중요하다는 것은 당연하다. 우리 모두는 왜 그렇게 고민이 많고 열심히 일해야 할까? 답은 간단하다. 모두 잘 먹고 잘 살기 위한 것으로 이것이 바로 소비행위이다.

세계 1위의 경제력을 가진 미국의 성장은 소비에 의해 이루어졌다. 10월 말 할로윈을 시작으로, 11월 마지막 목요일의 추수감사절(Thanksgiving day)과 금요일의 블랙프라이데이(Black Friday), 이어지는 12월 크리스마스, 그리고 새해를 축하하는 1월 초까지 미국은 2달 넘게 전 국민이 소비 열풍에 휩싸인다. 소비가 줄어들면 바로 미국 경제는 위기를 겪을 것이라는 경고가 나오는 데에서 소비의 중요성을 알 수 있다. 역으로 일본은 장기적인 불황을 겪었는데, 이는 긴 노후생활을 대비한 저축으로 소비가 늘어나지 않고 있기 때문이었다. 일본 정부의 소비를 늘리려는 노력은 현금을 직접 나누어 주는 정책으로까지 나타났다.

한국은 소비보다 수출을 중시하고 있다. 그 결과 한국의 수출은 세계 5~6위 수출국 지위를 차지하고 있다. GDP로 한국은 세계 10~13위 수준이므로 이는 자랑스럽기도 하지만, 동시에 이런 과도한 수출의존 구조는 생각해 보아야 할 문제가 있다. 한국은행의 통화신용정책보고서에 의하면, 당연시되었던 수출 → 고용 증가 → 소비 증가의 순환 고리가 시간이 지날수록 약해지고 있다. 수출이 높게 유지되어도 한국의 고용률은 세계 100위 밖 수준으로 낮다. 수출이 더 이상 대폭적인 고용 증가나 소비 증가를 가져오지 못하고 있는 것이다. 언제나 그렇다. 외부에의 의존은 당장은 편하지만 장기적으로 나의 붕괴와 불안정을 가져다준다.

우리가 이렇게 노력하는 이유는 잘 먹고 잘 살기 위한 것이다. 그것이 바로 소비이므로 소비를 경시하는 어떠한 논리와 주장도 방향 자체가 잘못된 것이다. 소비에 의해서 우리는 비로소 효용을 얻을 수 있고, 삶의 행복을 느낄 수 있다.

그럼에도 한국에는 여전히 소비보다 일, 그리고 거시적으로는 생산, 투자, 수출을 선으로 간주하고 있다. 심지어 보통 사람들이 꼭 필요하지 않은 소비를 하면 나쁜 것으로 보는 풍조까지 만연해 있다. 이렇게 되니 한국에서 인간생활의 주요한 기초가 되는 예술과 관련된 비용이 높은 것이 당연시되어, 한국의 뮤지컬 관람료는 15~16만 원 정도로 선진국 일반 수준의 2배에 가깝다. 일반 사람들이 예술을 가까이하고 삶의 질을 높이려면 예술 관람비용이 낮아야 하는데, 반대로 그 값이 너무 높은 것은 이러한 소비경시 풍조에서부터 출발하는 것이다.

평생 하는 공부는 투자가 아니라 소비다. 즐거운 마음으로 하자

우리가 한국에서 교육을 받으면서 항상 들었던 말은 어떤 일이든 이를 악물고 모질게 노력해야 성공한다는 것이었다. 그래서 우리들은 그렇게 믿고, 그렇게 살려고 노력하였다. 그러나 어떤 일이든 즐거운 마음으로 하는 경우가 이를 악물고 하는 경우보다 효과가 높다는 사실이 여러 실험에서 일관되게 확인되고 있다.

왜 그럴까? 즐거운 마음으로 하는 것은 지금 그 일을 자신의 효용을 증대시키는 소비활동으로 받아들이지만, 미래를 위해 이를 악물고 일하고 있다는 것은 그 행위를 투자행위로만 보고 있기 때문이다. 그렇다면 우리가 평생 하게 되는 공부는 어떠해야 할까? 우리는 당연히 이제까지 공부를 투자로 보았다. 그래서 이를 악물고 공부해야 하였다. 그래서 얼마나 좋았을까? 좋지 않았다. 모두가 괴롭고 세상은 혼란스러워졌다. 심지어 오히려 공부를 많이 한 사람들이, 고생하며 투자한 대가를 보상받아야 한다며 지위를 활용하여 세상을 어지럽히고 있다.

공부를 평생에 걸친 소비로 생각하자. 공부가 당연히 즐거워질 수 있다. 왜 선진국에서 학위가 2개인 사람이 많고, 왜 평생대학이 그렇게 유행하고, 인문학과 예술이 인기를 끌겠는가? 공부는 더 이상 투자가 아니고 내가 즐겁고, 즐기기 위한 소비이기 때문이다. 세상의 이치를 설명하고자 하였던 논어에서 인생의 세 가지 즐거움으로 찾아낸 것이 "배우고 때때로 익히면 이 또한 즐겁지 아니한가"(學而時習之 不亦說乎)라고 하였다. 현재 하고 있는 일을, 현재는 괴롭지만 미래에 좋은 투자, 즉 이를 악물고 참고 견뎌야 하는 일로 생각하지 말고, 모두 지금 즐길 수 있는, 즐기고 있는 현재의 소비행위로 만들어라.

우리가 평생 해야 하는, 하고 있는 공부는 소비행위를 하는 것이다. 아니라면 그렇게 바꾸어야 하고, 공부를 우리가 좋아하는 어떤 것을 찾아 먹는 것과 같이 만들어야 한다. 실제로 우리는 계속 스스로 선택하고 있고, 이렇게 이 책을 보는 것도 지혜로운 나 자신이 스스로 선택한 것이다. 자신의 얼굴을 거울에 비추어 보고 즐겁게 웃어 보라. 좋지 아니한가?

2. 현실과 소비의 만남

인간의 소비는 불확실하고 비합리적 면이 많아 정확히 이론적으로 설명하기가 어렵다. 비싸야 잘 팔린다든가, 충동적으로 소비하고 후회한다든가 하는 심리적 요인이 많기 때문이다. 그래서 이런 복잡한 소비 현실을 설명하고자 하는 여러 소비가설이 등장하였고 현실을 잘 설명한 공로로 노벨상을 받기도 하였다.

옳고 그름의 기본 기준은 현실이다

우리가 남을 설득하거나 주장할 때, 그 내용이 아무리 그럴싸하고 멋있어도 현실을 벗어날 수 없다. 현실과 맞지 않는 말은 어쨌든 틀린 것이다. 뛰어난 경제학자들은 이 말을 자주 쓴다. 따라서 무엇을 주장할 때는 이 점을 항상 경계하고 명심해야 한다. 우리에게 기본 기준은 현실이다. 그러니 행복해지려면 현실의 사실에 충실해야 한다. 사람을 선택하든, 직장을 선택하든, 무엇을 선택할 때도 현실을 무시해서는 안된다.

1) 내가 부자가 되어야 인심을 쓸 수 있다

소비이론은 케인스에 의해 체계화되기 시작하였는데, 케인스는 소비는 돈이 필요하므로 절대적인 소득의 크기에 의해 결정된다고 보았다. 우리나라 속담에도 "부자집 광에서 인심 난다"라는 말이 있는데, 바로 이와 같은 이론인 것이다. 이렇게 소비가 절대적으로 소득에 의해 좌우된다고 해서 이 이론을 절대소득가설이라고 한다. 우리는 마음으로도 남을 도와줄 수 있지만, 가난한 사람을 도우려면 현실적으로 돈이 필요하다. 맹자는 무항산 무항심(無恒産 無恒心)이라고 하였는데 돈이 없으면 남을 위한 좋은 마음도 가질 수 없다는 것이다.

내 소비에서 먹는 것이 차지하는 비중 - 엥겔지수

소득이 높아질수록 오락·문화 등 여가생활비가 늘어나 먹는 곳에 쓰는 비중인, 엥겔지수는 낮아지는데, 한국 역시 1990년대 20%대에서 현재 10%대로 내려갔다. 그런데 최근 엥겔지수가 반등하고 있다는 뉴스가 자주 등장한다. 높은 물가 때문에 먹고 사는 것조차 빠듯해지고 문화생활 등을 할 여력이 줄기 때문이다.

2) 뱁새가 황새를 따라간다

소비는 절대적인 소득에 의해 결정된다는 주장과 달리, 상대소득가설(relative income hypothesis)에 따르면 소비는 다음 두 가지 상대적인 소득으로 결정된다.

첫째, 나의 소비는 나의 소득만이 아니라 주위의 소득과도 연관되어 있다. 이 말은 소득이 적어도 부자 친구와 같이 다니면 나도 모르게 나도 돈을 많이 쓴다는 것이다. 이렇게 무리하게 뱁새가 황새를 따라가는 소비행위를 듀젠베리(James. S. Duesenberry)는 남에게 잘 보이기 위해서라고 보아, 이를 보여 주는 효과, 전시효과(demonstration effect)라고 하였다.

어떤 사람을 만날 때, 그 사람이 좋은 친구를 가지고 있는가를 보는 것이 중요하다는 진리는 소비에서도 통하고 있다. 세계적으로 이는 공통된

현상이지만, 한국의 심각한 차별의식은 전시효과를 자꾸 강제하고 있다. 월스트리트저널(WSJ)은 한국의 문제점으로 호텔 프로포즈, SNS에 사진 올리기 등을 지적하였는데, 이는 바로 이러한 전시효과의 한 단면을 보여 주는 것이다. 테크인사이트가 세계 스마트폰 판매와 평균판매가격 전망 보고서에서 한국이 2029년까지 조사 대상 88개국 중 스마트폰이 가장 비싸게 팔리는 국가 1위를 유지할 것이라고 전망한 것도 이러한 현실을 보여 준다.

둘째, 옛날에 부자였던 사람은 가난해져도 옛날 소득에 맞추어 소비를 하려고 한다. 앞의 전시효과가 옆 사람과 비교한 상대소득이라면, 이는 과거와 비교한 상대소득이 된다. 가난하였던 사람은 부자가 되면 쉽게 가난한 시절을 잊지만, 부자는 가난뱅이가 되어도 과거의 부자였던 습관을 버리지 못한다. 이를 한쪽으로만 돌아가는 톱니 같은 속성이라고 하여 톱니효과(ratchet effect)라고 한다. 즉, 인간은 비참한 현실이 아니라 과거의 잘 살던 시절의 향수로만 돌아가고 있다는 뜻이다. 듀젠베리는 특히 두 번째 소비 행태를 매우 중요시 여겼다.

옆 사람과도, 과거와도 현실의 나를 비교하지 마라

우리는 왜 돈이 더 필요하다고 느끼고 있고, 돈이 없다고 느끼고 있고, 가난해서 불행하다고 생각하며 스스로를 한탄할까? 간단하다. 이는 현실의 나를 타인 또는 과거의 나와 비교하기 때문이다. 그래서 모든 종교들이 그렇게 오랫동안 가르쳐 온 깨달음과 해방의 방법은 비교하지 말라는 것이었다.

옆 사람과도, 과거와도 현실의 나를 비교할 필요가 없다. 그것은 모두 허상이다. 잘 나가는 남과 같아지려고 하는 것도 허상으로, 결국 그 자체가 불행의 시작이 된다. "왕년에 내가 말이야"라고 말하는 것은 자신을 바보로 헛되이 소비하는 것이다. 소비는 행복을 위한 최종 단계이다. 그러나 잘못된 소비는 행복을 파괴한다.

과거의 영광과 타인의 사례는 나의 이익이 될 때만 의미가 있다

빈에서 지내다 보면 세계 첫 번째라는 자랑을 자주 듣는다. 그러고 보니 세계 모든 국가들이 세계 최대, 세계 최초를 주장하는 많은 아이템을 가지고 있고, 한국도 예외가 아니어서 우리는 어렸을 때부터 세계 최초, 세계 최대라는 수식어를 참으로 많이 들었다. 그런데 이것이 무슨 의미가 있을까?

세계 최초, 세계 최대라는 자랑은 바로 나와 연관되어 현실화될 때 비로소 의미를 가질 수 있다. 즉, 이곳에 세계 최초의 물건이 있었기에 내가 쉽게 쓸 수 있게 되었다든가, 아니면 그것이 나에게 어떤 이익을 준다든가 할 때 우리는 그 의의를 분명히 말하고 느낄 수 있다. 그렇지 않다면 그것은 모든 국가에서 주장하는 자기만족적인 표현일 뿐이다. 예를 들어, 한국이 세계 최초의 금속활자를 발명하였다는 사실은 우리가 우수한 출판시스템과 저렴한 인쇄물을 쉽게 접할 수 있어야 가치가 있는 것이다. 현재 빈이 세계에서 삶의 질이 가장 좋은 도시 1위로 계속 뽑힘으로써 비로소 마르크스호프와 같은 공공주택을 세계 최초로 만들었다고 자랑할 수 있는 것이다.

세계 최초라면서 그것을 접하는 것이 비싸고 힘들다면 그것은 자랑스러운 것이 아니라 오히려 얼마나 잘못 살아왔는지를 보여 주는 부끄러운 것이 될 것이다. 실제로 남미나 아시아, 아프리카, 중동의 많은 지역은 세계 최초라고 말하는 문명을 갖고 있지만, 현재 국민들의 삶이 빈곤하고 어려운 상황에서 그것을 말하는 것은 그들이 선조들과 달리 그동안 얼마나 못난 역사를 만들어 왔는가를 보여 줄 뿐이다. 예컨대, 이집트는 세계 최초의 수많은 문명을 가지고 있다고 하지만, 현재 자동차조차 만들지 못하는 국가이고, 일반 국민들의 삶이 매우 힘들다는 점에서 이는 자랑스러운 것이 아니라 세계열강들의 침략 속에서 근현대 이집트가 얼마나 잘못된 대응과 발전을 해왔는가를 보여 줄 뿐이다.

나도 그렇다. 나에게 현재 직접 이익을 주는 것이 아닌 주위의 과거 이야기와 자랑은 자기만족적인 표현일 뿐이므로 귀 기울이거나 마음 쓸 필요가 없다.

3) 최근 젊은 층일수록 왜 소비를 더 줄일까, 왜 효도해야 할까

평생소득가설(life cycle hypothesis)은 소비가 한순간의 소득이 아니라 평생소득에 의해 순차적으로 이루어진다는 것으로 모딜리아니(Franco Modigliani), 브룸버그(Richard Brumberg), 안도(Albert Ando)에 의해 주장되었다.

인간의 일생과 소비행위를 그려 보면 〈그림 11-1〉과 같다.

인간의 소비는 매일 먹을 것을 섭취하고 휴식을 하며, 일하거나 공부

그림 11-1 평생에 걸친 소비행위

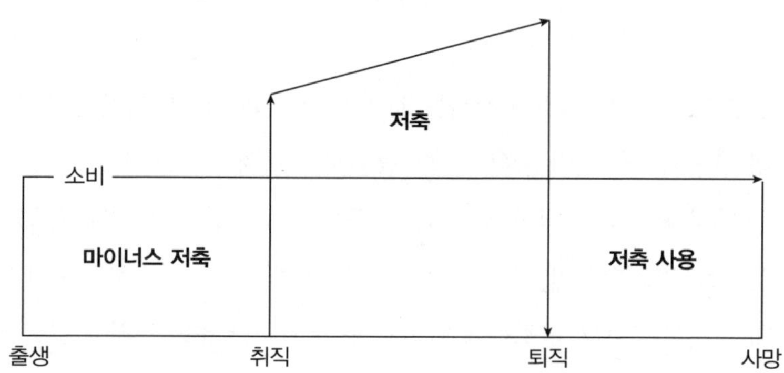

하는 과정을 반복하면서 거의 평생 동안 큰 변화가 없다. 그런데 어린 시절, 학생 시절에는 돈을 벌지 못하므로 소비만 하다가 취직을 하는 청년기부터 소득이 생기기 시작하고 점점 늘어난다. 이때 장래를 생각해서 일부를 저축하는데, 소득이 늘어나므로 저축도 조금씩 늘어난다. 이후 노년기에 소득이 없어지면 그동안 저축한 돈으로 소비를 한다. 이런 형태는 모든 인간의 평생에서 공통적으로 나타나는 것이고, 평생소득가설은 바로 이를 지적하는 것이다.

실제로 한국의 연령별 노동소득과 소비를 보면 〈그림 11-2〉와 같다. 평균적으로 한국인들은 27세에 흑자로 진입해 이후 저축을 하고 있으며 61세에 다시 적자 인생으로 들어가 저축한 돈으로 살아야 한다.

요즘 젊은이들은 노력을 안 하고 흥청망청 쓴다고 노인들과 정치인들은 생각한다. 그럴까? 그러나 LG경제연구원 보고서에 의하면, 경제성장률

그림 11-2 한국의 연령별 노동소득과 소비

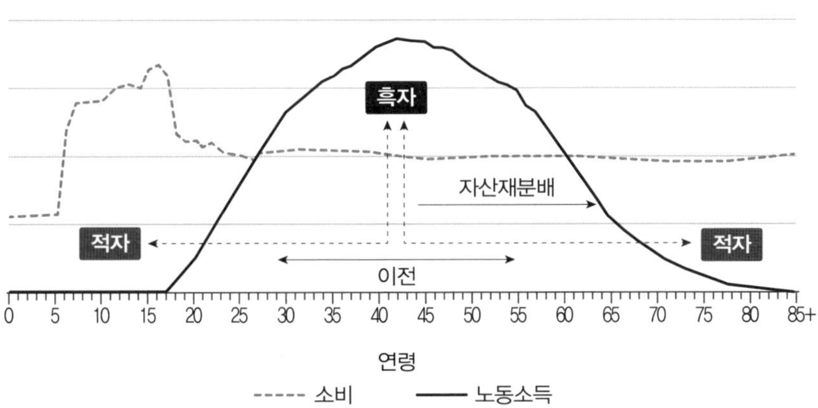

자료: 통계청.

이 떨어지면 젊은 층일수록 소비를 더 줄이는 것이 확인되었는데, 이는 젊은 층이 남아 있는 인생이 많아 성장률 하락에 따른 평생소득 감소가 더 크기 때문이다. 젊은 시절 어렵게 벌고 있는 돈을 쉽게 쓰는 것은 일반적이지 않다. 젊은이들이 돈을 막 쓴다고 생각하는 것은 현실을 모르는 것이고, 소비이론과도 틀리며, 주위의 지혜로운 다수의 젊은이들의 생과도 틀린 것이다.

젊은 날의 초상 - 어떻게 생각하고 어떻게 해야 할 것인가

한국에서 젊은 층의 실업 문제는 심각하다. 이렇게 취업이 어렵지만 취업을 해도 젊은 시절 돈을 많이 벌 수 없다는 것이 통계적으로 확인되고 있다. 한국의 20세부터 39세까지의 젊은 층 가구를 조사해 보니 그들의 소득증가율은 계속 감소하고 있다. 어떻게 해야 할까?

첫째, 우선 자신에게 실망하면 안 된다. 내가 돈을 조금 번다고 하여도 그것은 나 개인의 능력 문제가 아님을 분명히 알아야 한다. 잘못된 사회구조와 사회적 인식으로 대한민국 젊은 층이 그런 대우를 받고 있는 것이다. 즉 다른 사람과 나는 같다. 잘 나가는 듯이 보이는 사람도 뜯어보면 나와 같다는 것을 명심하라.

둘째, 나중에 잘 되겠지, 시간이 지나면 좋아지겠지라고 막연히 생각하고 소비하는 습관을 버리고, 인생 전체의 시간으로 보아 아직 시간이 많이 있다는 것을 알고 무엇이든지 틀리더라도 자꾸 찾아서 하여야 한다. 해서 잘 되면 좋은 것이고, 틀리면 아직 고칠 시간이 많으니 미리 고쳐서 좋은 것이고, 아주 많이 잘못되어도 남아 있는 시간 속에서 그 잘못이 도움이 되므로 전혀 문제가 없다. 그리고 아직은 장기적인 시간이 남아 있으므로 합리적으로 경제적 사고를 이해하고 공부하며 미래를 대비해야 한다. 준비하는 자가 더 행복해질 수 있다는 것이 바로 경제적 사고의 출발점이며 이는 분명하다.

부모님께 돈을 드리는 것이 효도가 아니다 - 부모님의 강제저축

원래 저축은 소비하고 남는 것을 말한다. 그것이 은행에 있든 침대 밑에 감추어 두었든 쓰지 않은 돈은 전부 저축이라고 한다. 즉 저축은 소득 - 소비가 된다. 따라서 저축은 소득이 소비보다 많아서 남아야 이루어진다.

그러나 우리들의 부모님을 보라. 그분들은 돈이 생기면 우선 자식들이 다음 학기에 또 써야 할 교육비를 마련하기 위해 저축부터 하고 나머지를 쪼개어서 아껴 소비한다. 즉, 소비를 하고 남는 돈을 저축하는 것이 아니고 저축부터 하고 남는 돈으로(그래서 항상 모자란다) 아껴가며 소비한다. 이렇게 돈이 쓰고 남지 않음에도 하는 저축을 '강제저축'이라고 한다. 우리의 부모님들은 그렇게 자신들은 제대로 먹지도 입지도 못하면서 강제저축을 통해 우리 자식들을 키워왔다. 그러니 어찌 효도를 하지 않을 수 있겠는가.

외국의 부모님도 마찬가지일까? 그렇지 않다. 미국에서 대학에 가지 않는 학생들에게 왜 대학에 가지 않는가라고 물어보면 1위가 '돈을 벌며 학교에 다니기가 너무 어렵기 때문'이라고 답한다. 우리나라도 많은 대학생들이 학비를 벌기 위해 일하고 있지만 전체적으로 보아 성인이 되어서도 부모님에게 손을 벌려 돈을 받는 곳은 지구상에 그리 많지 않을 것이다. 심지어 많은 선진 국가에서는 어렸을 때부터 구두닦기, 유리창 청소, 설거지 등 자기가 할 수 있는 일을 하도록 해서 용돈을 주고 사고 싶은 것을 사 준다.

그러니 우리들이 소득이 없었을 때에 부모님께 받은 돈은 우리들의 인생에서 빌린 돈(마이너스 저축)이니 나중에 반드시 그 돈을 갚는 것이 맞다. 그것이 평생소득가설에서 볼 때 올바른 것이다. 효도는 잘하는 것이 아니고 당연한 것이다.

4) 복권에 당첨되어도 마찬가지, 아니 오히려 불행해지는 이유

"내가 복권에만 당첨되어 봐라"라고 큰소리치는 친구들이 정말 복권에 당첨되면 나를 위해 돈을 펑펑 써 줄까? 그렇지 않다는 것이 항상소득가설(permanent income hypothesis)로 밀턴 프리드먼(Milton Friedman)에 의해 주장되었다. 프리드먼은 소득을 항상 지속적으로 발생하는 항상소득과 일시적으로 발생하는 일시소득(변동소득)으로 나누었다. 그리고 소비는 주로 항상소득에 의해 영향을 받는다고 보았다. 복권에만 당첨되면 왕창 돈을 쓰겠다고 장담하는 사람도 사실 복권에 당첨되어 일시적으로 큰돈이 생기면 소비를 그만큼 하지 않는다는 것이다.

지금 잘하는 친구가 진짜 친구이다

나중에 큰돈을 벌면 나에게도 돈을 나누어 주고 도와주겠다고 말하는 사람도 실제 큰돈이 생기면 그렇게 하지 않는다. 복권에 당첨된 사람들을 추적해 본 결과 자살, 알코올중독 등 매우 불행해진 사람이 많았다. 복권에 당첨되었는데 돈을 주위 사람들에게 쓰지 않으니 오히려 미움을 사고 결국 불행해지는 것이다.

그러니 나중에 잘하겠다고 큰소리치는 친구보다 평소에 잘하는 친구가 진짜 친구인 것이다. 주위에 누가 진짜 내 친구인지는 눈을 크게 뜨면 금방 알 수 있고 효도도 돈 벌면 하는 것이 아니라 평소에 하는 것이다.

복권에 당첨된 사람들의 결과와 그 원인은?

칼리 로저스는 16세 때 32억 복권에 당첨되었다. 그녀는 저임금을 받는 조합의 직원이었다. 그런데 모두의 생각과 달리 로저스의 삶은 비참하게 바뀌었다. 믿었던 주위 사람들은 당첨금만을 쳐다보았고 돈을 받지 못하자 폭행까지 행사하였으며 결국에는 사랑하는 사람과도 헤어졌다. 우울증에 빠진 로저스는 자살까지 몇 차례 시도하였다. 이로 인해 아이들의 양육권도 박탈당하였다.

그 후 서른 살이 넘어 로저스는 한 방송에 출연하였는데 로저스는 당첨금은 모두 없어졌고 다시 월급쟁이 생활을 하고 있으며 집은 월세로 살고 있다고 밝혔다. 그러면서 로저스는 돈이 모두 없어진 지금이 행복하다고 말하였다.

칼리 로저스의 경우는 그래도 해피엔딩이다. 복권에 당첨된 사람들은 오히려 불행해진 사람이 많다. 자살자도 많았고 심지어 한국에서는 로또 복권에 당첨되어 친동생을 흉기로 찔러 숨지게 한 사람이 징역 15년을 선고받았다는 기사와 로또 복권에 당첨되어 부인에게 살해당한 사람의 끔찍한 이야기가 신문과 방송에 나왔다. 이는 한국만의 이야기가 아니고 전 세계에서 공통적으로 발생하고 있다. 이제 항상소득가설을 이해한 우리는 이런 불행한 사건들의 원인을 알 수 있다.

3. 인생과 세상 모든 것은 오르막과 내리막이 있다

1) 오르막과 내리막이 있는 경기변동과 인생

경기는 예외 없이 좋아졌다가 나빠졌다를 반복한다. 이를 경기변동(business cycle)이라고 한다. 그 구조는 〈그림 11-3〉과 같다. 우선 경기가 가장 나쁜 때를 경기저점(trough)이라고 한다. 이 경기저점에서 경기가 회복되는 단계를 경기회복기라고 하고 이것이 더욱 진전되어 평균 추세선을 지나면서 경기가 좋은 시기가 되면 이때를 경기활황기라고 부른다. 경기가 가장 좋을 때를 경기정점(peak)이라고 하고 이때를 지나 경기가 나빠지기 시작하면 경기후퇴기라고 한다. 더욱 경기가 나빠져서 추세선 이하로 떨어져 경기가 나빠지면 경기침체기라고 한다.

인생도 정확히 이와 동일하다.

그림 11-3 경기변동의 구조

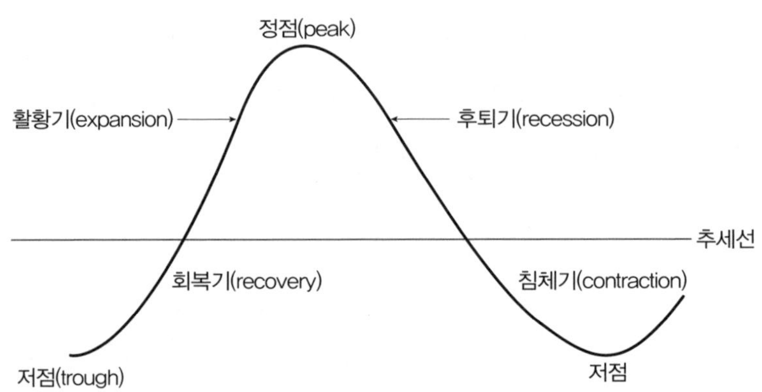

눈 오는 날 이사하면 부자 된다. 밤이 깊을수록 새벽이 가깝다

"성공은 결코 끝이 아니다"(Success is never final). 이는 처칠(Winston Churchill)이 한 말인데 너무나 당연한 말이다. 또한 전 세계에 공통적으로 존재하는 "밤이 깊을수록 새벽이 가깝다"는 격언도 당연한 말이다. 우리나라 속담에 "눈 오는 날 이사하면 부자 된다"라는 말이 있다. 눈 오는 날 살던 집에서 집세를 못 내 쫓겨난다는 것은 그야말로 더 이상 떨어질 곳이 없는 바닥이니, 이제부터는 올라가 부자가 된다는 것이다. 조상들의 슬기와 경험이 잘 드러나는 속담이다.

어려운 시기가 오면 어느 누구에게도, 무슨 일이라도 반드시 다시 회복되는, 올라가는 시기가 오는 것이 자연법칙이고 경제법칙임을 알고 긍정적인 마음을 잃지 말아야 한다. 나아가 높은 지위로 올라갈 때에도, 주위에서 나를 치켜세우고 부추길 때에도, 다시 내려가는 상황이 오므로 겸손하게 상황과 인간을 대해야 한다는 것을 명심해야 한다. 경제학을 공부한 사람은 많은 비판에도 불구하고 결국 긍정적이며 동시에 잘 흔들리지 않고 중심을 잘 잡는다고 평가받는 것은 이 때문이다. 이제 우리가 그럴 것이다.

어려움과 역경은 반드시 온다. 피할 수 없으니 대응하면 한다. 그리고 대응하면 반드시 지나가고 좋은 시간이 온다.

인생을 흔히 바다와 파도로 비유한다. 바다에서의 파도는 큰 역경이고 공포의 대상이다. 그런데 이를 즐거움으로 만드는 사람들이 있으니 바로 파도 타는 사람들인 서퍼(surfer)이다. 그들은 즐거움을 더 크게 하기 위해 더 큰 파도를 기다린다. 결국 똑같은 파도지만 그것을 어떻게 이용하느냐에 따라 파도에 대한 생각은 달라진다. 우리 앞의 역경이 그렇다.

그런데 서퍼에게도 그냥 배를 저어 나아갈 때는 파도가 다시 역경이 된다. 즉, 역경은 나의 생각과 목적이나 환경에 따라 달라진다. 일반적으로 사람들이 말하는 역경도 알고 보면 나에게 반드시 역경이 아닐 수 있으므로 너무 과민하게 반응할 필요가 없다. 역경이 올수록 침착하게 상황을 잘 보고 잘 이해하도록 하라.

또 하나 서퍼에게 파도가 즐거운 것이라고 하여도 무작정 파도가 오는 날만 기다리면서 지낼 수는 없다. 마찬가지로 역경은 언제나 오는 것이라고 하여 아무런 대책 없이 지내다 역경이 닥치면 지날 때까지 참고 견디는 것은 정말 어리석은 것이다. 평범한 날은 평범함을 최대한 즐기되, 항상 누구에게나 역경이 온다는 사실을 명심하고 대비해야 하며, 그러다가 역경이 닥치면 이 또한 지나가고 좋은 시간이 다시 온다는 것을 믿으면서 지혜롭게 대응하면 된다.

그런데 경기변동은 반드시 어느 선에서 어느 선까지 언제 움직이는지 정하여져 있는 것이 아니다. 따라서 이를 미리 예측하여 대응하는 것은 매우 중요하다. 현재 우리가 어디에 있는지, 그리고 앞으로 어떻게 바뀔 것인지 잘 예측할 수만 있다면, 이에 맞는 가장 적절한 대책을 세워 앞으로 겪게 될 고통을 크게 줄일 수 있다. 경기변동이 인생과 동일하므로 이는 개인의 경우에도 동일하다. 경제학이란 현실을 정확히 관찰하여 미래를 잘 예측함으로써 미래를 대비하는 학문이다.

어차피 안되는데 뭘 자꾸 하려고 노력하나

미래를 맞춘다는 것은 언제나 어렵다. 아무리 잘 예측해도 잘 안 맞는다. 당연하다. 우리는 신이 아니고 사실 한 치 앞도 알 수 없는 인간이다. 그러면 어차피 잘 안 맞으니까 미래를 알려고 하는 노력, 그래서 그것을 알기 위해 우리가 지금 어디에 있는가를 알려고 하는 노력을 할 필요가 없을까?

경험은 그렇지 않음을 보여 준다. 포기하고 그냥 내버려두는 것보다 아무리 안 맞고 틀려도 역시 맞추려고 노력하는 경우의 미래가 더 좋다. 미래를 예측해 보면 미래를 만드는 현재를 어떻게 해야 할지 판단 기준도 생긴다. 개인도 물론 마찬가지이다. 분명히 그렇다는 것을 경험과 이론은 보여 주고 있다.

"어차피 안되는데 뭘 그렇게 자꾸 하려고 노력하나?" 이 말은 주위에서 자주 듣는 말이고, 심지어 자기 자신에게도 자주 하는 말이다. 그렇지 않다. 어떤 일이든 하면 어쨌든 안 하는 것보다 결과가 좋아진다. 세상에는 공짜가 없는 것이다.

"안 하는 것보다 못하다"라는 말을 자주 하지만, 정확히 말해 그런 경우는 인생에서 존재하지 않는다. 어떤 일을 적극적으로 하면 최악의 결과가 와도 나중에 그것을 생각하며 웃어넘길 수 있고, 또 자신에게 결국 도움이 되었음을 분명히 알 수 있다. 하지만 안 하고 넘긴 일은 시간이 지나 평생 후회로 남는다. "그때 한번 해 보기라도 할 걸"이라고 생각하면서 아파한다. 주위에서 혹은 자기 자신에게 "안 해서 참 다행이야"라고 하는 것은 그냥 아무것도 못 한 자신을 위로하고 합리화하려는 것이다.

2) 내가 어디에 있는가를 먼저 알아야 한다.

나는 지금 어디에 서 있을까? 남들이 지금을 인생의 황금기라고 하는데, 정말 나는 황금기에 서 있는 것일까? 아니면 난 지금 불행한데, 이 불행은 곧 끝나고 황금기가 올 것인가? 이러한 질문에 대한 답은 없다. 불행히도 지나 보아야 그 대답을 알 수 있다. 경기변동도 마찬가지이다. 경기변동 당시에는 경기변동의 정확한 관측이 불가능하고, 또한 어떤 지표로 보느냐에 따라 경기인식이 달라질 수 있어 언제나 논쟁을 일으킨다.

경제학자들은 경기변동을 알기 위해, 우리가 어디에 있는가를 알기 위해 경기지수를 사용한다. 경기지수에는 앞으로의 경기를 예측해 주는 경기선행지수, 현재의 경기를 보여 주는 경기동행지수, 그리고 최근 사용빈도가 줄어들고 있는 경기후행지수가 있다. 앞으로 경기가 좋아질 것이 확실하면 기업들은 고용을 늘리고 주식 가격이 오르므로 구인·구직 비율과 종합주가지수는 선행지수이다. 실제로 경제가 좋아지면 생산이 늘어나고 가동률이 높아지므로 산업생산지수와 제조업가동률지수는 대표적인 경기동행지수가 된다.

이러한 방법 외에 직접 기업가에게 경기 관련 변수들을 물어 경기변동을 예측하는 방법도 있다. 당연히 기업가들의 판단과 예측이 경기변동에 큰 영향을 미치고, 현장의 기업가들이 경기변화를 잘 알고 있기 때문이다. 이를 기업가들에게 실제로 조사한다는 뜻에서 기업실사지수(business survey index: BSI)라고 한다. 이 지수는 기업가의 주관적이고 심리적인 요소까지 볼 수 있는 것인데, 100보다 높으면 긍정적으로 판단한 기업가가 더 많다는 뜻으로 경기확장 국면으로 보고, 100 미만이면 경기후퇴 국면으로 판단한다. BSI지수 조사는 한국은행, 한국산업은행, 기업은행, 상공회의소, 전국경제인연합회 등 다수에서 조사, 발표하고 있다.

이 밖에도 소비자에게 직접 물어 경기를 알아보는 것을 소비자실사지수(consumer survey index: CSI)라고 한다. 많이 발표되고 있는 지수로 소비자심리지수(composite consumer sentiment index: CCSI)와 소비자신뢰지수(consumer

그림 11-4 한국은행이 발표한 소비자심리지수 변화 예

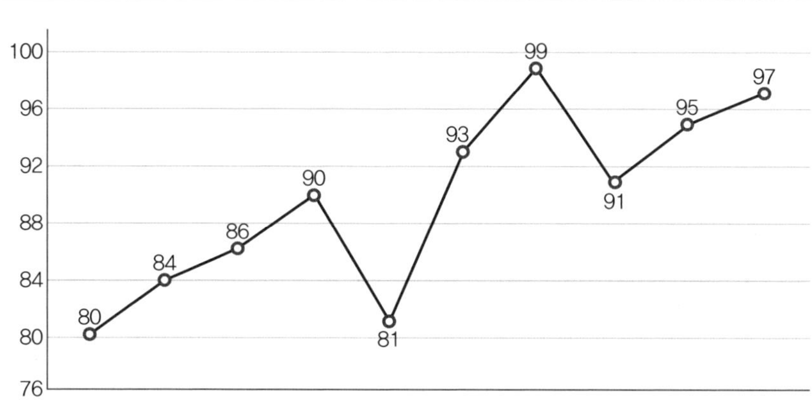

자료: 한국은행.

confidence index)가 있는데, 용어에서 알 수 있듯이 소비자들의 주관적인 심리와 경제 상황에 대한 개인들의 신뢰도를 묻는 것이다. 소비자심리지수는 역시 100을 넘으면 경기, 수입 등이 좋아질 것으로 낙관적으로 보는 사람이 많다는 의미이며, 소비자신뢰지수도 이 수치가 높을수록 소비자가 경제 상황을 신뢰하고 경기를 낙관적으로 본다는 의미이다. 그런데 이 보조지수들이 아주 잘 맞아서 경기예측과 경기정책에 중요하게 이용된다.

세상 모든 일이 사람 마음에 따라 결국 그렇게 움직인다

전문가에게 물어보는 것도 아니고 그냥 일반인들, 소비자들에게 그들이 어떻게 생각하는가를 물어보는 것인데, 소비자심리지수와 소비자신뢰지수가 잘 맞는다. 사람들이 좋다고 하면 경기가 좋아지는 것이고, 사람들이 나쁘다고 하면 나빠지는 것이다. 세상 모든 일이 사람 마음과 함께 움직이는 것이다. 놀랍

지 아니한가?

나의 일도 그렇다. 좋은 생각을 많이 하면 내 인생이 좋아지고 행복해진다. 자꾸 부정적으로만 생각하면 진짜 나빠진다. 그래서 기업들이 긍정적 사고를 가진 사람을 뽑으려고 하는 것이다. 긍정적 생각과 부정적 생각은 주위로 퍼지기도 한다. 전염성이 있는 것이다. 그러니 우리의 인생을 보다 좋게 만들려면 긍정적인 생각을 가진 사람과 가까이 하는 것이 좋고, 나 스스로도 주위에 긍정적인 생각과 행동을 나누어 주는 사람이 되어야 한다.

우리가 어디에 있는지 알고 예측하는 것은 매우 중요하다. 그래서 경기변동을 알기 위해 여러 경험적 방법도 동원되고 있다. 예컨대, 여성들의 치마길이, 커피점의 커피 농도 그리고 불황 시 립스틱 판매가 늘어나는 립스틱효과 등을 관찰하기도 한다. 한 가지 예를 들면, 불황이 확대되면 사람들이 일자리를 구하기 힘들고 해고도 일어나 불안해하고 신경질적으로 변한다고 한다. 그래서 커피점에서 커피가 묽다고 불만을 많이 제기하므로 커피 농도가 진해진다는 것이다. 일본에서 불황 시 립스틱 소비가 오히려 감소하는 것으로 나타나는 등 이 방법들의 정확도에 대해서는 의문이 제기되고 있지만, 그럼에도 모든 방법을 동원해 우리가 지금 어디에 있는가를 알아내려고 하는 것이다.

우리가 어디에 있는지 알아내는 노력은 이렇게 치열하다. 우리도 자신의 위치를 정확히 알기 위해서 열심히 살아야 한다. 열심히 하지 않으면 현재 내가 어느 정도인지, 어디에 서 있는지 모르고 지내게 된다. 가장 중요한 시간비용만 부담하고 얻는 것이 없어지게 되는 것이다.

경기를 체감하는 것은 지역, 기업 규모, 시장 종류 등에 따라 다르다.

흔히 경기상승 국면이 끝나고 후퇴 국면이 온다고 이야기해도 중소기업들은 언제 경기가 좋았느냐고 반문한다. 그러면서 중소기업들은 경기상승을 체감도 못 한 채 다시 경기가 나빠지면서 먼저 타격을 받는다. 또 경기는 장기적으로 보느냐 단기적으로 보느냐에 따라서도 다르다. 통계청이 작성한 경기변동을 〈그림 11-5〉에서 보자. 한 예로 제2순환을 보면, 저점에서 정점까지 올라갈 때 바로 쭉 올라가는 것이 아니고 올랐다가 조금 떨어졌다가 다시 올랐다가 많이 떨어졌다가 다시 올랐다가 떨어졌다가 다시 크게 올랐다가 또 올라서 경기정점에 도달하였다. 그래서 길게 보면 이 과정 전체가 저점에서 정점으로 올라가는 기간이지만, 짧게 보아 그 구간 중 크게 떨어지는 구간만 보면 경기가 하강하는 국면이라고 말할 수 있다.

그림 11-5 통계청이 작성한 경기변동

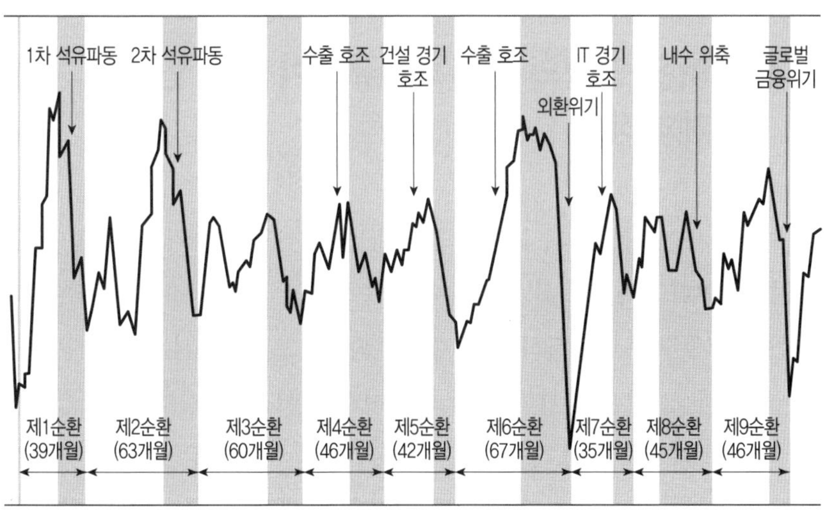

자료: 통계청.

나는 지금 추락하고 있다고? 아니, 오히려 올라가는 중이라고?

세상의 모든 일은 어디를, 어떻게 보느냐에 따라서 올라간다고 할 수도 있고 떨어진다고 할 수도 있다. 인생도 동일하다. 인생을 어디에서, 어떻게 보느냐, 얼마나 넓게 보느냐에 따라 달라진다.

나는 지금 심각하게 추락하고 있다고 생각하지만, 사실 조금 멀리, 크게 보면 전체적으로 올라가고 있는 중일 수도 있다. 물론 역으로 잘 나간다고 생각하고 있지만, 지금 전체적으로 보면 추락 중일 수도 있다.

이렇게 다르므로 당연히 어떻게 보느냐에 따라 우리의 대응책도 달라진다. 그러므로 우리는 그때그때 상황에 너무 일희일비하지 말고 흔들림 없이 멀리 크게 보는 것이 중요하다. 그러기 위해 이렇게 공부하고 경제적 삶과 지혜를 찾아보고 있는 것이다.

4. 어려운 인생의 연착륙 - 굴곡이 적은 인생을 설계하라

투자주체인 기업에게 물어보면 호황기에 투자를 늘리고, 불황이 오면 투자를 줄인다고 한다. 이렇게 호황기 총생산, 국민소득이 증가되어 소비가 늘어날 때 투자가 증가하여 경제가 가속적으로 확대되는 것을 가속도 원리라고 한다. 기업은 경기에 따라 움직이게 되어 있는 것이다.

정부는 경기가 침체 국면으로 들어갈 때 경기가 너무 급속히 나빠지지 않고 침체가 너무 깊어지지 않도록 정책을 시행하고, 반대로 경기가 활황으로 갈 때는 경기가 너무 과열되지 않게 억제하며 호황이 점진적이고 장기화되도록 정책을 조정한다. 이를 비행기 착륙에 비유하여 경기연착륙(soft landing)이라고 한다. 그러나 불황일수록 투자를 늘려야 경기가 급속히 나빠지지 않고 또 경기상승을 유도할 수 있지만, 기업들은 오히려 불황이 오면 투자를 줄이므로 경기연착륙이 어려운 것이다. 불황기에 투자가 줄어 경기가 더 급속히 악화됨으써, 비행기가 착륙시 급강하하면 기체가 파손되듯이 경기경착륙(hard landing)이 나타나는 것이다.

우리 인생을 가능한 굴곡이 작도록 만들어라

인생에서도 연착륙이 쉽지 않다. 그러나 나의 인생경로를 굴곡이 심한 경착륙이 아니라 꾸준히 굴곡을 작게 만드는 연착륙으로 유도해야 한다. 너무 과열되거나 너무 침체되는 것은 어느 쪽도 안 좋다.

그래서 우리는 우리 인생이 크게 요동치지 않도록 긴 인생 전체를 생각하면서 장기적으로 소비와 저축, 투자를 고르게 잘 운용해야 한다. 젊은 시절 저축을 하지 않고 들어오는 소득을 그대로 다 써버리고 늙어서는 생활비 조달조차 어려운 인생은 나쁜 인생이 되는 것이다. 지금 건강을 관리하고 틈틈이 공부하는 투자를 하지 않고 되는대로 불규칙하게 살고 늙어서 후회하는, 이렇게 굴곡이 심한 인생은 잘못된 것이다. 인생의 계획을 잘 세운다는 것은 바로 인생의 굴곡을 작게 만드는 것이다. 인생을 굴곡이 작게 하는 것, 그것이 안정과 행복을 가져다준다.

12 직장과 불안

1. 나의 안정을 위협하는 것은 물가와 포기이다
2. 나의 성장 –현대의 보이지 않는 전쟁, 직장 구하기
3. 영원한 싸움

두 마리의 토끼 - 성장과 안정

모든 일에서 우리는 지속적인 성장과 안정을 목표로 한다. 모든 행복은 지속적인 성장과 안정의 유지에 있다. 어느 것 하나라도 무너지면 우리는 행복할 수 없다. 문제는 성장과 안정 이 두 가지가 동시에 달성되기 어렵다는 것이다. 그래서 이를 두 마리의 토끼라고 부른다. 한 마리의 토끼를 잡기 위해서 한 마리의 토끼는 포기해야 하는 것이다.

그러나 따지고 보면 이는 너무나 당연하다. 세상은 공짜가 없다. 그러니 무엇인가를 얻으려고 할 때마다 언제나 아프고 당황스러운 순간, 즉 무엇인가를 포기해야 하는 선택의 순간이 오는 것은 당연하다. 혼란스러워할 필요가 없다.

1. 나의 안정을 위협하는 것은 물가와 포기이다

인플레이션은 그냥 물가가 높은 것이 아니라 일반 물가가 지속적으로 상승하는 현상을 말한다. 일본은 세계에서 가장 물가가 높은 나라의 하나이었지만 인플레이션이 아니라 오히려 물가가 떨어지는 디플레이션 때문에 골머리를 앓았다. 그래서 일본은 물가를 어느 정도 올리는 것을 통화정책의 목표로 삼기도 하였다.

인플레이션은 우리가 생각하는 것 이상으로 여러 분야에서 악영향을 끼쳐 사회를 불안정하게 만든다. 그래서 세계은행은 많은 문제가 있음에도 불구하고 전 세계 발전도상국에 대해 집요할 정도로 인플레이션을 억제하라고 압력을 넣어 왔다.

1) 열심히 일하는 사람이 손해 보는 게임

인플레이션이 일어나면 돈의 가치가 떨어진다. 따라서 돈을 빌려준 채권자는 손해를 보고 채무자와 부동산 보유자는 이익을 보게 된다. 한국이 그러하였다.

불가능한 내 집 갖기

주택금융공사에 의하면, 한국의 주택구입물량지수는 50을 밑돌고 있다. 주택구입물량지수는 중간의 중위소득가구가 살 수 있는 주택수의 비율을 0에서 100까지 퍼센트로 만든 것으로, 이 수치가 높을수록 살 수 있는 주택이 많다는 의미이다. 즉, 한국이 50을 밑돈다는 것은 한국의 경우 중간소득가구가 살 수 있는 주택이 전체 주택의 절반이 안된다는 것이다.

특히, 서울의 주택구입물량지수는 50은커녕 10도 안되는 3 정도이다. 서울은 중간 정도 소득을 가진 가구가 살 수 있는 집이 100채 중 3채에 불과하다는 것이다. 2000년대만 해도 30 정도이던 것이 2010년대에는 20 밑으로 떨어지더니 2020년대 들어와서는 3 정도까지 급강하할 정도로 부동산 가격이 폭등한 것이다.

부동산의 나라 한국

한국의 부자들과 정재계 및 법, 언론계의 힘 있는 사람들, 소위 대한민국의 상류층들은 부동산 소유를 늘리면서 가격 상승을 유도 혹은 방임하여 부동산 가격의 폭등을 가져왔다. 그 결과 한국의 국부 가운데 부동산이 차지하는 비중(토목건설 제외)은 75~80% 수준이다. 미국이 30%대, 부동산 가격이 높았던 일본이

40%대, 최근 중국인의 유입으로 부동산 가격이 폭등한 캐나다도 50%대로 한국이 절대적으로 높다. 집값이 하늘 높은 줄 모르고 치솟아 부동산투기는 결코 죽지 않고 있고, 그 결과 한국의 주택 가격은 GDP의 2.3배 수준으로 미국 1.4배, 일본 1.8배, 캐나다 2.0배에 비해 높다.

서울 아파트값이 평균 12억 원을 넘고, 상위 20% 아파트값은 25억이 넘는 나라, 보통 사람은 자력으로 아파트를 살 수 없는 나라, 그래서 모두가 부동산만 쳐다보고 전전긍긍하는 나라, 부동산이 권력이 되는 나라, 대한민국은 가히 부동산 권력, 부동산 천국, 부동산의 국가라 할 만하다. 한국의 상류층들은 후손들에게 부끄러움을 느껴야 한다.

열심히 일하고 정상적으로 월급을 받으면 어디에서나 가족이 행복하게 살 수 있는 집을 자연스럽게 얻을 수 있는 그런 나라를 만들어야 하지 않을까? 우리 모두가 행복해질 수 있는 것이 나의 행복을 만드는 첫걸음이 아닐까?

나아가 임금 소득자는 인플레이션이 계속되면 임금이 그만큼 오르지 않는 이상, 실질임금이 떨어지는 효과가 나타나므로 손해를 보게 된다. 부동산 보유자가 이익이고 임금소득자가 손해이면 인플레이션은 비난받아 마땅하다.

그런데 인플레이션으로 채무자가 이익을 본다면 단순하게 생각해 돈이 없어 돈을 빌린 가난한 사람이 이익을 보는 것이 아닌가라고 생각할 수도 있다. 그렇지 않다. 담보능력이 많이 있는 대기업, 부자들이 금융기관에서 돈을 많이 빌릴 수 있으므로, 결국 열심히 일해 저축한 사람은 손해를 보고 부자들이 이익이 되는 것이다. 실제로 신용등급이 높은 계층일수록 대출 금액도 많은 것으로 나타났다. 당장 아파도 병원에 가지 못하는 사람들, 점심값을 걱정해야 하는 많은 서민들은 돈에서 소외되어 있다.

인플레이션은 큰 부동산 없이 월급 받고 사는 사람, 바로 보통 사람들이 손해를 보도록 하여 소득분배를 악화시키는 역할을 함을 알 수 있다.

2) 사정이 나쁜 사람에게 특히 해로운 병

인플레이션은 물건값을 상승시켜 저축해 놓은 돈의 가치를 떨어뜨리므로 저축을 해 둔 사람은 손해를 보게 되어 저축이 감소한다. 즉, 저축을 하지 않고 부동산, 물건을 사 두는 것이 이익인 것이다.

그런데 발전도상국의 경우 자본이 부족하고 투자재원의 확보를 위해서는 저축이 필요하다. 그러나 인플레이션은 후진국에서 전형적으로 심하게 나타난다. 중앙은행의 독립성은 후진국일수록 약해, 돈이 정부의 필요에 의해 쉽게 발행되기 때문이다. 세계가 디플레이션의 위험을 말하고 있을 때에도 남미 등 발전도상국들은 인플레이션의 위험 속에 빠져 있었다. 그 결과 인플레이션은 후진국의 자본형성, 즉 투자에 나쁜 영향을 미치게 된다. 결국 후진국은 가난해서 저축이 적고, 인플레이션이 심해서 저축이 더욱 줄어들게 되어 외국자본에 의존하게 되고, 이는 더욱 경제를 불안정하게 만들고 있다.

우리는, 나는 어떠한가? "어차피 부자가 못될 것인데, 어차피 아파트도 못 살 것인데 그냥 맛있는 것 먹고 세계여행 다니자"라고 생각하고 있지 않은가? 여유가 없어 남에게도 나에게도 신경을 못 쓰고 있지 않은가? 다 쓰고 항상 남는 것이 없고 부족하고 결국 기진맥진해 있는 것이 아닌가? 그렇다면 빈곤국의 사례를 따르는 것이다.

절대 안된다. 남겨서 모으고 그것을 발판으로 삼아야 한다.

소득, 사랑, 나의 마음 어떤 것이든 우리는 반드시 남겨 두어야 한다

우리는 무엇이든지 항상 다 쓰거나 비워 두지 말고 남겨 두어야 한다. 남기는 것은 소득, 사랑, 나의 마음 어떤 것이 될 수도 있다.

벼락 맞아 죽을 확률보다 낮다는 로또복권에 당첨되는 사람은 자기 운을 조금이나마 믿고 로또를 산 사람이다. "나는 운이 절대로 있을 리가 없어"가 아니라 "혹시 한 번은 있을지도 몰라"라며 운을 자기에게 남겨 둔 것이다. 책에서 역사에서 악당들은 항상 희망, 소망, 사랑이 우리를 좀먹고 결국은 절망을 가져다 줄 것이라고 말한다. 그래서 그들은 악당인 것이다.

우리는 항상 희망과 소망, 사랑 그리고 자신감, 자부심 등을 남겨 두어야 한다. 반드시, 어떤 상황에서도.

2. 나의 성장 - 현대의 보이지 않는 전쟁, 직장 구하기

1) 자유로부터의 도피 - 나만 아픈 것이 아니라 내가 늦게 아픈 것이다

(1) 현실과 사실

지속적인 성장은 고용 증대를 가져다주므로 결국 지속적인 성장은 실업을 줄이는 것과 동일한 의미라고 할 수 있다. 미국 경제학자 아서 오쿤(Arthur Okun)은 1947년부터 2002년까지 미국의 분기별 자료를 사용하여 성

그림 12-1 오쿤의 법칙

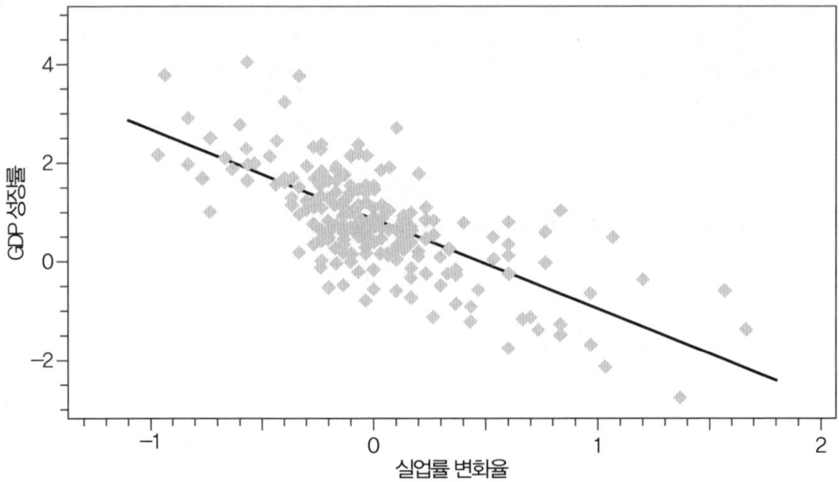

장률, 즉 GDP 증가율과 실업률 변화율 사이에 〈그림 12-1〉과 같이 반비례 관계가 존재한다는 것을 알아내었는데 이를 오쿤의 법칙(Okun's law)이라고 한다. 오쿤의 법칙에 의한 관찰 결과를 보면 실업률이 자연실업률에서 1% 상승할 때마다 산출량이 약 2.5% 하락한다. 내가 속해 있는 기업이든, 지역이든, 국가이든 성장은 내가 어떤 일에 참여할 수 있는 기회를 넓혀 주므로 이들의 성장을 잘 주시할 필요가 있다.

현대는 실업과의 보이지 않는 전쟁을 치르고 있다. 최근 조사에 의하면, 세계 각국은 이 실업 문제로 가장 골치를 앓고 있으며, 취업한 사람들조차도 직장에서 쫓겨날지 모른다는 공포감을 갖고 있는 것으로 나타났다. 경제현상에서 가장 암울한 단어인 이 실업의 원인과 대책은 무엇일까. 모든 일에는 원인이 있고 그리고 원인을 알면 해결책을 찾을 수 있다.

그림 12-2 경제활동가능인구와 실업구조

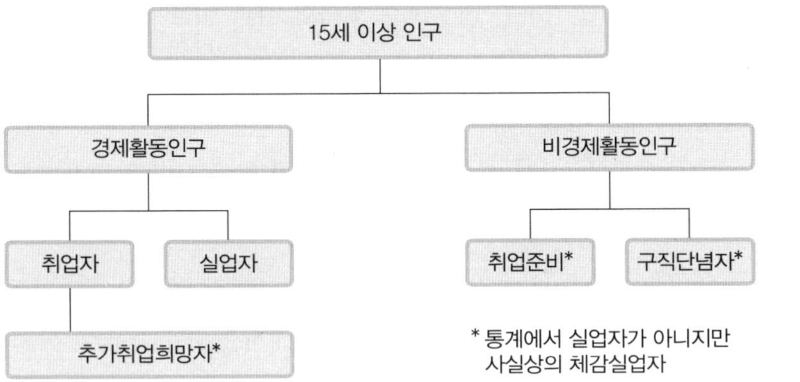

현실을 이해하기 위해 〈그림 12-2〉를 보자. 우선 15세 이상 경제활동가능인구 중 실업자는 일을 즉각 할 수 있는 상태에 있으면서 현재 일자리가 없고 그래서 일자리를 찾고 있는 사람만 해당된다. 반면 수입을 목적으로 1주일에 1시간 이상 일하면 모두 취업자로 간주된다.

그런데 취업자 중에는 임금이 너무 낮거나 환경이 너무 안 맞아 새로이 직장을 찾는 사람들이 있는데 이들을 불완전취업자라고 한다. 한국의 경우 취업자 10명 중 3명 정도가 불완전취업자인 것으로 나타났다. 특히, 불완전취업자 중 여성 비율이 압도적으로 높았다. 반면 구직활동을 하였으나 취업이 어려워 포기하고 있거나, 구직활동을 하지는 않았으나 취업을 원하는 사람은 비경제활동인구로 분류되어 애초에 취업, 실업 통계에서 빠지지만, 이들은 취업을 원하고 있다는 점에서 잠재실업자라고 한다.

국제노동기구 등 국제사회가 공동으로 마련한 노동저활용지표를 기준으로 실업자와 불완전취업자, 잠재실업자를 모두 포함한 체감실업자의 체감실업률은 공식실업률에 비해 4.5배나 높은 것으로 추정된다. 국내 만 18세 이상 남녀 체감실업자를 대상으로 조사한 결과 50%에 가까운 48.5%가 잠재실업자이었고, 26.1%는 실업자이었으며, 25.4%는 추가 취업을 희망하는 주당 36시간 미만 시간제 근로자이었다. 전체의 82.9%는 '구직이 어렵다'고 응답하였다. 사실 25세 이상 65세 미만 한국 성인의 대학교육 이수율은 54.5%로 OECD 평균 40.7%보다 높고 특히 25~34세의 대학교육 이수율은 69.7%로 OECD 국가 중 1위이지만, 전체 대학졸업자의 고용률은 79.7%로 OECD 평균 86.0%보다 낮다. 한국에서는 공부를 많이 해도 제대로 취업이 안되는 것이다.

한국의 취업준비생, 구직단념자 등 비경제활동인구의 급증도 큰 문제이다. 통계청 고용동향을 보면 비경제활동인구 중 일할 능력이 충분히 있는데도 구직활동을 하지 않는 인구인 '쉬었음' 인구가 급증하여 300만 명에 육박하고 있다. 개인에게나 국가적으로 너무나 큰 손실일 수밖에 없다.

또 하나의 큰 문제는 구조화되고 있는 장기실업의 문제와 이것이 개인에게 주는 피폐함이다. 구직기간이 12개월 이상인 '장기실업자'가 대폭 늘어나고 있는데, 그중 65%가 20대, 30대이다. 한국의 경우 장기실업자가 구조적으로 나타나고 있음을 주의해야 한다. 장기실업은 정신, 육체, 기능 모든 것을 피폐화시킨다. 따라서 한 번에 좋은 곳을 찾는 것이 당연히 중요하고 또 그것을 요구해야 하지만, 그렇지 못한 경우 옮길 것을 각오하고 직장을 갖는 것이 맞다. 오늘날 직장을 많이 옮기는 것은 능력과 자신감, 새로운 도전을 의미하는 것이지, 결코 부적응이나 배신, 비성실성을 의미하는 것이 아니다. 그렇게 모두의 인식이 바뀌고 있다.

한국의 고용구조를 보면 질적으로 악화되고 있음을 알 수 있다. 취업자가 늘어난다고 하지만 취업의 질은 굉장히 낮다. 정부가 자랑하는 증가하는 취업자는 단기시간(아르바이트) 근로자가 많고, 이 자리는 지금도 넘치고 있다. 특히, 주당 1~17시간 일하는 초단시간 근로자는 200만 명 가까운 수준으로 늘어났고, 36시간 미만 단기취업자 비중도 50%에 육박하고 있다. 정부는 '근로시간이 주는 것이 선진국형'이라고 말하지만, 전일제 근로자와 단시간 근로자의 임금이나 복지가 크게 다르지 않은 선진 국가들과 달리 한국은 단시간 근로자의 임금과 복지가 매우 열악하다. 그럼에도 정부는 실업을 줄였다고 하고 일자리를 늘렸다고 자랑한다.

무엇이 다를까, 나는?

혹시 "남들은 좋은 곳에 취직하여 잘 살고 있는데 나만 왜 이래"라고 생각하고 있지 않은가? 아니면 이런 생각이 드는 날이 올 것이다. 그러나 분명히 말하지만 그런 경우는 없다. 그럴 리가 없다. 그럴 수가 없다.

시중에 나오는 통계들은 모두 맹점이 있고 모든 사람들을 포함하는 것도 아니다. 그러니 나만 그렇다는 생각은 언제나 틀린 것이다.

우리 모두는 아프고 변화하는 삶을 살고 있다. 아팠다가 나은 사람도 있고, 나았다가도 다시 아픈 사람도 있다. 지금 건강하고 행복한 사람도 사실 오랫동안 아팠다가 나은 사람일 수 있다. 지금 내가 아프다고 하여도 나만 아픈 것이 아니라 내가 늦게 아픈 것이다. 그러므로 아프면 스스로 빨리 낫도록 노력하자.

(2) 기다릴 수 없다

시민사회 혁명으로 우리는 자유를 얻었고, 이후 자유하에서 실업이라는 무서운 질병을 앓게 되었다. "나는 자유롭게 나 홀로 살고 싶지 않다. 어딘가에 소속되어 일하고 싶다"는 이 모순된 상황은 자본주의하에서 우리가 겪어야 할 필연적인 숙명이다.

실업은 단순히 직장을 못 가지는 문제가 아니다. 경제학자들은 실업은 보다 심각한 문제를 일으키고, 사회가 물어야 하는 가장 큰 비용이 될 수 있음을 경고하고 있다. 사회의 범죄, 이혼과 같은 가정 파괴 등도 근본적으로 실업에서 연유하는 경우가 많다는 것이다. 심지어 실업은 소득격차를 확대시켜 결혼까지도 기피하게 만든다. 한국노동연구원의 보고를 보면, 〈그림 12-3〉에서 보듯이 모든 연령층에서 소득 수준이 높을수록 혼인 비율이 크게 높다. 예컨대 남성 소득 상위 10%와 소득 하위 10%의 혼인 비

그림 12-3 소득수준별 혼인 비율(남성, %)

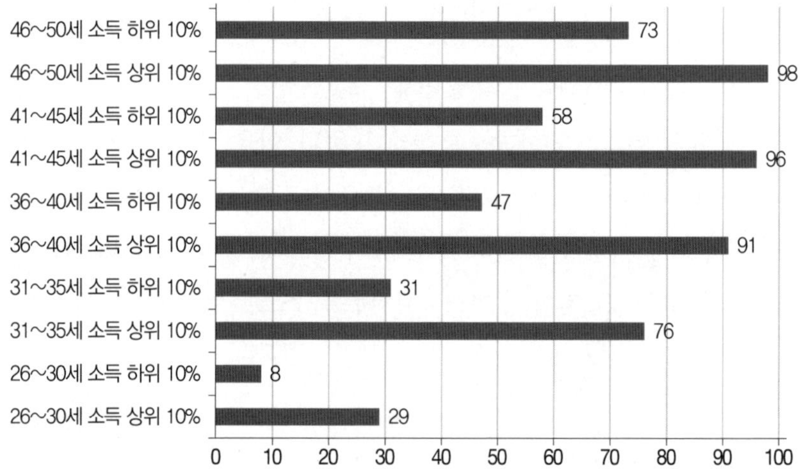

자료: 한국노동연구원(김영아 외, 『노동과 출산 의향의 동태적 분석』).

율을 비교해 보면 26~30세는 29%:8%, 31~35세는 76%:31%, 36~40세는 91%:47%로 나타났다. 현재 한국에서 1인 세대의 비중이 40%를 넘어선 주요한 이유 중 하나가, 원하는 직장을 갖지 못하는 취업난, 낮은 소득임은 의심할 여지가 없다.

실제로 실업률이 매우 높았던 시기에 이혼 건수, 기아, 가출 아동수가 대폭 늘어나고 있으며, 강도, 절도 등도 급등하여 나타난다. 불황 시 결혼이 감소하고 이혼은 늘었으며 사망자수도 늘어나는 것으로 조사되었다. 왜 그럴까? 잠재의식 속에 자신들의 탓으로 돌리고 자신을 원망하고 자신을 파괴하고 있기 때문이다.

자본주의의 가장 무서운 질병의 하나인 실업은 경제가 발전할수록, 자동화가 진행될수록 심각해질 수 있다는 데 문제가 있다. 특히, 한국의 경우 사회보장제도의 미비와 높은 사교육비, 자녀들의 부모에 대한 높은 의존도로 인해 실업가장이 느끼는 고통은 선진국에 비해 2배에 이른다고도 보고되고 있다. 세상의 모든 고통은 실업에서 출발하고 있다는 주장도 있다. 정부는 인기 위주를 위한 전시행정을 펼치거나 개인의 능력을 탓할 것이 아니라 정말로 국민들의 실업 문제에 심각하고 중요하게 대처해야 한다. 그리고 우리는 좋은 통계만 말하고 싶어 하는 정부만 믿고 따라서는 안된다. 정부는 우리 돈을 거두어 쓰는 것이므로 정부를 최대한 이용하되, 기다리면 정부가 해결해 줄 것이라고 기대해서는 안된다. 원래 정부는 축소되어야 할 경제주체이다.

2) 누구 탓이라고?

(1) 일하기 싫어하는 자발적 실업이라고?

초기 경제학자들은 모든 가격이 수요, 공급에 의해 신축적으로 잘 움직인다고 보았다. 그래서 가격의 변동에 의해 모든 것이 조절되는 가격기구가 작동한다고 생각하였다. 임금도 노동가격이므로 신축적으로 잘 움직인다고 보았다.

이런 경우 실업자가 늘어나면 노동의 가격인 임금이 떨어져 다시 노동수요가 늘어나므로 비자발적 실업은 없고 자발적 실업만 존재한다. 자발적 실업은 현재 취직이 가능하지만 임금이나 다른 조건이 마음에 들지 않아 취직을 하지 않는 것으로, 노동자들이 자발적으로 선택한 것이므로 문제가 되지 않는다고 경제학자들은 보았다. 일자리를 구하지 못하는 사람을 보고 눈높이를 낮추라고 말하는 정치인들은 실업자들을 모두 자발적 실업자로 보고 있는 것이다. 물론 그런 정치인에게 우리가 당신의 눈높이를 낮추라고 하면 분명히 화를 낼 것이면서 말이다.

정말 자발적 실업은 문제가 안될까? 물론 아니다. "월급을 아무리 많이 주어도 일할 젊은이를 못 구한다"는 푸념이 언론의 이곳저곳에서 나온다. 직접 표현을 안 해도 그들은 젊은이들이, 한국인들이 나쁜 인간인 것처럼 말한다. 그러나 젊은이들은 외친다. "왜 이렇게 세상은 다른 이야기를 하고 있는가? 난 신문에서 말하는 그 정도 월급을 준다면 당장 갈 것이다"라고.

실업은 일하기 싫어하는 젊은이 탓이 아니다. 자발적인가 비자발적인가가 중요한 것이 아니다. 얼마만큼 인간다운 삶을 살 수 있는 임금을 받고 안전한 작업환경을 만들 수 있는가가 중요한 것이다.

난 지금 이동 중에 있다는 것을 확실히 알고 믿어라

우리는 잘난 척하는 정치인들, 유명인들의 이야기에 귀 기울이지 말고 자신의 내면 이야기를 잘 들어야 한다. 자신은 자신에 대해 정직하기 때문이다.

나의 길을, 나만의 길을 정하여 그렇게 선택한 이유를 스스로 잘 이해하고 자신을 믿어라. 그리고 난 후 늦더라도 천천히 한 걸음씩 이동하라. 그러면서 항상 "난 지금 이동 중에 있다"는 것을 알고 믿어라.

아모르 파티(Amor fati). 자신의 길을, 자신의 운명을 사랑하라. 이는 그냥 운명을 받아들이라는 이야기가 아니라 자신과 자신의 선택을 적극 사랑하고 긍지를 가지라는 것이다.

20대에게도 60대에게도 행복한 것이 아니다

통계청 국가통계포털(KOSIS)에 따르면, 60대 취업자 수가 20대 취업자 수보다 많다. 2021년부터 그렇다. 통계청 마이크로데이터에 따르면, 근로를 희망하는 60대는 70%를 넘어섰다. 고령자의 경제활동참가율은 계속 높아지는 추세이다. 60세 이상 인구의 절반이 경제활동에 참가하고 있고 60대의 고용률은 거의 60% 수준으로 높아져 있다. 20대에게도 60대에게도 행복한 것이 아니다.

(2) 현실은 경직적인 것－최저임금 논쟁

임금은 떨어지지 않는 하향경직성이 존재한다. 노동조합 등이 있어서 임금이 떨어지는 경우는 거의 없으며, 또한 최저임금제도가 있어서 최저임금 이하로의 하락은 법률적으로도 금지되어 있다. 노동조합이나 법이 아니더라도 정말 그 정도 임금으로는 인간답게, 가족을 꾸려 살 수 없다는 임금

수준이 있어 그 이하로 내려가는 것은 정말 곤란하다.

임금이 완전한 하방경직성을 가지고 있다면 사회 전체적으로 실업은 늘 수밖에 없다. 여기에서 높은 최저임금과 노동조합이 이미 취업된 노동자들을 보호해 주지만, 취업하고자 노력하고 있는 노동자들에게는 불리하게 작용하고 있다는 주장이 나온다. 한국은 노동조합이 강성이어서 실업문제가 해결되지 않는다는 주장도 나온다. 최저임금을 자꾸 올리면 실업자가 더 늘어날 것이라는 주장도 나온다. 과연 그럴까?

단순하게 보면 당연하게 보이는 현실에도 그렇지 않은 경우나 반대 사례가 무수히 많다. 최저임금과 실업률의 관계는 일률적으로 나타나지 않는다. 따라서 최저임금을 올리면 안 된다는 주장은 "저임금을 올려 주면 저임금 가족들의 노동 공급이 줄 것이고 그러면 누가 청소를 하지?"라고 말하는 것과 같다. 그런데 예상외로 우리 사회에서 이렇게 생각하는 사람이 많다. 자신은 유체이탈하고 말이다.

문제는 노동을 보람 있는 일로 만들고, 노동자 자신을 자랑스럽게 만들고, 노동자가 인간다운 생활을 할 수 있도록 하기 위해 필요한, 최저임금을 올려 줄 돈이다. 당연히 그 돈은 너무 많이 받는 사람의 몫을 줄여서 마련해야 한다. 선진국이란 그렇다. 원래 임금이란 생산성에 의해 결정되어야 하는데, 한국의 정치인은 물론이고 과도한 보수를 받는 사람들의 생산성은 그만큼 높지 않으므로 높은 임금을 깎아야 할 이유는 존재한다.

3) 모든 일에는 원인이 있고 그 원인을 알아야 한다

(1) 마찰, 참으로 골치 아픈 세상

우리는 주위에서 어떤 직장이라도 취직하고 싶다며 고민하는 사람도 많이 보지만, 일부 직장은 사람을 구하지 못해 고민이다. 결혼 못하는 남녀를 보아도 서로 짝을 찾지 못해 마찬가지이다. 참으로 골치 아픈 세상이다. 이렇게 수요자와 공급자가 정보의 부족 등으로 잘 맞지 않아 마찰이 생김으로써 생기는 실업을 마찰적 실업이라고 한다. 여기에는 더 좋은 직장을 찾기 위해 현재 직장을 알아보고 있는 자발적 실업 등도 해당된다.

정부가 노동소개소를 운영하거나 언론에서 직업소개 등을 하는 것은 정보를 서로에게 주어 마찰적 실업을 줄이고자 하는 것이다. 사람들은 바로 취직하지 않고 시간을 두고 직장을 찾는 데 따른 비용(벌지 못하는 임금 등)과 그렇게 함으로써 얻게 되는 이익(더 높은 임금과 환경 등)을 비교하여 직장을 선택할 것인데, 이를 직업탐색이라고 한다.

마찰적 실업은 단기적인 실업을 설명할 수 있지만 장기적으로 지속되고 있는 실업은 설명하지 못한다. 마찰적 실업이론에 의하면, 단기적으로 정보의 부족, 상호 정보교환의 미비, 직장탐색 등으로 실업이 있을 수 있지만, 시간이 지나면 이들 문제가 해결되어 차차 취업되어야 정상이다. 그러나 현실적으로 실업은 장기화되고 있는 경우가 많이 나타나고 있다.

(2) 구조적 문제라면 새로이 건설하자

경제가 발전하면서 3차 산업이나 자본, 기술집약적 산업으로 급격히 산업구조, 공업구조의 변동이 일어나면 사양산업, 사양도시에서는 실업자가 발생한다. 이렇게 성장산업, 성장지역에서는 노동 수요가 느는 반면, 사양산업, 사양도시에서는 노동 수요가 주는 구조적인 불균형으로 생기는 실업을 구조적 실업이라고 한다.

예컨대, 부산이 전국에서 실업률이 가장 높았던 것은 경공업이 쇠퇴하고 있음에도 경공업 중심 구조를 가지고 있었던 것에 기인하였다. 태백시 등 탄광촌이 폐광으로 바뀌면서 생기는 실업자 등도 구조적 실업에 속한다. 스마트폰은 불과 10년 만에 종이지도, 카메라, 녹음기, 시계, 게임콘솔, MP3플레이어 등을 사라지게 하거나 존재 가치를 떨어뜨렸다. 이에 따라 역시 관련 공업과 연계된 도시의 구조적 실업이 발생하고 있다.

이 경우 직업전환 훈련을 통해 새로운 성장산업으로, 혹은 이주대책을 통해 성장도시로 실업자를 이동시키면 된다. 아니면 태백시처럼 사양도시의 산업구조를 바꾸어 레저타운 건설 등으로 새로운 노동수요를 창출하면 된다. 실업률이 높은 광주, 대구 등도 이러한 신성장산업을 육성하려는 노력을 계속하고 있다.

(3) 반복 순환되는 필연적인 것인가

순환적 실업이란 반복 순환되는 경기변동 가운데 불황기가 되어 실업이 생기는 것을 말한다. 케인스는 불황 시 노동 수요가 줄어들 때 임금의 하방경직성으로 임금이 떨어지지 못해 실업이 생긴다고 보았다. 보통 계절적 실업이라는 것도 주기적으로 반복된다는 의미에서 이 범주에 넣을 수 있다. 경기순환이 필연적인 것이라면 반복되는 실업은 필연적인 것이 된다.

이러한 순환적 실업은 거시적으로 경기를 원만하게 연착륙시키면서 조정할 수 있다. 기업 측면에서 볼 때는 불황기 노동자를 일시 해고하였다가 호황기가 되면 다시 취업시키는 일시해고계약(temporary lay-off contract) 등을 이용할 수 있다. 이렇게 되면 노동자도 불황기만 지나면 다시 취직이 될 것이므로 안정을 찾게 되고, 기업도 불황기 비용을 줄여 빨리 기업정상화가 가능하고 호황기에 이전 능숙한 노동자를 다시 고용할 수 있는 장점이 있다. 물론 여기에는 단기실업에 따른 실업수당 등 일시적 해고에 따른 대책이 선행되어야 한다. 실제로 일시해고계약은 서구에서 자주 이용되고 있지만, 우리는 아직 노사가 서로를 믿지 못해서 문제가 복잡하다. 그럼에도 최근 꾸준히 이에 대한 시도가 이루어지고 있다.

(4) 발전 뒤의 그늘

기술적 실업이란 점차 자동화 등 노동절약 기술이 도입되면서 노동의 수요가 감소되는 데 따른 실업을 말한다. IT 기술의 발전으로 저축은행 등 금융직원 70%가 잉여인력이 될 것이라는 예측이 나오고 있는데 이런 경우가 해당된다. 여기에는 새로운 기술의 발전에 적응하지 못하여 직장을 잃는 40~50대의 실업자들도 포함된다. 더 나아가 매일 달라지는 사회환경과 기술요구 조건 때문에 직장을 구하기 어려워지고 또 직장에서 쫓겨나는 경우도 마찬가지이다. 이 모든 것을 기술적 실업이라고 한다.

향후 ① 고용흡수력이 큰 전통산업(섬유, 건설업 등)보다 IT 부문에서의 발전이 더욱 촉진되고, ② 빠른 기술발전을 따라잡지 못해 일하고 싶어도 일하지 못하는 실업자가 늘어 고실업이 지속될 것으로 예상되는데, 이 경우 구조적 실업과 기술적 실업이 복합되어 나타나는 것이라고 볼 수 있다. 통계청에 의하면, 30대에서 1년 이상 재취업하지 못한 실업자 비중이 급등하여 30%대를 넘어섰는데, 이들 중 다수가 새로이 요구되는 신기술의 취득에 실패한 기술적 실업자로 판단된다.

기술적 실업에 대한 대책은 신기술에 따른 계속적인 기술교육과 기술훈련이 현장과 교육기관에서 이루어지는 것이다. 그리고 우리는 각자 지금 가능할 때 최대한 많은 것을 배우고 경험해 볼 필요가 있다. IT 분야에 항상 관심을 가지도록 하자. 한번 해 본 것을 필요할 때 다시 시작하는 것은, 처음과는 그 어려움이 완전히 다르다. 쓸모없는 배움은 없다.

취직도 문제지만 취직 후도 문제다

어떤 곳에 취직이 되는 것은 어렵고 보람된 일이다. 하지만 어려운 취직이 되었다고 안심하고 머물러 있으면, 곧 조직에서 나를 밀어내는 일이 발생한다. 실제로 30대, 40대에 직장에서 나와야 하는 경우가 많아 현재 한국의 은퇴 평균 연령은 50세도 안된다. 어렵게 취직해 놓고 50세까지도 못 있는 것이다.

그러므로 취직을 하기 전이나 후에도 누가 보든 말든 언제나 세상의 변화 속도에 맞추어 스스로 변화를 추구하면서 꾸준히 자신을 다듬을 필요가 있다.

3. 영원한 싸움

1) 나쁜 것이라도 이용하기에 따라 나쁜 것만은 아니다

필립스(Alban William Phillips)는 거의 백 년간에 걸친 영국의 명목임금 상승률과 실업률을 조사해 이 둘 사이에 반비례 관계가 있음을 알아내었다.

그림 12-4 필립스 곡선

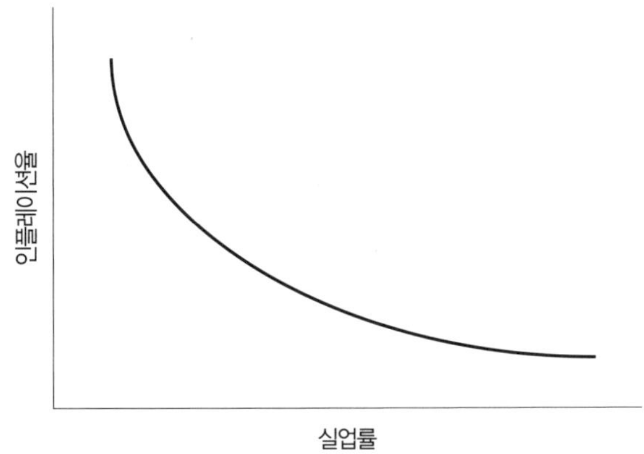

즉, 명목임금 상승률이 높을 때 실업률이 낮았고, 실업률이 높을 때 임금상승률이 낮았다. 이전 사람들은 물가 상승과 임금 상승은 연계되어 있다고 생각하였고 그래서 명목임금 상승률 대신에 인플레이션율로 대체하여 〈그림 12-4〉와 같이 인플레이션율과 실업률 사이에는 반비례 관계가 있다고 보았다. 이를 필립스 곡선이라고 한다.

이에 의하면 실업을 줄이기 위해, 즉 성장을 위해 인플레이션은 어느 정도 불가피한 것으로 받아들일 수 있다. 많은 후발공업국들이 인플레이션을 방조하는 것은 이런 이유에서이다. 심지어 일부 국가에서 어느 정도의 물가 상승이 필요하다고 주장하고 정책을 세우는 것도 이 때문이다.

2) 주의하라. 나쁜 일은 같이 온다

필립스 곡선이 맞지 않는 경우가 자주 발생하고 있다. 불황이 계속되면서도 인플레이션이 지속되는 현상도 나타나고, 물가와 상관없이 금융시장 충격으로 시작하여 세계적인 장기 경기침체가 나타나는 세계금융위기도 있다.

불황(stagnation)과 인플레이션(inflation)이 지속되는 현상을 불황의 첫자 스태그(stag)와 인플레이션의 뒷자 플레이션(flation)를 합쳐 스태그플레이션(stagflation)이라고 부른다. 이 용어는 처음에는 장난으로 만들어진 것이지만 이제는 공식 용어로 사용되고 있다. 그리고 스태그플레이션은 항상 우리 주위를 위협하고 있다. 나쁜 일은 같이 온다. 작은 일이라도 나쁜 일을 시작하지 않거나 일어나지 않도록 주의하는 것이 좋다.

고통지수

인플레이션과 실업은 국민들에게 매우 큰 고통을 주는데, 이를 없애는 것을 경제정책이라고 할 수 있다. 이렇게 경제학은 고통을 다루는 학문이란 점에서 '우울한 과학'이라고 불린다. 바로 이 문제가 되는 물가상승률과 실업률을 동시에 나타내는 지수가 고통지수(misery index)이다. 고통지수는 물가상승률에 실업률을 합하고 여기에서 경제성장률(실질GDP 성장률)을 뺀 것이다.

한국의 지역을 보면 부산은 고통지수가 장기간 높은 도시이었고, 광주, 대구 등도 고통지수가 높았다. 어떤 공통점이 있을까 생각하여 찾아내면 우리는 고통을 줄일 수 있다. 모든 일에는 원인이 반드시 있다. 물론 나의 경우도 마찬가지이다.

3) 금발머리를 땋은 소녀 골디락스

반대되는 현상, 즉 물가상승률도 낮고 실업률도 낮은 현상은 불가능할까?

불가능하다는 것은 가능한 것이 있다는 전제하에 만들어진 말이다. 실제로 이 반대 현상은 발견된다. 20세기 말 IT에 기초한 미국의 신경제(new economy)가 그러하였고, 2000년대 중국의 경제가 그러하였다. 영국 파이낸셜 타임즈가 중국이 물가 상승 없는 9.5%의 고도성장을 이루자 "중국 경제가 골디락스에 진입했다"고 말했는데, 이는 영국 동화 「골디락스와 곰 세 마리」(Goldilocks and the Three Bears)에서 나온 것이다. 이후 미국 월가(Wall Street)가 이 말을 유행시키면서 물가상승률도 낮으면서 실업도 낮은 경제상태를 골디락스라고 부른다.

골드락스라는 말은 동화에서 골디락스가 곰이 끓인 너무 뜨거운 수프와 너무 차가운 수프를 본 후 뜨겁지도 차갑지도 않은 적당한 스프를 발견하고 크게 기뻐한 상황을 말한 것으로, 경제가 너무 과열되지도 않고 너무 침체되지도 않은 아주 적정한 경제호황을 비유해 말한 것이다. 다만 곰이 사는 집에 들어가 곰이 만들어 놓은 스프를 먹고 그냥 잠이 든 골디락스에게 위험이 닥쳤던 것처럼, 언제든 이러한 적정 경제호황도 깨질 수 있는 위험을 내포하고 있다.

경제현상에서는 절대 절망도, 절대 희망도 존재하지 않는다. 우리가 생각하는 것은 현실적으로 일어난다는 것이 경제학 논리이다. 우리의 생각과 걱정과 희망과 현실이 그렇다.

4) 왜 물가는 오르고 실업은 없어지지 않는가

프리드먼(Milton Friedman), 펠프스(Edmund S. Phelps) 등은 물가 상승이 지속됨으로써 필립스 곡선이 상향 이동하는 것을 발견하였다. 즉, 〈그림 12-5〉에서 보듯이 반비례 관계를 표시한 필립스 곡선이 PC1에서 PC2, 그리고 PC3로 위로 이동하고 있다는 것이다. 그러면 물가는 오르고 실업률은 줄지 않는 문제가 계속된다.

이 논리를 주장한 경제학자들의 생각은 간단하다.

단기적으로 호황이 되고 물가가 오르면 실업률은 감소한다. 단기적으로 필립스 곡선은 분명히 존재하고 있는 것이다. 그래서 정책적으로 물가가 오르는 것을 방임한다. 그러나 시간이 지나면서 인플레이션이 계속되면 모든 노동자들이 물가가 오른 만큼 월급을 올려 줄 것을 요구하게 된

그림 12-5 필립스 곡선의 이동(장기 필립스 곡선)

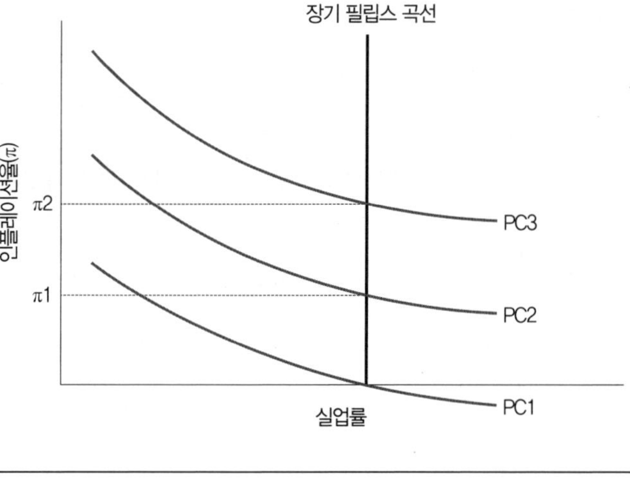

다. 다른 이자 등에서도 모두 마찬가지이다. 그 결과 인플레이션이 생기면 임금 인상도 그 물가상승률만큼 더 인상되고 이자율도 그 물가상승률만큼 더 오르게 된다.

결국 일정 시간이 지나면 임금 등 모든 변수가 인플레이션이 생기는 만큼 그대로 다 더하여져 위로 이동해 필립스 곡선 자체도 위로 그만큼 이동하게 되는 것이다. 이것이 반복되면 단기적으로는 필립스 곡선은 그때그때 존재하지만, 장기적으로는 결국 계속 위로 이동해 그림처럼 수직의 필립스 곡선이 만들어지게 된다. 장기의 필립스 곡선은 직선이 되는 것이다. 따라서 장기적으로는 언제나 물가만 오르고 실업률은 줄어들지 않은 채 그대로 머물게 된다.

이 내용을 쉽게 단계별로 더 자세히 설명하면 이렇다. 첫째, 언제나 그렇듯이 인플레이션이 나타나면 필립스 곡선에서 확인하였듯이 실업률이 줄어든다. 둘째, 그런데 물가가 계속 오르면 노동자들이 임금 인상을 요구하게 된다. 셋째, 기업은 당연한 이 요구를 받아들이지 않을 수 없으므로 임금을 물가상승률만큼 올려 주되 신규 노동자 뽑는 것도 줄이고 현재 노동자 수도 줄인다. 넷째, 그러면 결국 실업이 다시 늘어남으로써 줄어들었던 실업률이 원래의 수준으로 돌아간다.

이렇게 장기적으로 더 줄어들지 않는 실업률을 자연실업률이라고 하고, 이 이론을 자연실업률가설이라고 한다. 프리드먼은 언제나 보다 좋은 직장을 찾는 자발적 실업 등이 있으므로 항상 최저한도의 실업은 자연적으로 존재한다는 의미에서 자연실업률이라고 하였고, 따라서 이 자연실업률 정도만 실업이 있는 경우 이를 '완전고용'이라고 하였다. 그러나 앞에서도 지적하였듯이 '자발적'이라는 의미는 불분명하며, 나아가 이 세상에는 자발적 실업－완전고용 수준을 넘어서는 실업률이 줄지 않고 엄연히 존재하고 있다.

프리드먼의 자연실업률은 오늘날의 높은 실업률을 설명해 주지는 않지만 적어도 실업률이 줄어들지 못하고 있는 현상을 설명하고 있다는 의미를 갖는다. 이러한 자연실업률가설을 기초로 프리드먼 등 통화론자들은 정부의 정책이 장기적으로 실업을 줄이지 못하고 물가만 상승시킨다고 보아 정부 개입을 반대하였다.

5) 결국 내가 이루는 것만이 유일하게 아름답다

루카스(Robert Lucas), 사전트(Thomas Sargent), 월리스(Neil Wallace), 배로(Robert Barro) 등은 줄지 않는 실업률 현상을 분명히 설명하는데 한 걸음 더 다가갔다.

모든 일에 완벽한 사람은 없다 - 이혼할 때 노벨상금도 나누다

루카스의 일화는 유명하다.

루카스는 대학시절 역사학을 전공하고 나중에 경제학을 전공한 학자인데, 너무 공부만 하는 바람에 1988년 부인과 이혼을 하게 되었다(연구 중 동료와 바람을 피운 것 때문이라는 말이 있는데 주원인은 부인과 가정을 제대로 돌보지 않았기 때문일 것이다). 저자가 미국 대학에 있을 때 밤늦게 집에 가려고 연구실을 나서면 항상 연구실에 불이 켜져 있는 곳은 공대 실험실과 경제학과 교수실이었다. 경제학자들은 부인에게 인기가 없기로 유명하다.

이때 부인이 이혼서류에서 재산을 분할하면서 7년 안에 노벨경제학상을 타면 상금을 나눈다는 조항을 넣었다. 그만큼 자신의 내조가 컸고 공부만 하는 남편에 대한 신뢰가 있었다는 말이었다. 이후 딱 7년이 되던 해 1995년 루카스는 노벨경제학상을 받았고, 상금 100만 달러는 부인과 나누어졌다.

루카스의 경제이론에 역사학이 큰 도움이 되었으리라는 것은 그의 이론에서 금방 알 수 있다. 루카스는 이혼 후에도 노벨상 상금을 나눌 정도로 합리적인 사고를 가진 사람이었는데 왜 가정을 제대로 돌보지 못하였을까?

모든 면에서 완벽한 사람은 없는 것이다. 흔히 우리는 주위에서 "야 저 사람은 돈도 많아, 착해, 잘 생겼어, 일도 잘해"라고 말하는 사람을 보는데, 그것은 말하는 사람이 상대방을 잘 모르기 때문에 그렇게 말하는 것이다. 그런 일은 절대로 없다. 모든 인간은 아무리 장점이 많아도 반드시 단점도 있고, 남이 모르는, 알리고 싶지 않은 아픔을 가지고 있다.

루카스, 사전트, 월리스, 배로 등의 학자들은 현대사회에서는 사람들이 모든 정보를 이용하여 합리적으로 예측하고 경제행위를 하므로, 오류가 없고 또 모든 가격은 즉각 신축적으로 움직여 결국 단기적으로도 우하향하는 원래의 필립스 곡선은 존재하지 않는다고 보았다. 즉, 모든 사람이 경제행위를 할 때 이용 가능한 모든 정보를 활용하여 인플레이션율을 미리 예측하고, 이를 사전에 이자율, 임금 등에 반영해 결정한다는 것이다. 임금 인상도 사전에 예상 인플레이션율을 더하여 인상하고, 이자율도 인플레이션율을 더하여 처음부터 정하며, 더구나 그 반영도 갈등 없이 신속히 일어난다는 것이다. 이를 합리적 기대(rational expectation)가설이라고 한다.

합리적이란 자신이 가질 수 있는 모든 정보를, 가장 최근의 정보를 모두 이용하여 의사결정을 하는 것이다. 우리는 합리적 인간이 되어야 할 것이다. 그리고 그렇게 되기 위해서는 어떻게 해야 하는지도 이제 알 것이다. 어떤 일을 하면서 인터넷에 나와 있는 오래된 이야기를 그대로 베껴 내거나 말하면 안된다. 옛날이야기를 자꾸 끄집어내면 안된다. 전부 비합리적 행위이고, 이는 다른 사람들에게 내가 비합리적 인간이라는 것을 적나라하게 드러내는 것이다.

이렇게 모두가 합리적으로 행동하면 모든 것이 사전에 즉각 반영되므로 단기에도 필립스 곡선은 수직선이 된다. 즉, 물가만 계속 오르고 실업은 줄지 않는 현상이 설명 가능하게 된다. 호황이 와도 모든 최근 정보를 이용하는 합리적 기대를 통해 향후 오를 물가를 정확히 예측해 그만큼 임금을 바로 올리니까 사람을 더 뽑지 않게 되어 단기적으로도 쉽게 실업이 줄지 않는다는 것이다. 이러한 주장은 결국 정부의 어떠한 개입도 효과가 없는 것으로 된다는 점에서 작은 정부를 주장한 고전학파의 주장과 유사하므로 이들의 경제학을 신고전학파 거시경제학(new classical macroeconomics)이라고 한다. 자연의 법칙은 순환하는 것이다.

이론과 역사는, 그리고 나의 길은 결국 순환한다. 그것은 모든 생물이 태어나고 죽는 그런 큰 순환이다. 그러나 그 순환 과정에서 채우는 내용과 속도는 개개인 각자에 달려 있다. 인생은 자연에서 태어나 자연으로 돌아간다는 말처럼 순환하여 가는 나의 길을 똑같은 것으로 채우고 끝낼 것인지, 아니면 가능한 나에게 새롭고 좋아하는 일들로 채우고 그것을 천천히 즐기며 나아갈지는 순전히 개인에게 달려 있다.

비가 오면 절대 지각하면 안되는 이유

우리 사회가 우리에게 요구하는 가장 중요한 행동은 바로 합리적으로 행동하라는 것이다. 우리가 만나고 싶은 사람은 모두 우리가 합리적이기를 기대하고, 나에 대한 평가에서도 이를 가장 중요한 덕목으로 본다.

그러면 합리적이라는 것이 무엇일까? 우리는 이제 알게 되었다. 합리적이란 모든 가능한, 그것도 가장 최근의 정보를 이용하는 것이고, 그렇지 않은 사람은 비합리적 인간이 되는 것이며 기피대상이 되는 것이다.

비오는 날 지각하는 사람이 많다. 왜 지각하였느냐고 물으면 답은 모두 똑같다. 비가 와서 버스가 막혔다는 것이다. 심지어 비가 오는 날 지각하는 것은 자기 탓이 아니라고 매우 당연하게 이야기한다. 자기는 평소와 똑같이 나왔는데 비가 와서 버스가 막힌 것이니 잘못한 것이 없다는 것이다. 실제로 이는 주위에서 자주 보는 일이다.

그러나 생각해 보라. 비가 오면 길이 막힌다는 것은 누구나 알고 있는 정보이다. 따라서 비가 오는 날 다른 날보다 일찍 나서지 않았다면 그 사람은 바로 정보를 이용하지 않은 사람, 즉 비합리적 인간이 된다. 갑자기 비가 올지 몰랐다고? 당연히 자기 전에 혹은 아침에 일어나서 가장 최근 정보로 오늘 비가 올 것인지 체크를 해야 한다. 그렇게 가장 최근 정보를 이용하지 않은 사람은 비합리적 인간이 되는 것이다.

따라서 비 오는 날 지각하는 사람은 스스로 자신이 비합리적 인간이라는 것을 말하는 것이므로 어떤 조직이든지, 누구이든지 이 사람을 일에서 배제하거나 쫓아내려고 할 것이다. 당연히 지각을 하면 안되지만, 특히 비가 오거나 상황이 아주 안 좋은 날에는 더욱 더 지각을 하면 안되는 이유가 바로 이것 때문이다.

이와 유사한 예는 너무나 많다. 우리는 무엇을 잘못하였을 때 이유를 댄다. 그런데 그 이유가 대부분 이미 예상 가능한 이유이다. 그러면 그 사람이 그 이유를 대는 순간 그 사람은 비합리적 인간이 되는 것이다. 인간관계나 사회에서 이는 정말 위험한 것이다.

모든 것을 투명하게 하면 가장 비용이 적어진다

모든 정보를 투명하게 할수록, 즉 모두가 필요한 정보를 많이 가질수록 합리적인 선택을 할 수 있게 된다. 따라서 감추는 것은 비용을 높이는 잘못된 것이다.

우리 주위를 합리적인 관계로 바꾸고 서로의 비용을 줄이기 위해서는 감추는 것이 적어야 한다. 비록 그것이 나쁜 것이라도 감추는 것은 결국 비용을 높이기 때문이다. 정부가 일본 수산물의 방사능 오염 측정 결과를 불필요한 일이라고 비공개하자 사람들은 원산지를 따지고 심지어 수산물을 기피하기에 이르러 어민뿐만 아니라 일반인들도 손해가 커졌다. 이런 문제는 우리 주위, 나에게도 적용될 것이다. 우리는 감추는 것이 적을수록 행복해진다. 사랑하는 사람 사이라면 더욱 그럴 것이다.

트럼프(Donald John Trump)가 미국 대통령으로 당선되자 많은 사람들이 이해할 수 없다고 하였다. 미국 사람들은 바보일까? 물론 아니다. 미국인들은 투명한 정보가 비용을 낮추고 그것이 살기 좋은 사회를 만든다는 것을 의식적이든 무의식적이든 서서히 알게 되었다. 그런데도 정치인들은 점점 더 거짓말을 하고 정보를 감춘다. 이는 우리나라도 마찬가지이다. 그러자 미국인들은 숨기고 거짓말하는 기존 정치인보다 함부로 말하지만 그렇게 감추지 않고 마구 말하는 투명한 트럼프가 더 좋은 사회를 만들 것이라고 생각하는 것이다. 사실 트럼프도 거짓말을 많이 하고 있지만 미국인들은 그래도 전문 정치인들과는 다르다고 생각하고 있는 것이다. 실제로 트럼프의 거짓말은 기존 정치인들처럼 세련되지도 못하고 투박하며 자기 입으로 자꾸 떠들어 거짓말이 드러나고 더 화를 키우고 있다. 그렇지만 사회에서 소위 지식인이라고 하는 사람들이 일제히 트럼프를 비난하고 있음에도 많은 사람들이 트럼프를 지지하는 이유는, 트럼프가 거짓말에 완전히 동화되어 있는 전문 정치인들과 다를 것이라는 생각 때문이다. 이런 점에서 트럼프를 지지하는 사람을 낮추어 보고 비난하는 소위 지식인이라고 하는 사람들이 오히려 잘 모르는 무지한 인간이 아닐까?

결국 국가나 사회의 발전을 결정짓는 부패는 투명성과 직결되어 있다. 비정부단체인 국제투명성기구(TI)의 '국가별 부패인식지수' 조사에 의하면, 한국의 국가청렴도는 전반적인 상승 속에 하락도 나타나 30~50위 사이를 기록하고 있다. OECD 국가 중에서는 20위권에 있다. 아시아·태평양 국가 중에서 한국은 10위권 이내로 높지만 우리가 흔히 알고 있는 뉴질랜드, 싱가포르, 호주, 홍콩, 일본, 부탄, 아랍에미리트, 대만보다 낮다.

무조건 정직하라, 솔직히 말하라고 하는 것이 맞는 말인가?

모두가 투명하게 할 때 비용이 가장 낮아지고 사회는 그만큼 행복한 사회가 될 수 있다는 것에서 나온 말이 "항상 정직하라, 솔직하게 말하라"는 것이다. 하긴 어느 유명인이 접촉사고를 냈는데, 다른 사람이 운전하였다고 거짓말을 하다가 드러나 결국 패가망신하고 징역형까지 받았다. 만약 이 사람이 처음부터 거짓말을 하지 않았다면 보험처리를 하고 간단히 범칙금만 물으면 되는 일이었다. 거짓말이 문제를 키워 개인이나 사회에 비용을 증가시킨 것이다.

그렇다면 정말 무조건 솔직해야 할까?

그렇지 않다. 자신의 양심을 속이거나 다른 사람을 해롭게 하거나 나아가 강제로 말하도록 강요받은 정직은 정직이 아니다. 사회적 폭력에 의해, 국가, 민족, 종교 등 명분 강요에 따라 자백하는 것은 옳지 않다. 역사는 이러한 폭력이

나 명분에 따른 판단과 말과 행동이 얼마나 많은 사람들을 학살하고 희생시켰는가를 보여 준다. 예컨대, 히틀러 같은 인간들이 인류 범죄에 이용한 것도 국민들에게 국가와 민족을 위해 '정직하게' 고발하라는 것이었다.

설사 사실이라도 그것을 말하는 것이, 약한 친구의 잘못을 드러내는 것이라면, 약자의 아픔을 드러내는 것이라면, 다른 사람을 위험에 빠뜨리는 것이라면, 그것으로 내가 평생 괴로워해야 하는 일이라면, 그것이 옳은 일일까? 다수의 희생이 그 결과로 나타날 것임에도 대의명분을 위해 모든 것을 사실대로 말하라고 한다면 그것이 옳은 강요일까?

여기에서 우리는 양심의 소리를 생각해야 한다. 정직하고 투명하다는 것은 나 자신을 속이지 않는 것이며, 나의 이익을 위해 남에게 해를 끼치지 않는다는 것을 말하는 것이다. 흔히 주위에서 "솔직히 말하면"이라고 말을 시작하면서 남의 아픔을 드러내고 남을 어렵게 만들고 결국은 자신의 이익을 취하는 사람들이 많다. 이것은 사회를 투명하게 만드는 것과 상관이 없다. 아니 오히려 사회의 비용을 증가시킨다. 그러니 '솔직히 말해서'라는 말 자체를 사용하지 않도록 하자. 얼마나 거짓말을 많이 하였으면 그때 딱 '솔직히 말해서'라는 말을 사용하겠는가? 이런 말을 쓰는 사람을 경계해야 하며, 우리도 이런 말을 사용하지 않도록 평소에 투명하게 살아야 한다.

13

열심히 사는 나에게

경쟁력과 시간, 변화

1. 강자가 만드는 세계시장
2. 경쟁력은 변한다
3. 잘못은 편가르기와 차별에서 시작된다

1. 강자가 만드는 세계시장

리카도는 우리 모두가 행복해지는 방법으로 자유무역이라는 해결책을 제시하였고, 자유무역의 기초로 비교우위이론(relative advantage theory)을 만들었다. 각자 상대적으로 더 잘하는 일을 하여 서로 바꾸면 모두가 행복해진다는 것이다. 간단히 말해, 우리가 잘 만드는 휴대폰을 만들어 수출하고 대신 바나나를 수입하여 싸게 사 먹으면 모두가 더 행복해진다는 것이다. 이후 비교우위에 기초한 자유무역이론은 세계시장의 질서를 유지하고 있다. 이 이론이 가진 가정의 문제점과 현실적인 문제점 발견에도 불구하고 아직도 비교우위이론은 세계경제의 기본원리로 유지되고 있는 것이다.

현재 우리는 자유무역을 기반으로 하는 WTO 체제하에 살고 있다. 그리고 세계는 오랫동안 자유무역을 통해 싼 물건을 마음껏 수입해 낮은 물가에 성장을 이어 왔다. 소위 세계화시대였다. 그러나 높은 경쟁력하에서는 자유무역을 주장하던 미국이 경쟁력이 떨어지자 태도를 바꾸어 자유무역을 막고 있다. 일본, 중국의 경쟁력이 높아지자 이들 제품의 미국 수입을 적극적으로 막고, 나아가 전 세계의 자유무역을 방해하고 있어 세계의 물가가 치솟고 있다. 세계시장은 강자가 자기들 논리로 자기들 이익에 맞게 만들어 오고 있는 것이다.

2. 경쟁력은 변한다

1) 타고난 것이 경쟁력이다

헥셔-올린(E. Heckscher-B. Ohlin)은 각 나라가 가지고 있는 노동과 자본의 생산요소 차이로 비교우위가 생긴다고 보았다. 각 나라가 상대적으로 풍부한 생산요소를 집중적으로 사용하는 재화를 생산하면 상대적으로 낮은 가격으로 생산하여 비교우위를 갖게 되므로, 이 재화를 수출하면 모두가 이익이 된다는 것이다. 즉, 원래 많이 타고난 것이 경쟁력을 갖는다는 말이다. 예를 들어 상대적으로 베트남은 노동력이 풍부하고 미국은 자본이 풍부하므로, 베트남은 노동집약적인 산업 제품인 옷을 생산하여 미국에 수출하고 미국은 자본집약적 산업 제품인 컴퓨터·전자 제품을 생산하여 베트남에 수출하면 양국이 모두 이익이 된다는 것이다.

원래 타고난 것이 경쟁력을 갖는다는 말은 우리 모두에게 그렇다.

단순하게 거울을 보라. 자신이 가진 이 모습, 이 상태가 지금 자신이 가지고 있는 가장 중요한 경쟁력이다. 가지고 있을수록, 오래 가지고 있을수록 한계효용이 체감해서, 끊임없이 넘치게 가지고 있는, 항상 함께 있는 자신이 소중한 줄을 모를 뿐이다. 그러나 명심하라. 바로 그것이 자신의 경쟁력이다. 나의 가장 큰 경쟁력은 나 자신이다. 나 자신을 자신 있게 내세워라.

단순한 것이 진실이다 - 오컴의 면도날

나의 가장 큰 경쟁력은 지금의 나라는 사실을 의심하지 마라. 단순하게 생각하라. 실제로 단순한 것이 옳다.

과학적으로도 어떤 현상을 설명할 때 논리적으로 가장 단순한 것이 진실일 가능성이 가장 높다. 이를 오컴의 면도날(Ockham's razor)이라고 하고 '단순성의 원칙'(the principle of simplicity) 또는 '논리절약의 원칙'(the principle of parsimony)이라고 부른다. 이는 오컴의 윌리엄 신부(William in Ockham)에서 유래한 것이다.

예를 들어 보자. 다음 중 어느 것이 가장 진실에 가까울까?

(1) 경제논리를 알면 세상이 보인다.
(2) 경제논리를 안다고 하여도 이상한 인간들을 만나면 세상이 막막해진다.
(3) 경제논리를 안다고 하여도 취직을 못하면 세상이 깜깜해진다.
(4) 경제논리를 안다고 하여도 제대로 써먹지 못하면 세상은 결코 다가오지 않는다.

위에서 어느 것이 가장 우리에게 진실일까? 보통 우리는 2번이나 3번 혹은 4번이라고 생각하는데, 사실은 1번이 우리에게 가장 진실이다. 생각해 보라. 1번은 그 자체로 분명히 확실하지만 2, 3, 4번은 그럴 수도 있고 안 그럴 수도 있는 내용이며, 더구나 어떤 상황에서 어떻다는 아주 제한적인 가정을 바탕으로 말하고 있을 뿐인데, 사람들은 뭔가 복잡하고 멋있어 보이면 그것이 더 진실인 것처럼 속는 것이다. 나아가 1번은 우리의 길을 가르쳐 주고 우리에게 긍정적인 선택을 가르쳐 주지만, 2, 3, 4번은 처음부터 부정적 생각으로 우리를 몰아넣어 우리를 포기하게 만들고 결국 나쁜 결과를 가져다주는 것이다.

복잡할수록 그것은 진실에서 멀어지는 것이다. 모든 것을 투명하게 하고 관계를 단순하게 할수록 진실된 관계가 될 수 있다. 모든 것이 그러하다.

현실에서도 그렇다. 주위를 모두 돌아보면 관련된 일, 의심해야 할 일들이 너무나 많고, 그래서 그것을 모두 고려하면 할 수 있는 일이 없으며 두렵기조차 하다. 이렇게 되면 모든 일은 실패한다. 의심하지 말고 복잡하게 생각하지 말고 간단히 우리가 아는 가장 기본적인 원칙만 생각하라. 그리고 그 원칙과 내가 세운 목표에 따라 행동하라. 그러면 결과는 자랑스러울 것이고, 그 결과로 당신이 자랑스러워질 것이다.

곁다리는 잘라내고 단순화하라

판단 과정에서 이것저것 방해요소가 많을수록 인지능력이 떨어진다.

생각이 많아지면 합리적 결정이 어려워져 나쁜 일, 악순환이 반복된다.

널리 알려져 있는 실험결과를 예로 들어 보자. 시험 문제로 한 반은 다음 1번 문제, 다른 한 반은 2번 문제를 주었다.

(1) 미국 50개의 주를 써라.

(2) 미국 50개의 주를 써라(예. 워싱턴주, 뉴욕주, 캘리포니아주, 조지아주).

당연히 2번 문제가 친절하게 예까지 주었으니 2번 문제로 시험 본 반이 성적이 더 좋을 것이다. 그런데 놀랍게도 결과는 예상과 달리 2번 문제를 준 쪽이 점수가 더 나빴다.

2번 문제를 받은 반은 예로 준 4개 주를 읽고 "이 4개를 빼고 무엇이 있더라"라고 생각하자 오히려 문제가 더 어렵게 되었다는 것이다. 그런데 아무것도 없이 그냥 "미국에 있는 주?"라고 생각하면서 자기가 사는 주부터 시작하여 옆 동네 주 등 생각나는 대로 계속 쓰니 훨씬 더 많은 답을 쓰게 된 것이다.

아무것도 없이 처음부터 시작하는 것이 결코 나쁜 것이 아니다. 복잡하게 생각하지 말고 그냥 단순하게 생각하고 시작하는 것이 나쁜 것이 아니다. 더 좋을 수 있다.

인생의 큰 비극은 오랜 고생을 하고 큰 비용을 다 지불하였음에도 마지막 의심 때문에 목표의 딱 한 걸음 앞에서 그만둔다는 것이다

우리가 어떤 일을 할 때, "우리는 잘될거야"라는 희망과 믿음도 있지만, "힘들지 않을까? 실패하지 않을까?"라는 두려움과 의심도 있다. 바로 이 두려움과 의심이 우리가 인생의 여정에서 당연히 지불해야 되는 필요비용이다.

그런데 두려움과 의심이라고 하는 것이 그렇게 불확실성 속에서 생기는 여러 변수들을 고려한 것이므로 상당히 근거가 있는 것으로 생각되는 반면, "잘될거야"라는 것은 그냥 그렇게 믿고 싶은 낙관적 희망과 믿음에서 나온 순진한 것이라는 생각이 계속 우리를 감싼다. 따라서 사람들은 두려움과 의심에 더 큰 비중을 두고 더 신뢰를 주게 되고, 그 결과 마지막에 가서는 어떤 일도 할 수 없게 되거나, 또 기껏 어렵게 시작한 일도 "이제는 무리야"라고 한숨 쉬며 포기하게 된다.

모든 인간은 동일함에도 바로 여기 이 지점에서 성공과 실패의 차이가 갈라진다. 역사적으로 아니 주위에서 성공한 사람들을 보면 그들의 멋진 경험담과 달리 사실 자세히 보면 딱 하나 존재하는 성공의 공통점을 발견할 수 있는데, 그것은 계속되는 두려움과 의심 속에서도 "마지막, 마지막으로"라며 한 걸음 더 나아갔다는 것이다. 합리적이라는 이름으로 포장된 의심이 아니라 그냥 나만의 희망과 믿음이 결국 우리 인생을 결정짓는 것이다.

인생에서 우리는 수많은 실패를 맛본다. 하지만 우리 인생에서 가장 큰 비극은 실패하는 것이 아니라 수많은 고생 끝에, 그동안 지불해야 할 수많은 비용을 다 지불하였고 이제 아침 해가 뜨면 한 걸음만 더 가면 되는 그때에, 밤이 길어질 것이라고 걱정하고 의심하고 포기한다는 것이다. 나중에 보면 아침은 언제나 찾아오고 있었고 성공은 멀리 있었던 것이 아니라 바로 자기 한 발자국 앞에 있었음에도 말이다.

2) 잘난 것은 바뀐다

잘난 것, 경쟁력이 높은 것은 무엇일까? 돈 많은 것, 영어 잘하는 것, 자격증이 많은 것, 좋은 혈연관계를 가지는 것, 좋은 인연을 만드는 것 …. 그렇다. 수없이 말할 수 있다. 그러나 그것은 모두 한 순간 한 시점에서 본 정태적 사고방식이다. 모든 것은 변한다.

국제무역에서 가장 중요한 것은 바로 기술이라는 주장이 대두되었는데, 이를 가장 분명히 보여 준 것이 버논(Raymond Vernon)이 주장한 '제품수명주기설'(product life cycle hypothesis)이다. 제품수명주기설에 의하면 모든 제품은, 인생이 유아기, 청년기, 장년기, 노년기를 거치며 바뀌듯이, 기술이 퍼져 나감에 따라 〈그림 13-1〉같이 세 단계를 거친다.

첫째, 신제품 단계이다. 이 기간 중에는 그 제품을 만들 수 있는 높은 기술을 갖춘 선진국 특정 국가에서만 제품이 생산되고 소비되는 단계이다. 이 시기에는 당연히 다른 나라들이 그 제품을 잘 모르므로 무역이 일어나지 않는다. 저자가 유학을 갔을 때 처음 보게 된 휴대전화, 노트북(랩톱) 컴퓨터, 무스, 택배 등은 한국에 없었고, 한국인들은 이를 잘 모르고 있었다. 따라서 한국인들은 이를 수입할 생각도 안 하고 있었다. 이 단계에서 우리는 자신이 잘났는지, 무엇이 경쟁력이 있는지도 모른다. 비교 대상 자체

그림 13-1 늦게 따라가는 자의 경쟁력(제품수명주기설)

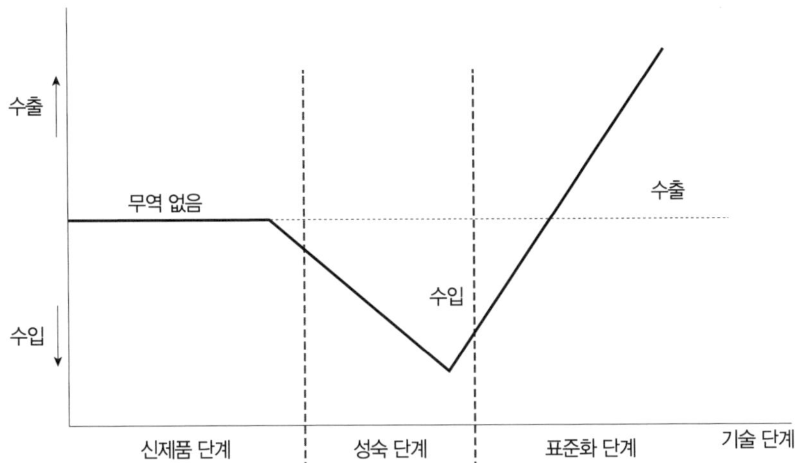

가 없는 것이다.

두 번째 단계는 성숙 단계이다. 이 시기가 되면 이 제품이 세계로 보급되기 시작하면서 각국이 이 제품을 만들고 싶어 하지만 기술 부족으로 만들지 못하고 그 기술을 갖춘 선진국으로부터 수입을 할 수밖에 없다. 그래서 선진국에서 물건이 수출되고 후발 국가들은 수입하게 된다. 이 단계에 후발국에서는 수입품이 품질이 좋고 귀하므로 사람들은 수입품을 찾게 된다. 우리나라에서도 수입품이 최고의 선물이던 시대가 있었다.

세 번째 단계는 표준화 단계이다. 이 단계가 되면 이 제품 기술이 세계 각국으로 퍼져 나가 일반화되고 표준화된다. 이 경우 기술은 표준화되는 데 비해 노동비용은 오히려 후발 발전도상국들이 더 싸므로 거꾸로 후발공업국에서 제품이 만들어져 이 물건을 수출하던 선진국으로 수출된다.

기술은 퍼져 나가고 결국 수출과 경쟁력 우위는 기술진보와 기술보급에 의해 바뀌고 있는 것이다.

잘난 것은 바뀌는 것이다. 세 번째 단계가 되면 뒤떨어져 있던 사람도 자신을 내세우고 자신의 것을 팔 수 있다. 지금은 남의 것을 가져다 쓰지만 노력하면 내가 남에게 줄 수 있는 것이다. 세계의 달인을 보면 모두 그렇다.

3) 새로운 것은, 앞서는 것은 어렵다?

지금은 비록 남에게 뒤지고 남에게 휘둘리고 있지만 시간이 지나면서 경쟁력을 얻어 우위에 설 수 있다고? 남들은 이미 훨씬 앞서 있는데 어떻게 내가 따라잡고 앞지를 수 있단 말인가? 내가 노력하고 있는 동안에 그들은 더 좋은 조건에서 더 좋은 결과로 더 나아가지 않을까?

국제무역을 하는 두 나라가 서로 수출하는 제품은 원래 완전히 다른 산업의 제품이다. 예컨대, 앞의 미국과 베트남의 경우 미국은 컴퓨터·전자 제품을 수출하고 베트남은 섬유산업인 옷을 미국에 수출하는 식으로 두 수출품의 산업종류가 분명히 다르다. 이를 다른 산업 간 수출이라고 해서 '산업간무역'(between-industry trade)이라고 한다.

여기에 대해 크루그먼 등은 의문을 제기하였다. 현실을 보면 베트남이 미국에 수출하는 것은 옷, 미국이 베트남에 수출하는 것은 컴퓨터·전자 제품으로 딱 정해져 있는 것이 아니고, 베트남도 미국에 컴퓨터·전자 제품을 수출하고 미국도 베트남에 컴퓨터·전자 제품을 수출한다는 것이다. 즉 컴퓨터·전자 제품이라는 같은 산업 내에서 미국과 베트남 간에 무역이 일어나는 것이 훨씬 많다는 것이다. 이를 '산업내무역'(intra-industry trade)이라고 한다.

실제로 일본은 미국이 일본에 가장 많이 수출하던 자동차를 동시에 만들어 미국에 수출함으로써 경제성장에 성공하였다. 일본은 어떻게 하였을까? 일본은 미국처럼 큰 차를 만들면 경쟁력이 없다는 것을 알았다. 그러나 언제까지나 미국에 옷만 수출할 수는 없었다. 그래서 일본은 미국인들이 안 만드는 작은 장난감 같은 소형차를 만들어 수출하였다. 예상은 적중하였다. 일본인들은 미국의 큰 차를 수입하면서도 미국에 작은 차를 수출할 수 있게 된 것이다. 양쪽 국가 모두에서 상대방 국가의 자동차가 동시에 팔리고 있는 것이다. 이러한 차이를 제품차별화(product differentiation)가 존재한다고 한다. 일본은 이렇게 기존에 있었던 무역에서의 산업간 차이를 적극적으로 극복하고 산업내무역으로 바꿈으로써 고부가가치를 얻는 수출의 성공을 거둘 수 있었던 것이다. 한국도 30대 수출품목을 검토해 보면 그동안 교역국과의 산업내무역이 수출을 주도해 온 것을 알 수 있다.

차별, 차이는 존재한다. 그것은 실력에 기인하는 것일 수도 있다. 그러므로 기본적인 실력은 필요하다. 그러나 우리는 잘살기 위해서 일단 잘 나가는 세상에 발을 들여야 한다. 무시하거나 질투하거나 비난하면서 그들은 잘 나가는 영역, 나는 잘 못 나가는 영역으로 스스로 분리하면 안된다. 그리고 서서히 실력이든 아니면 다른 방법으로든 우리 스스로 이번에는 차별, 차이를 만들어 낼 수 있다. 그러기 위해 그것을 알기 위해 우리는 경제적인 삶과 지혜를 공부하고 있다.

내 식으로 달리 해 보는 것이 결국 성공하는 것이다

어떤 사람이 무엇을 잘하면 "도저히 따라갈 수 없다"라고 포기하고 피하거나, 아니면 이기려고 이를 악문다. 둘 다 나를 괴롭히는 것이다.

행복해지려면 다음과 같은 생각이 필요하다.

"잘한다. 그래 넌 그것을 잘하니 그 식으로 계속 해라. 대신 나는 네가 하는 식이 아닌 내식으로 달리 해 보겠다."

실제로 뒤에서 멀리 처져 있던 사람들과 기업이 성공한 이유는 바로 이것이었다. 발전하고 성공한다는 것은 꼼꼼히 전부 최고로 잘하는 것을 의미하는 것이 아니다. 남이 최고로 잘하는 것을 그대로 똑같이 나도 하겠다고 하면 난 이미 늦은 2등이고, 그래서 할 것이 없고 안 하게 된다. 틀린 것이다.

누가 최고 잘한다고 하면 그것은 그대로 칭찬하고, 나는 잘한다는 그들과 달리 내 식으로 해 보는 것이 옳은 것이다. 발전이란 최고로, 똑같이 그것을 하는 것이 아니라 남들이 "그래서 되겠나?"라고 말하는 다른 방식으로 하는 것이다.

현대조선의 성공 예를 보자. 조선 세계 1위 일본은 세계에서 가장 정밀한 선박 설계도를 가지고 있었고, 후발공업국 기업들은 그렇게 정밀하게 만들 기술이 없어서 설계도를 구해도 따라할 수 없었다. 한국도 그랬다. 그런데 현대 정주영 회장은 어려운 부분은 그냥 우리 식으로 만들라고 하였다. 사람들은 비웃었고 배가 뜨지도 않을 것이라고 하였다. 결과는 배는 떴고 세계 제1의 조선소를 만들었다.

모두에게 옳은 것이 나에게 옳은 것이 아닐 수 있다

오랜 시간이 지나면서 동물들이 살아남기 위해 만들어 낸 것이 보호색이다. 이는 주위 환경에 유사한 색을 띰으로써 천적으로부터 자신을 보호하는 가장 중요하고 적합한 생존방법으로 발전되어 왔다.

인간에게도 유사한 방식이 그대로 적용되고 있다. “주위에 잘 녹아드는 사람이 출세하고 살아남는다”라는 것이 바로 그것이다. 심지어 한국에서는 “모난 돌이 정 맞는다”는 속담이 있다. 남들과 구별되게 튀지 말고 그냥 평균 정도로 남들과 같이 묻히는 것이 좋다는 것이다. 전형적인 보호색 논리이다.

과연 이렇게 모두에게 옳은 것이 항상 옳은 것일까? 아니다. 대학에서 학생들이 수업을 듣기 위해 이동하는 길이 여러 가지가 있었는데, 그중 하나가 강의동과 강의동 사이 이동계단이 아닌, 건물 뒤 산쪽으로 이동하면 거리, 시간이 크게 단축되는 산길이 있었다. 그래서 학생들이 그 길을 많이 이용하였는데, 그 길의 바닥에는 밟혀 죽은 곤충의 시체가 많았다. 이유는 간단하였다. 곤충들이 보호색으로 산길과 아주 유사한 색을 띠고 있었고 그래서 학생들이 이동하면서 땅바닥의 이 곤충들을 쉽게 보지 못하였기 때문이다. 만약 그 곤충이 보호색이 아닌 튀는 색깔을 가지고 있었다면, 학생들은 그 곤충을 쉽게 볼 수 있었고 밟지 않았을 것이다. 곤충들의 보호색이 오히려 생명을 빼앗아 간 것이다.

모두에게 좋다고 하는 것이, 모두에게 당연하다는 것이 어떤 경우 나에게 치명적일 수 있다. 실제로 내가 노력하고 착하게 살고 있지만 남의 눈에 띄지 못하고 인정받지 못하는 것이야말로 우리 인생에서 마음 아픈 일이라고 할 수 있다.

3. 잘못은 편가르기와 차별에서 시작된다

내가 힘이 약할 때는 당분간 도움을 받아야 한다. 기업이 경쟁력이 약할 때 도움을 받는 가장 확실한 방법이 정부의 높은 관세 부과이다. 그런데 관세는 확실하고 분명한 보호막이지만 동시에 많은 사회적 손실(비용)을 발생시키고 일반 소비자가 희생하는 것이 된다.

그래서 비관세정책이 강구된다. 대표적으로 정부가 어떤 품목 수입량을 국가별 혹은 업자별로 할당하여 수입을 제한하는 수입할당제를 들 수 있다. 여전히 세계에는 이러한 비관세장벽이 시행되고 있는데, 미국 상무부는 계속하여 철강, 알루미늄 등 자국의 경쟁력이 약한 분야에 수입 쿼터, 할당 부과를 제안하는 내용의 보고서를 백악관에 제출하고 있다.

이 경우 관세와의 차이점은 무엇일까. 관세정책은 관세를 수입품에 물려 가격을 올리되, 허가를 따로 받을 필요 없이 똑같이 모두에게 수입을 허용하는 것인 데 반해, 비관세장벽은 특정 품목에 대해 일정 지역, 일정 회사의 수입량을 허가하는 것이므로 수입을 극도로 제한하는 것이다. 여기에서 일정 지역, 일정 회사만 허가하는 것이니 당연히 선별 과정에서 여러 갈등과 문제가 생기게 된다.

한 예로 비관세장벽은 허가를 받아 수입을 하여야 하므로 이익이 많이 남는 수입업자가 수입허가를 받기 위해 공무원에게 여러 가지 로비를 할 것이고, 허가권을 가진 공무원은 허가 권리를 이용해 이익을 추구하게 된다. 이를 공무원이 땅을 소유하고 있는 지주가 받는 지대를 받는 것과 같다고 하여 '지대추구행위'(rent-seeking behavior)라고 하는데, 당연히 여기에는 여러 부정한 돈이 움직일 수 있다. 이것은 경제발전, 나아가 나라 전체를 좀먹는 행위임은 두말할 필요가 없다. 이 밖에도 비관세장벽에는 누구는 되고 누구는 안되는 차별이 존재할 것이다. 차별은 당연히 원천적으로 나쁜 것이다.

우리는 왜 WTO가 '예외 없는 관세화', 즉 관세를 제외한 모든 다른 보호정책은 안된다는 것을 기본원칙으로 정한지 이제 알 수 있을 것이다. 우리는 깨끗한 공무원 사회를 만드는 것이 중요하다. 아프리카의 굶어 죽는 어린이들이 생기는 가장 큰 이유 중의 하나는 공무원의 부패인데, 세계가 이들 어린이에게 구호식품을 보내도 부패한 공무원이 이를 가로채고 있는 것이다. 그래서 국제구호단체가 직접 가서 일하려고 하지만 여러 힘든 상황과 방해로 당연히 어려울 수밖에 없다.

결국 모든 것을 평등하게 대하고, 모든 것을 투명하게 하고, 모든 것을 공정하게 공평하게 모두에게 개방하는 것이 가장 좋은 결과를 가져다준다. 선별하고 나누는 것은, 차별을 하는 것은 언제나 결과가 나빠진다. 아무리 좋은 방법을 생각해 내어도 결국 약은 자, 힘 있는 자, 어떤 인맥을 이용하는 자가 더 가져가기 때문이다. 정책도 마찬가지이다. 모든 것이 그렇다. 물론 나도, 내가 맺는 모든 사람들과의 관계도 그렇다. 편을 나누고 차별하지 말고 항상 공평하게 대하자.

14

두 마리의 토끼

다시 강조하지만 세상에는 공짜가 없다

외국의 돈이 우리나라로 오게 하는 쉬운 방법이 있다. 이자율을 올리는 것이다. 돈은 이자가 높은 곳으로 이동하니 한국으로 몰려올 것이다. 브라질이 이자를 많이 주니 한때 전 세계의 돈이 몰렸던 것과 같다.

그런데 이자율을 올리면 국내외적으로 다음 두 가지가 작동한다.

첫째, 국제수지상으로 볼 때 이자율 인상은 고금리를 노리고 들어오는 외환의 유입을 초래하여 국제수지의 개선을 가져다준다. 그래서 외환위기(부족)가 오면 언제나 고금리 처방이 IMF에 의해 내려지는 것이다.

둘째, 국내경제상으로 볼 때 이자율이 높아지면 ① 저축을 많이 하고 소비가 줄고, ② 투자비용을 충당하는 금융비용이 높아져 투자도 할 수 없게 된다. 소비가 줄고 투자가 줄면 경제가 악화되고 고용도 줄어들어 일자리가 없어지게 된다. 이자율이 오르면 국내경제는 실업이 늘고 경제침체가 나타날 수 있는 것이다. 아시아의 외환위기에서 IMF가 내린 고금리 처방이 잘못되었다고 비난받는 것도 국내경제를 더욱 침체시켜 장기적인 경쟁력을 키우지 못하였기 때문이었다. 심지어 오늘날의 비정규직, 노령자빈곤이 바로 이때 생긴 문제라고까지 지적되고 있다.

세상의 모든 일이 그렇다. 세상에는 공짜가 없다. 어떤 일을 위해 한 가지 일을 하면 다른 쪽에서 그에 따른 비용이 발생한다. 주식으로 높은 수익성을 추구하면 대신 안정성이 떨어지는 것과 같다. 어떻게 해야 할까?

국내외 문제에서 충돌이 발생하면 우리는 국외 문제보다 국내 문제를 우선해야 한다. 즉, 국제수지 문제보다 실업 등 국내 문제에 더욱 집중해야 한다는 것이다. 달러라는 무기를 갖고 있기 때문이기도 하지만, 미국이 국제수지 적자를 누적시켜 가면서도, 온갖 세계의 비난을 받아 가면서도, 세계경제를 위험에 빠뜨리면서도 국내 문제를 최우선으로 하고 그 결과 국내

경제의 호황을 누리는 것은 이런 기본원리 때문이다.

항상 기본, 내적인 것을 우선으로 해야 한다. 외적인 것을 우선으로 하면 실패한다. 장기적으로 반드시 실패하게 된다. 그래서 우리는 무슨 일에서든 항상 기본이 무엇인가를 먼저 생각하고, 나 자신을 먼저 안전하게 하고 나 자신의 문제를 해결한 뒤 눈을 들어 시야를 넓혀 외부를 보고 행동해야 한다. 나 자신을 먼저 생각하는 것은 이기적인 것이 아니라 내 자신의 안전을 확보하고 나의 문제를 먼저 해결해 나의 육체적, 정신적 상태를 안전한 상태로 만들어야만, 우리는 비로소 제대로 주위를 도와주고 구할 수 있기 때문이다.

세계에서 가장 오랜 시간 옳음에 대해 추구해 온 중국 철학이 찾아낸 진리도 그들이 그렇게 좋아하는 대의명분, 국가, 세계평화가 아니라 우선 내 문제를 먼저 해결하라는 수신제가치국평천하(修身齊家治國平天下: 먼저 자신을 닦고 바르게 하고 그리고 집안을 안정시킨 후에 나라를 다스리고 천하를 평안하게 한다)이다.

보이지 않는 기본을 먼저 생각하고 항상 나를 우선으로 하라

불이 나면 먼저 "화재 시 유독가스 때문에 목숨을 잃는다"는 기본을 생각하고, 물에 적신 수건으로 호흡기를 막아 자신의 안전을 확보한 다음에 주위를 도와야 한다. 주위에서 일어나고 있는 안타까운 사고들을 보라. 물에 빠진 막내를 구하려다 일가족 3명이 그냥 뛰어들어 모두 사망하고, 계곡서 물놀이하던 대학생 1명이 빠지자 구하겠다고 계속 뛰어든 친구들이 모두 숨지고, 해변에서 술 취한 친구를 구한다고 뛰어든 젊은이 4명이 모두 숨지는 일들이 일어나고 있다. 물론 상황이 급박하다고 하지만, 물에 빠진 사람을 구하려면 먼저 안전줄이나 안전도구를 띄워야 하고 물에 빠진 사람과 엉키면 위험하게 된다는 기본을 생각하지 않은 것이고, 내 자신을 줄로 묶어 먼저 자신을 안전한 상황으로 확보하지 않았기 때문에 생긴 일이다.

사고에 대해 가장 많이 연구하고 대비하고 있는 곳이 항공사이다. 그래서 항공사는 운송수단 중 가장 사고확률이 낮다고 하며 비행기를 탈 때마다 예외없이 모든 항공사가 비상시 탈출 요령 등 사고 안전대응 요령을 안내한다. 실제로 항공기를 타면 우리는 출발 직전 안전 안내 방송을 듣는데, 기장은 언제나 비상 상황이 발생하면 주위 사람을 도우려 하지 말고 우선 자신의 마스크를 착용하고 안전을 확보한 다음에 다른 노약자나 어린이를 도우라고 말한다. 모든 항공사들이 똑같이 "긴급상황시 자신의 산소마스크를 착용하기 전에는 다른 승객이나 어린이를 돕지 말라"라고 분명히 밝히고 있는 것이다.

그림 14-1 자신의 문제를 우선 해결해야 한다-비행기의 비상사태 안내

항공기 비상사태시 자신의 산소마스크를 착용하기 전에는 남을 돕는 것을 포기해야 한다.